Peter Oefele · Fiesta, Ramadan und tote Helden

Peter Oefele, geboren am 13. 05. 1974, verbrachte seine Jugend in Dießen am Ammersee, machte sein Abitur am Gymnasium Weilheim, studierte an der Universität Augsburg Rechtswissenschaften, und lebt seit 2002 im Osten Berlins. Veröffentlichungen in Literaturzeitschriften und Anthologien. Dies teilweise auch unter seinem Pseudonym „Sugar Ray". - mail@peter-oefele.de

Der Autor über das Buch: Eigentlich wollte ich auf dieser Reise ein ganz anderes Buch schreiben. Deswegen hatte ich das Notebook mitgenommen, aber schon nach wenigen Tagen ging ich mehr und mehr dazu über, ein Tagebuch zu führen. Bei dem Folgenden handelt sich also um einen Text, der unterwegs, in einem Zustand der Bewegung geschrieben wurde, oder besser: nur in einem solchen Zustand geschrieben werden konnte. Je weiter ich mich von zu Hause entfernte, desto intensiver wurden meine Eindrücke, die Anzahl der erlebten Abenteuer nahm zu, meine Einträge wurden länger, und irgendwann arbeitete ich nur noch an diesen Berichten, um sie über das Internet nach Hause zu verschicken. Zunächst an ausgewählte Freunde, doch meine E-Mails wurden munter durch die Gegend geleitet, schon bald bot ich die Texte auf meiner Website zum download an, und bis heute vermag ich nicht abzuschätzen, wie viele Leser es am Ende wirklich waren.

Nach meiner Rückkehr riet man mir von meinem ursprünglichen Vorhaben ab, nur die Marokko-Tage zu veröffentlichen. Also wurde es letztlich zu einem Buch über das „Unterwegssein" (als Zustand) an sich. Im Sommer 2002, ein gutes halbes Jahr nach meiner Rückkehr, nahm ich die Arbeit daran wieder auf, und inzwischen, weitere sieben Monate später, liegt das Manuskript in einer grundlegend überarbeiteten Fassung vor. Es wurde sortiert, gegliedert, immer wieder verändert, gekürzt und in vielerlei Hinsicht erweitert. Trotzdem blieben wichtige Aspekte des ursprünglichen Charakters erhalten: *Fiesta, Ramadan und tote Helden* ist auch nach der Überarbeitung ein auf einer Sammlung von E-Mails basierendes Reisetagebuch geblieben. Allein deshalb werden sich im Folgenden vereinzelte, so genannte *Smilies* finden. Ihre Aufgabe ist, dem Schreiber ein Gesicht zu verleihen, und in meinem Fall sieht das momentan so aus: ☺ – Denn jetzt ist dieses Buch fertig. Ein Zufallsprodukt! Ich wusste lange nicht, dass ich dabei war es zu schreiben.

Nur eine Frage bleibt offen: Was für ein Buch wurde es? Ich selbst wüsste nicht, als was ich es bezeichnen sollte. Jedenfalls ist es kein Reiseführer im herkömmlichen Sinne. Selbst dann nicht, wenn sich im Anhang eine Aufstellung günstiger Unterkünfte findet, oder wenn das Buch zur besseren Orientierung in Etappen untergliedert und mit Karten ausgestattet wurde. Ist es dann ein bloßer Reisebericht? Die eingearbeiteten Fotos und historischen Exkurse deuten darauf hin, aber auch daran habe ich so meine Zweifel. Ist es politisch? Stellenweise komisch? Oder habe ich am Ende dann vielleicht doch eine Art Roman geschrieben? - Das sollen andere entscheiden! Gehen wir es lieber an. Begeben wir uns auf die Straße. *On the road ...*

Peter Oefele

Fiesta, Ramadan und tote Helden

*Unterwegs durch
Frankreich, Spanien, Marokko
und Portugal*

pro literatur Verlag

PETER OEFELE
Fiesta, Ramadan und tote Helden
Unterwegs durch Frankreich, Spanien, Marokko und Portugal

ISBN 3-937034-00-5

© 2003: pro literatur Verlag, Germering bei München.
Herausgeber: Peter Oefele
Alle Rechte beim Autor/Herausgeber. Kopie, Abdruck und Vervielfältigung sind ausschließlich mit schriftlicher Genehmigung des Autors/Herausgebers gestattet. Kein Teil des Werkes darf in irgendeiner Form ohne schriftliche Genehmigung verändert, reproduziert, bearbeitet oder aufgeführt werden.

Herstellung: Books on Demand GmbH, Norderstedt
Coverbild und Landkarten: © 2003 Anna Döppl
Layout und Umbruch: Franz Oefele
Endlektorat: Rober Mayer-Scholz
Internetpräsentation: Peter Oefele - www.webworker.net - Berlin/Dießen a.A.
Buch-Informationen und Bestellung: http://www.peter-oefele.de
Verlag: http://www.pro-literatur.de – info@pro-literatur.de

Inhalt

Teil I - Immer Richtung Süden

It's hip to be square - *Auf der Flucht durch den Nordosten Frankreichs*   9
Sehenswürdig, schön und reich - *Cote d'Azur, Provence, Südost-Frankreich*   13
Guerra Mondial! – *Andorra und die Ostküste Spaniens*   21
Proxima estacion: Ezperanza – *Granada und die Costa del Sol*   28
Stille Tage, hohe Berge – *in Granada*   36
On the road again – *von Granada nach Ronda*   44
Fiesta, Fernweh und Versicherungsprobleme – *Ronda, Tarifa, Algeciras*   49

Teil II - Marokko

Prolog   65
Hustler – *von Europa nach Chefchaouen*   67
9000 verwinkelte Gassen – *über Fès nach Marrakesch*   83
So Gott will! – *in Marrakesch*   92
Jimmy Hendrix' House – *in Essaouira*   109
Tote Helden – *über Rabat nach Tanger*   122

Teil III - Richtung Norden

Ein guter Platz zum Schreiben - *von Tanger nach Cadiz*   143
Das alte Europa - *durch Portugal*   153
Astronauten, Basken, kalte Winde – *Salamanca, Baskenland, Bordeaux*   167
Rock is dead - *über Paris zurück nach Hause*   177

Epilog   189

Verzeichnis der Unterkünfte   195
Sehenswürdigkeiten / Begleitliteratur / Quellen / Links   197
Gesamtkarte   198/199

Dank, gilt in erster Linie meinen Eltern, die mich schon unterwegs, aber vor allem bei der Produktion dieses Buches unterstützt haben. Meiner Mutter insbesondere für die inhaltliche Beratung und das allgegenwärtige Gesamtkonzept. Meinem Vater für Korrektur, Cover-Gestaltung und Umbruch. Ganz besonderer Dank gilt der Schriftstellerin Barbara König, deren motivierende Worte mir über einige Selbstzweifel hinweg geholfen haben. Meinem Verleger Robert Mayer-Scholz, der während der achtmonatigen Überarbeitung des Manuskripts ständig an meiner Seite war und der diesem Buch den letzten Schliff gegeben hat. Meiner Vorlektorin Gertraud Geyer dafür, dass sie sich so gewinnbringend in meinen Stil hineinversetzen konnte. Meinen Testlesern, allen voran Katja, Stephan und Heike. Letzterer auch für die Beratung in Sachen Beat-Generation. Anna, für die Landkarten und das tolle Coverbild. Flo, für die stets prompte Fremdsprachenberatung. Fa. Reisinger, Stefan und Roland für die Bildbearbeitung. Mine, für alles und insbesondere für ihren Besuch. Alberto dafür, dass er mir in Granada seine Wohnung geliehen hat, in der große Teile dieses Buches entstanden sind. Weiterhin in willkürlicher Reihenfolge für motivierende Momente im Zusammenhang mit diesem Buch: Meiner Großmutter und der ganzen Sippe, Steffi, Sassa, Santa, Creative Urge, Good Vibrations, born dell, Tom, Z-Peter, Öfix, Elvis & Daisy, Arthur, Margot & Tom vom Café Casblanca, Daniel, Mick, Eule, Volker, Hiebi, Steffen, Peppl, Beppo, Silvia, Marischka, Tobi, Les Babacools, Janko, ganz Dießen, der alten Clique, ganz Berlin, ganz Augsburg – und nicht zuletzt all denen, die ich vergessen habe.

Teil I
Immer Richtung Süden

„Wo wird er schlafen? Was soll er essen? Gibt es ein Mädchen für ihn? Es war wie die unmittelbar bevorstehende Ankunft Gargantuas; es war dringend erforderlich, die Gossen von Denver zu verbreitern und die Gültigkeit gewisser Gesetze einzuschränken, um Raum zu schaffen für die Wucht seines Leids und das Feuer seiner Extasen."

- Jack Kerouac („On the Road")

It's hip to be square

– *Auf der Flucht durch den Nordosten Frankreichs* –

Ich stehe am Beginn einer wunderbaren Reise. Weiß nicht, wie lange ich unterwegs sein werde. Weiß nicht, wohin es mich verschlagen wird. Habe keine Ahnung von dem, was mich erwartet. Wohl aber eine Vorstellung: Sie entstammt den Werken Jack Kerouacs, in denen er davon erzählt, wie es sich anfühlt „unterwegs" zu sein. Sein Amerika der 50er Jahre soll mein vereinigtes Europa der Gegenwart sein. Zwanglos! Auf und davon. Keine großartige Planung. Kein Reisebüro. Nicht einmal neue Reifen habe ich auf den alten Benz gezogen.

Ich bin euphorisch. Denn bisher konnte ich nur großspurig über meine freiheitliche Lebenseinstellung sprechen und kam mir als zielstrebiger Student nicht immer glaubwürdig dabei vor. Doch nun ist der Zeitpunkt gekommen, an dem ich für mich selbst herauszufinden gedenke, ob ich tatsächlich damit umgehen kann; ob mir diese Maske steht.

Vielleicht kehre ich nach wenigen Wochen auch als einer zurück, der seine eigene Lebenslüge von der unbedingten persönlichen Autonomie aufdeckte. Vermutlich wird dem aber nicht so sein, denn schon heute Abend, dem sechsten dieses kleinen Ausfluges immer in Richtung Süden, deutet einiges darauf hin, dass ich sehr wohl in der Lage bin, mit mir selbst fertig zu werden. Welch ein Privileg, das von sich behaupten zu können.

30. August: Augsburg/Besançon. Gegen 13 Uhr ist der letzte Abschied Vergangenheit – Schnitt. – Mit einem lauten Schrei proklamiere ich den Zustand bedingungsloser individueller Freiheit, atme tief durch und blicke nicht zurück. Ich bin unterwegs! Über Ulm, Stuttgart, Freiburg und Mühlhausen geht es an der Schweiz vorbei. Im CD-Player: Manu Chao, AC/DC, später Thomas D. – „Und ihr seht mich als Punkt am Horizont verschwinden, um ein Stück weiter hinten mich selbst zu finden …"

In Frankreich verlaufen neben jeder gebührenpflichtigen Autobahn kostenlose Nationalstraßen, und ich begreife schnell, dass diese für „Low Rider" wie mich sowieso viel besser geeignet sind. Also werde ich mich in Zukunft auf den Landstraßen bewegen. Ich habe ja keine Termine oder so was. Blues Brothers, Leonard Cohen, und als es dunkel wird: Queen – „Don't stop me now, I'm having such a good time …" – Niemand kann das. Ich habe kein Handy bei mir.

Um Viertel nach neun finde ich nach einigem Hin und Her in der Kleinstadt Besançon endlich ein perfektes Zimmer: Ein Doppelbett für mich allein, ein Bad ohne Klo, ein Schrank, den ich nicht nutze, und ein Tisch, auf dem ich mein bevorzugtes Schreibgerät, das Notebook abstellen kann. Das große Fenster im zweiten Stock des Hôtel Levant am Place de la Révolution, durch das ich wohl stehend hindurch passen würde, erlaubt mir einen herrlichen Blick auf den Fluss *Le Doubs,* der durch den strömenden Regen in Akustik und Optik zu einem wahren inspirierenden Naturschauspiel wird.

31. August: Besançon. Urlaub: Man steht um 10 Uhr auf und versucht möglichst viel vom Tag zu haben. Das Auto will ich nicht sehen. Ein bisschen auf der Tastatur des Notebooks klappern, viel lesen, Einkäufe erledigen und so weiter. Es passiert nichts wirklich Aufregendes an diesem leicht verregneten Tag. Ich pflege Smalltalk in Cafés mit Einheimischen und Reisenden. *Wer bist du? Wo willst du hin? Was machst du zu Hause? Wie lange bist du unterwegs?*

1. September: Besançon/Lyon. Das Hotel war gut, für jemanden der länger unterwegs sein möchte, allerdings ein wenig zu teuer.

Gegen Mittag kommt die Sonne raus, und ich entscheide mich, hier gar nicht erst nach einer günstigeren Absteige zu suchen, sondern schnell weiter in den Süden zu fahren. Land und Leute rauschen an mir vorbei, ich verfahre mich ständig, das stört mich aber nicht. Am späten Nachmittag habe ich bei Kaffee und Kuchen in einer kleinen Straßen-Kneipe die Entscheidung zu fällen, ob ich direkt nach Grenoble fahre oder doch noch einen Abstecher über Lyon machen soll. Mir wird klar, dass ich noch unendlich viel Zeit habe und nichts auslassen möchte.

Also geht es nach Lyon: 1,5 Millionen Einwohner, zweitgrößte Stadt des Landes, und sogar am Samstagabend, zu der Zeit, da die französische Fußballnationalmannschaft („Les Bleus") gegen Chile verliert, ein einziges Verkehrschaos. Bald habe ich genug, lasse mein Auto stehen und verbringe diesen Abend in der Altstadt zwischen den Flüssen Rhône und Saône. Dabei beschäftigt mich eine vermeintlich hochphilosophische Frage: Gibt es verschiedene Grade von Peinlichkeit? Die Deutschen gehen gegen England mit 1:5 unter! *Holy shit!*

Es mag alles stimmen, was über Lyon erzählt wird, dass es freundlicher und entspannter ist als Paris, dass es ein paar Jahrhunderte mehr Kulturgeschichte auf dem Buckel hat. Nur mein Aufenthalt, er war zu kurz, als dass ich ihn hätte genießen können. Die meiste Zeit stand ich orientierungslos im Stau einer mir fremden, sehr großen Stadt. Wenn ihr jemals in die Ecke kommt, spart euch Lyon. Hier gibt es nichts, was man gesehen haben muss, und als man mich am nächsten Sonntagmorgen auch noch um 8 Uhr aus dem Bett wirft, verlasse ich unter Protest die Stadt.

2. September: Lyon/Grenoble. Gegen *High Noon* buche ich ein kleines Zimmer des Hôtel Poste mitten im Zentrum von Grenoble. Es ist ein Wetter zum Helden zeugen, und nach kaum einer halben Stunde finde ich auch schon einen Parkplatz in der Nähe des Zentrums. Ich begebe mich auf Erkundungstour. So viel konnte ich herausfinden: Grenoble hat 160.000 Einwohner. Die Bevölkerung ist jung, dynamisch und sexy. Die Einwanderungswelle der Sechziger hat dem Stadtbild Schwarzafrikaner hinzugefügt. So erklärt mir ein Ghanaer in bestem Englisch, dass Grenoble nicht so Schickimicki ist wie die anderen Ski-Orte und vor allem wesentlich günstiger. „It is hip, like I am", sagt er. Ich teile seine Meinung. Grenoble ist klasse, und so richtig bunt wird die Szene erst durch die braungebrannte studentische Szene aus aller Welt.

Ein älterer Herr spricht mich auf der Straße an: Er ginge nach Australien, und ob ich nicht für einen Monat seine Wohnung mieten möchte. Tatsächlich überlege ich mir dies kurz. Dann fällt mir ein, dass ich eigentlich nach Spanien wollte, und ich lehne das großzügige Angebot dankend ab.

Der Tag endet mit Dosenbier und Milan Kunderas *Das Leben ist anderswo* auf einer Bank an der Isère. Das Buch verspricht viel: François Richard schreibt auf der Rückseite des Einbandes, es wäre „mit Don Quichotte und Madame Bovary vielleicht das strengste Werk, das je über Poesie geschrieben wurde. Poesie als einziger verbliebener Aufenthaltsort für Gott." Und es hält alles. Ich lese die Worte, die eines Tages meinen Roman einleiten sollen: „Wo es um die Erziehung junger Menschen geht, ist jeder Kompromiss ein Verbrechen. Lehrer mit veralteten Ansichten kann man nicht an der Schule behalten: entweder wird die Zukunft neu sein, oder sie wird nicht sein. Und man darf Lehrern nicht glauben, die ihre Ansichten über Nacht geändert haben: entweder wird die Zukunft sauber sein, oder sie wird schändlich sein." Grüße in die Vergangenheit.

Als sich ein Traum von einer Japanerin zu mir setzt, lege ich das Buch beiseite. Wir sind uns einig: Von der Leistungsgesellschaft Abstand zu nehmen, bereitet Freude.

3. September: Grenoble/Alpen. Es hat um die 30 Grad, und ich erwache voll Tatendrang. Der wolkenlose Himmel lässt mir keine Wahl: Ich muss in die Berge.

Die Mountainbiker und Rennradfahrer, die sich in der Mittagshitze die Serpentinen hinauf quälen, sind Helden. Ich feuere sie an, und die auf die Straße gepinselten Namen der Tour-de-France-Helden begeistern ja schon mich in meinem Benz, wie muss es dann erst ihnen ergehen! Weniger aufregend ist, was man ganz oben zu sehen bekommt: Nach der letzten Kehre stellt sich Alpe d'Huez als eine Geisterstadt auf knapp 2000 Metern Höhe heraus. Im Sommer ist hier überhaupt nichts los! Von den Nobelhotels sind vielleicht zwei geöffnet, und selbst diese sind kaum belegt. Anhand der Anzahl der stillgelegten Lifte kann man aber sehr gut erahnen, was hier im Winter los ist. Und die Luft: Weltklasse!

Nach etwa einer Stunde fahre ich wieder ins Tal, lasse den Aufstieg nach Les deux Alpes links liegen und nehme stattdessen den 2600 Meter hohen Galibier in Angriff, der selbst mit dem Auto eine echte Herausforderung darstellt. Oben angekommen: Wahnsinn! So etwas kann man nicht in Worte fassen. Der Ausblick auf den Mont Blanc bringt einen ins Grübeln. Es übermannt! Einmal mehr verstehe ich Kerouac, einen Trinker ohne Kondition, der trotzdem auf die höchsten Berge stieg.

Über den Col du Télégraphe und ziemlich hochalpine Umwege geht es zurück nach Grenoble. Das Zimmer neben mir wird von zwei äußerst sympathischen schwedischen Mädchen bezogen, und so entschließe ich mich, eine Nacht länger zu bleiben. Die beiden haben sich für das beginnende Semester an der hiesigen Uni eingeschrieben, die weltweit für ihre hervorragenden Sprachkurse bekannt ist, und sie sind auf der Suche nach einer längeren Bleibe. Auf meinen Rat hin werden sie versuchen, den Mann von gestern Nachmittag zu finden, denn dessen Angebot hörte sich wirklich verlockend an. Wir sitzen lange auf der Straße vor einem kleinen Café, verlieren uns in Gespräche über Europa und Kundera und verärgern frühmorgens die Dame vom Hotel.

4. September: Grenoble. Eben kam es zu einer witzigen Szene: Ich lehne in meinem Fenster. Das Fenster gegenüber, auf der anderen Seite des Innenhofs, ist etwa anderthalb Meter entfernt und gehört zu einem Zimmer des selben Hotels, welches gerade von einem jungen Franzosen bezogen worden ist, der gerne die Doors hört. Ich lehne also in meinem Fenster, er in seinem, wir hätten uns die Hände reichen können, und wir unterhalten uns in vollkommen normaler Lautstärke über das Wetter, Jim Morrison und die schwedischen Mädchen. Zwischen uns regnet es.

Ich habe mich heute Nachmittag dazu entschlossen, ein Reisetagebuch zu führen, und es hat großen Spaß gemacht, diese Zeilen gegen die Langeweile zu schreiben. Vielleicht werde ich sie eines Tages, in kälteren Zeiten, an einem schlechteren Ort, ausgraben und mich daran erinnern, dass es auch anders geht. Es ist kein großes Ding – andere Sachen sind wichtiger. Nur für mich, damit ich nichts vergesse. Selten ging mir etwas so gut von der Hand.

Sehenswürdig, schön und reich

– Côte d'Azur, Provence und Süd-Ost-Frankreich –

Die Idee mit Auto, Notebook und alleine zu verreisen, stellt sich als wahrer Klassiker heraus. Mit dem Auto deshalb, weil ich und der Wackel-Elvis so viel mehr sehen können. Und wenn ich nur bedenke, was ich mir bisher an Taxis gespart habe, so werde ich in der Endabrechnung im Vergleich Flug/Zug/Bus versus Auto annähernd im grünen Bereich landen. Manchmal ist es zwar anstrengend, doch das ist es wert, manchmal quietscht es, aber auch das geht bei gutem Zureden wieder weg. Wer mich kennt, der weiß, warum ich mein Notebook bei mir so schätze. Und alleine: Naja, zu zweit wäre sicherlich auch schön, oder schöner. Man käme günstiger und vermutlich auch schneller im Sinne von „zielstrebiger" voran. Aber das kenne ich doch schon von anderen Reisen, und alleine muss man sich nun mal gar nichts sagen lassen. Mein Ziel ist der Weg.

5. September: Grenoble/Nizza. Um die Mittagszeit checke ich aus, erledige einige Einkäufe und begebe mich auf die Landstraße 202 zur Côte d'Azur. Cannes, Monaco oder Nizza? Etwas in dieser Richtung schwebt mir als Ziel des heutigen Tages vor. Aber die Stecke entspricht nicht dem, was ich erwartet habe. Eigentlich hatte ich damit gerechnet, recht bald aus den Alpen zu sein, stattdessen ziehen sie sich bis an die Küste, und nach fast 300 Kilometern rauf und runter quietschen meine Bremsen bedenklich.

Fragt mich nicht, wo ich die Zeit gelassen habe! Jedenfalls komme ich erst gegen 21 Uhr in der englisch sprechenden 340.000-Einwohner-Stadt Nizza an. Dort gäbe es zwar schon noch wenige freie Betten, aber 35 Euro für ein Zimmer um 23 Uhr verstößt gegen meine Traveller-Ehre. Und ich ziehe die Tatsache in Betracht, dass, selbst wenn ich heute Abend noch eine günstigere Absteige finden sollte, ich noch lange keinen Parkplatz hätte. Das alles wird mir hier ein bisschen stressig, und ich bin hundemüde! Also verlasse ich die Stadt wieder in Richtung Norden, nehme eine kleine Ausfahrt und schlage auf einem verlassenen Parkplatz vor dem gemeindlichen Bauhof von Nizza mein Lager auf.

Eigentlich wollte ich dort unter freiem Himmel übernachten. Der Teerboden ist aber nicht gerade einladend, sodass ich mein Zeug wieder ins Auto packe und dort gegen Mitternacht auf dem Beifahrersitz den Schlaf des Tüchtigen finde.

6. September: Nizza. Ein sehr langer Tag: Um 6.30 Uhr kommt Leben in die Szene. Etwa 50 Autos fahren an mir vorbei, die verschlafene Belegschaft rüstet ihre Dienstfahrzeuge auf, und eine halbe Stunde später fliegen die Vögel genauso wieder aus, wie sie gekommen sind. Während ich gemächlich versuche fit zu werden, beobachte ich das rege Treiben, aber niemand nimmt von mir Notiz.

Im Auto zu schlafen ist gar nicht schlecht. Wenn man nur müde genug ist, schläft man hervorragend. Der Benz bietet genügend Beinfreiheit, und durch das Schiebedach hat man Ausblick auf den Sternenhimmel. Das Problem ist nur, dass man zu früh wach wird und somit am folgenden Tag auch recht schnell wieder müde ist.

Ich habe Nizza noch nicht aufgegeben. In einem zweiten Versuch fahre ich diesmal bei Tageslicht in die Stadt. Zum ersten Mal auf meiner Reise sehe ich das Meer, und tatsächlich: im Gegenlicht der aufgehenden Sonne strahlt es azurblau. Einige Traveller haben am Strand geschlafen. Das hätte mir auch einfallen können!

Ziemlich schnell kommt Leben in die Stadt. Die Promenade füllt sich aus den Luxushotels mit Joggern und Inline-Skatern. Es ist noch zu früh an diesem schönen Tag, um nach einem Hotel zu suchen. Also kaufe ich mir die *Süddeutsche*, nehme im legendären Hafen mit seinen unglaublichen Yachten, die sprichwörtlich jeder Beschreibung spotten, mein Frühstück zu mir und möchte besser gar nicht wissen, wer vor mir schon alles auf diesem Stuhl gesessen hat.

Danach fahre ich ein bisschen in den Bergen hinter *Villefranche-Sûr-Mer* spazieren und stehe schließlich etwa 150 Meter über dem Meer auf dem Balkon eines kleinen Häuschens, in dem Friedrich Nietzsche *Also sprach Zarathustra* begonnen haben soll. Einige Minuten später komme ich an der Villa des Rad-Rennfahrers Lance Armstrong vorbei, und irgendwo hier in der Nähe, so lese ich erstaunt, müsste auch noch van Goghs linkes Ohr rumliegen. Die Leute wissen schon, warum sie hierher kommen. Man hat alles: unten am Meer die Party und oben in den Bergen die Aussicht und die Ruhe.

Gegen Mittag bekomme ich problemlos ein Hotelzimmer im Petit Trianon, das zumindest in etwa meiner Preisklasse entspricht. Der Reiseführer spricht zwar von 15 Euro, aber obwohl ich schon feilsche, scheinen in Frankreich alle Unterkünfte um bis zu 50 Prozent teurer zu sein, als ich mir das vorgestellt hatte. Im Petit Trianon wohnen ausschließlich junge Traveller aus der ganzen Welt. Hier wird mir peinlich und vielleicht überhaupt zum ersten Mal in meinem Leben bewusst, dass ich der Älteste bin. Selbst der Hotelbesitzer Frédéric ist erst 24, und in der Rezeption hängen andauernd seine Kumpels rum, die den Job übernehmen, wenn er gerade außer Haus ist. Eigentlich bin ich müde und möchte schlafen. Kann ich aber nicht. Auf dem Flur spielen einige Australier Hockey.

Ein Bad im Meer macht mich wieder fit. Nizza: Was soll man dazu sagen? Dekadenz pur! Prêt à porté. Die Stadt der alternden Schönheiten. Am Strand des Hôtel Ruhl proben 50 Models für eine Modenschau. McDonalds verlangt für einen Royal TS fünf Euro und beschäftigt einen Türsteher. Am Strand des *Negresco* sieht man Hera Lind ein Buch lesen.

Die Bevölkerung der Stadt teilt sich in drei – so scheint es – jeweils gleich große Gruppen: Erstens, die Reichen und Schönen, die sehen und sich sehen lassen, zweitens die Rucksacktouristen, welche sich strikt weigern, hier mehr Geld als unbedingt nötig auszugeben, und drittens die Einheimischen, die gerne dafür Sorge tragen, dass alles schön sauber und in Ordnung bleibt. Zu den Letzteren zähle ich die Straßenkünstler, die in den großzügig angelegten Fußgängerzonen Kunststücke vollbringen, wie ich sie noch nie gesehen habe. Am meisten imponieren die Graffiti- und Portraitmaler, und vor allem diejenigen, die Statuen mimen. Wenn man etwas in ihre Schüssel wirft, bewegen sie sich kurz. Bis ich bemerkt hatte, dass es sich hierbei um lebendige Menschen handelt, bin ich sicherlich an dreien vorbei gelaufen. So lasse ich mich den Tag lang begeistern, entwickle meine ersten Fotos, gehe am Abend noch mal ins Meer und schlafe dann doch irgendwann ein.

In der Nacht, als die anderen von ihren nächtlichen Umtrieben zurückkommen, wird es laut. Es gibt noch eine kleine Party im Zimmer des Hotelmanagers, an der ich für eine halbe Stunde ziemlich verschlafen teilnehme. Er erklärt mir, dass er einen „fucking good job" hat (wer kann das schon von sich behaupten?), und dass er zuvor fünf Jahre in der Fremdenlegion diente, um dort das Geld zu verdienen, mit dem er dieses Stockwerk kaufen konnte. Na, da kann ich nur gratulieren!

7. September: Nizza/Monaco. Man muss das Fürstentum natürlich gesehen haben, wenn man in der Nähe ist. 15 Kilometer von Nizza entfernt, kennzeichnet ein französisches Ortsschild die Staatsgrenze.

Unten am Meer, in den Städten Monaco und Monte Carlo, ist es mir entschieden zu hektisch. Also folge ich den Schildern hinauf zum Prinzenpalast und finde mich plötzlich in der vermutlich am schönsten gelegenen, aber wohl auch teuersten Tiefgarage der Welt wieder. Sie ist in den Fels unter der Altstadt Monaco Ville geschlagen. Ich bin ja nicht gerade ein Freund von bezahlten Parkplätzen, aber wenn man in Monaco erst einmal auf das Touristen-Fließband geraten ist, dann hat man wenig Chancen wieder abzuspringen: Ein schmaler Steg führt hoch über dem Meer durch die prächtigen Gärten hinauf zum *Place du Palais*. Dort muss man zumindest im Falle einer nur bedingt belastbaren Kreditkarte Prioritäten setzen. Entweder den Palast und ein Eis oder das von Jacques Cousteau gemeinsam mit Prinz Albert I. aufgebaute *Musée Océanographique*. In einem Café überlege ich hin und her und verliere bei dem Gedanken an meine tickende Parkuhr fast schon die Lust an jeglichem Sightseeing, als mich eine wirkliche ... ähm ... Spitzen-Tussi, die mit ihrem Flirtverhalten retrospektive die wahre Attraktion des Nachmittags war, auf die richtige Fährte bringt: „Rainier", sagt sie, „ist nicht zu Hause, was man daran erkennt, dass die Fahnen nicht gehisst sind, und so steht der Palast samt Schlafzimmer von Gracia Patricia heute für Touristen offen. Im Aquarium hingegen gibt es seit Tagen Probleme mit der Hauptattraktion. Der über zwei Meter lange Aal, seines Zeichens der größte seiner Art, fühlt sich schlecht und kommt deswegen nicht mehr heraus."

Nun bin ich ein Mensch, der Metaphern liebt, gerne interpretiert und sich auch leicht begeistern lässt. Dieses Mädchen allerdings lässt durch eine geschickte Mischung aus Betonung und Körpersprache keinen Zweifel daran, dass jede Interpretation überflüssig ist. Zugegeben, ich hätte der gelangweilten Monique, der vielleicht einzigen Chance meines Lebens, Mitglied der High Society zu werden, schon ihrer Rhetorik wegen niemals von der Pelle rücken dürfen, aber irgendwie macht mich der Kontrast zwischen ihrem perlenbehangenen Dekolleté und meinen zerrissenen Jeans nervös. Letztlich verabschiede ich mich zwar schwer verliebt, im Sinne der antikapitalistischen Idee aber doch gerechtfertigt, in Richtung Gracia Patricias Schlafzimmer, das jeglicher Erotik entbehrt.

Weiter geht es in die neo-romanische Kathedrale, in der Grace Kelly 1956 heiratete und 1982 als „Patritia Gracia" ihre letzte Ruhestätte gefunden hat. Diese Frau hat es wirklich zu einer Heiligen gebracht! An ihrem Grab hinter dem Altar legen die Leute Blumen nieder. Eine Gruppe älterer Damen aus Deutschland weint – als ob es auf der Welt keine anderen Probleme gäbe.

Ich kaufe mein Auto frei und rette mir insofern den Tag, als dass ich die Quittung des Kassenautomaten ungelesen ins Meer werfe. An den Villen von Caroline und Stephanie vorbei geht es wieder hinunter nach Monte Carlo, aber das Casino hat noch nicht geöffnet. Stattdessen drehe ich im übelsten Verkehr drei Runden auf der Formel-1-Strecke. Nicht aus sportlichem Ehrgeiz, sondern weil ich aus dem Kaff nicht mehr heraus finde. – Nichts wie raus!

Irgendwann an diesem Tag, zurück in Nizza, bekomme ich noch einen Strafzettel über satte 50 Euro und erkläre der Politesse, dass ich nicht bereit wäre, dies zu bezahlen, da an der Straße nichts (aber auch gar nichts) auf ein Parkverbot hindeute und allein die Tatsache, dass hinter mir ein Royce und vor mir ein Jaguar parke, für ein solches nicht ausreichen dürfe. Sie sagt, das wäre ihr wurscht, ich stände vor dem besten Hotel am Platz, und vermutlich würde das Knöllchen eh' nicht bis nach Deutschland kommen. Ich solle mir also deswegen nicht die Stimmung verhageln lassen. Eigentlich war sie ganz nett! ☺

8. September: Nizza/Avignon/Sète. Es geht über Cannes und *Aix* durch die Provence nach Avignon. Die Hauptstadt des Départements Vaucluse hat ca. 90.000 Einwohner und verfügt über eine bedeutende, sehr alte Universität.

Tom, ein Freund, meinte vor meiner Abreise, den alten Papstpalast müsste ich unbedingt sehen, und er sollte wieder einmal recht behalten. Es ist eine wilde Geschichte, deren Kurzfassung sich in etwa so anhört:

Die „Babylonische Gefangenschaft der Kirche": Ende des 13. Jahrhunderts wurde das päpstliche Rom von den französischen Königen entmachtet. Die Stellvertreter Christi dachten sich, Avignon wäre ein schöner Platz, und wenn schon Exil, dann aber richtig. Deshalb bauten sie sich das seinerzeit größte Haus der Welt. 50 Meter hoch. Ein gewaltiges, drohendes, vor Macht strotzendes Bauwerk. In den weiten, von riesigen Säulen getragenen Hallen, möchte man meinen, die Echos der Schmerzensschreie der Inquisition noch immer hören zu können.

1309 war es so weit: Klemens V. zog als erster Pontifex in die so genannte „Babylonische Gefangenschaft der Kirche." Ihm folgten sechs weitere Päpste, die das Gebäude nach ihren persönlichen Geschmäckern und Bedürfnissen ausbauten. So kommt es auch, dass man hier verschiedenste architektonische Epochen eingearbeitet sieht. 1376 kehrte Gregor XI. nach Rom zurück, um dort zwei Jahre später die größte Krise in der Geschichte der katholischen Kirche auszulösen: Während des so genannten „Abendländischen Schismas" spaltete sich die katholische Kirche in mehrere Päpste und Gegenpäpste, die dann wieder zwischenzeitlich in Avignon residierten. Heute werden die Räume des Papstpalastes für internationale Tagungen, Kongresse und staatliche Empfänge genutzt.

Ich gehe noch auf die halbe Brücke, von der mir meine Großmutter als kleines Kind vor dem Einschlafen immer vorgesungen hat („Sur le pont, d'Avignon ... Bruder Jakob, Bruder Jakob") und verlasse gegen 20 Uhr die Stadt, von der es heißt, sie hätte die hübschesten Mädchen Frankreichs. Ich bin zwar müde, habe aber noch Lust Kilometer zu machen und fahre, an Montpellier vorbei, bis kurz hinter Sète. Länger hätte ich es nicht verantworten können. 500 Kilometer an einem Tag, mehr ist auf Landstraßen alleine fast nicht machbar. Ich bin fix und alle, fahre auf einem Feldweg bis ans Meer und schlafe, wie von Anfang an geplant, heute wieder im Auto. Um draußen zu übernachten, herrscht eindeutig zu viel Wind. Überhaupt eine windige Gegend hier unten. In der Nacht höre ich Geräusche, die ich für Feuerwerkskörper halte.

9. September: Sète/Carcassonne. Sonntagmorgen, 7.30 Uhr. Ich stehe unter schwerem Beschuss! Das Erste, was ich sehe, sind Männer mit mächtigen Gewehren, Patronengürteln und aufgedrehten Hunden. Nach Momenten völliger Verwirrung wird mir klar: Es handelt sich hierbei um Menschen, die in ihrer Freizeit Seevögel abschießen, um ihren Hunden einen Zeitvertreib zu bieten. Die Jäger sind zwar im Gegensatz zu ihren Hunden recht freundlich, wir wechseln sogar einige Worte, und sie scheinen sich nicht daran zu stoßen, dass ich mitten in ihrem Revier übernachte. Um diese Uhrzeit kommen sie mir trotzdem verrückt und mit ihren Waffen und den Hunden schwer bedrohlich vor. Am Abend zuvor hatte ich das Auto vorsorglich in Fluchtrichtung geparkt und mache mich also schnellstens vom Acker.

Nach langer Zeit halte ich mich nun wieder weg vom Meer. Die Region Languedoc-Roussillon entspricht mit ihrer Landschaft kaum noch dem restlichen Frankreich. Ein Vergleich zu Spanien kann nördlich der Pyrenäen zwar nie zulässig sein, das Klima ist aber schon merklich heißer, die Landschaft weniger pittoresk, eher monumental, weiter, zerfurchter. In einem Café lausche ich den Alten. Ihr Catalan ähnelt kaum einer Sprache, die mir bisher zu Ohren kam.

Katalonien und Katalanisch: Wer meint, doch eigentlich in Frankreich zu sein, einem Land, dessen Sprache er zumindest fragmental beherrschen sollte, plötzlich aber mit solchen Lauten konfrontiert wird, der wirft auch unterwegs gerne einmal einen längeren Blick in die umfassenden Bibliotheken des Internets: Die genauen Grenzen des historischen Kataloniens sind nach all den Kriegen kaum zu fassen. Im 2. Jahrhundert vor Christus als römische Provinz gegründet, wurde es im Laufe der Zeit von allerlei Westgoten und Arabern, Karl dem Großen, Aragoniern, Österreichern und letztlich von kriegerischen spanischen Erbfolgern geplagt. Ähnlich wie im Baskenland, kämpfte man in Katalonien zu allen Zeiten um Autonomie. Diese kam zwischenzeitlich abhanden, wurde zurückerkämpft und ging immer wieder verloren. Der Status Quo: Seit 1977 verfügt zumindest die nordöstliche spanische Region Cataluña über ein neues, begrenztes Autonomiestatut.

Wie in Cataluña, in großen Teilen der angrenzenden Regionen València und Aragón, in Andorra, auf den Balearen und in der sardinischen Stadt l'Alguer, spricht man schon hier, in Süd-Frankreich, oder besser in Nord-Katalonien das alte ibero-romanische Katalanisch. Eine höchst lebendige Mischsprache aus Spanisch und Französisch, oder genauer gesagt: Aus dem Kastilischen und dem Provençalischen; aber wir wollen es mit den Details hier nicht übertreiben …

Ich folge dem Fluss Aude bis nach Carcassonne. Schon viele Kilometer vor der Stadt meint man das Opfer einer Fata Morgana zu sein. – *Wow! Was bitte ist das?* – Etwa 100 Meter über der Stadt thront eine Burg, so was hat man noch nicht gesehen. Blaue Dächer, rote Burgmauern, unendlich groß und wunderschön! Das muss ich mir genauer anschauen.

Später. Ich bin übermüdet und benötige dringend eine Mütze Schlaf. Tiefschlaf! Gegen halb acht Uhr abends erwache ich nach sieben Stunden in einem vergleichsweise teuren Zimmer. Zum ersten Mal auf dieser Reise mit eigenem Bad, TV und Telefonanschluss. Aber ich lasse mich von all dem Luxus nicht halten, sondern mache einen Spaziergang hoch zur Burg. Was für ein Monster! 52 Türme, doppelte, 30 Meter hohe Mauern und ein echter Wassergraben. Einem Prospekt entnehme ich, dass das Ding um 1200 erbaut wurde und nie gefallen ist. Wie auch? Quasi ein Sugar Ray Leonhard unter den Burgen. Belagerungen waren kein Problem, da die Leute damals in dieser Burg genügend Platz hatten, alles selbst anzubauen. Von 1830 bis 1970 wurde sie renoviert und steht jetzt original so da wie vor 800 Jahren. Das muss man sich mal vorstellen. Die UNESCO hat sie zum weltweiten Kulturerbe der Menschheit erklärt. Einmal zu Fuß um die inneren Mauern dauert eine halbe Stunde, und in der Burg befindet sich ein ganzer Stadtteil. Die Leute wohnen teilweise noch in den selben Häusern wie vor 800 Jahren. Wirklich beeindruckend, das Ganze! Sehr, sehr schön!

Jetzt ist es kurz nach Mitternacht. Ich sitze auf meinem Zimmer und schreibe diesen Bericht. Check-Out-Time ist morgen erst um Elf, also kein Problem. Ich weiß noch nicht, wo es hingeht: Entweder nach Andorra oder doch zu Steffen, der diese Tage mit einigen Leuten von zu Hause an der Atlantikküste in Biarritz verbringt. Ich muss mich entscheiden, ob ich die Ost- oder Westküste der Iberischen Halbinsel hinunterfahren möchte. Oder doch durch die heiße Mitte, in der ich eine Art Steppe vermute? In zehn Tagen spielt Manu Chao in Granada. Dort dürfte es aber mit an Sicherheit grenzender Wahrscheinlichkeit keine Eintrittskarten mehr geben. Ich werde mal Klausis „Onkel Jambo" dort unten deswegen anmailen. In fünf Wochen ist Straßenrad-WM in Lissabon. Tja, mal sehen, in welche Richtung es mich morgen treibt. Insgesamt möchte ich langsam mal irgendwo eine günstige Unterkunft finden, wo ich länger als nur zwei oder drei Nächte bleibe. Auf die Dauer nervt das Fahren ein bisschen. Momentan tendiere ich nach Andorra, weil ich so die Entscheidung „Ost oder West?" noch ein bisschen aufschieben kann. Aber: Bekanntlich ist der Weg ja das Ziel! Auf diese Reise trifft das sicherlich zu.

Guerra Mondial!

– *Andorra und die Ostküste Spaniens* –

Wie ich per E-Mail erfahre, machen sich einige Leute Sorgen. Ja, auch ich hatte einen 11. September, und es sei mir verziehen, dass ich diese Zeit der medialen Gehirnwäsche nicht gemeinsam mit Euch zu Hause vor den TV-Geräten verbringen kann. Was bin ich froh! Lange Rede: Auch in meinem Leben ist in den letzten Tagen unfassbar viel passiert. Kurzer Sinn: Es wird höchste Zeit, dass ich darüber schreibe.

10. September: Carcassonne/Andorra. Das Prinzipat Andorra ist ein Zwitter. Auch hier spricht man kein Englisch, sondern Katalanisch als offizielle Amtssprache. Als Zahlungsmittel sind französische Francs und spanische Peseten gleichberechtigt im Umlauf. Regiert wird das Land von zwei Co-Fürsten (dem französischen Präsidenten und einem gewissen „Bischof von Urgell") sowie einem demokratisch gewählten Generalkonsul. Historisch gesehen ist Andorra hauptsächlich ein Bergdorf an einem uralten Grenzpass. Aus ein paar Absteigen und Läden hat sich dann nach und nach jenes steuerfreie Einkaufsparadies entwickelt, das der Zwergstaat heute ist. Andorra gehört nicht zur Europäischen Union. Ich frage ja gar nicht erst warum, die Grenzkontrollen hier oben, auf 2400 Meter mitten in den Pyrenäen kommen mir aber trotzdem vollkommen unzeitgemäß vor. Der Grenzer möchte von mir wissen, ob ich Geld bei mir habe. Logisch habe ich Geld dabei – und ein paar Kreditkarten, und so weiter! *Was will der Mann von mir?* Fehlt nur noch, dass er ein Visum verlangt. Wir sind uns gegenseitig unsympathisch.

Aber die Luft – die ist genial! Von hier oben scheint alles malerisch und ruhig. Denkste! Von da an ging's bergab. Im wahrsten Sinne des Wortes: Andorra hat nur eine einzige Pass-Straße, die in Serpentinen durch das ganze Land führt. An diesem Tag bedeutet das für mich zwei Stunden Stau. Rauf und runter! Ich glaube, noch nie in meinem bisherigen Leben das Mit-der-Handbremse-am-Berg-Anfahren, wie wir es in der Fahrschule gelernt haben, wirklich gebraucht zu haben. Jetzt bekomme ich dabei Muskelkater und eine kleine Nervenkrise. Berganfahren über 15 Kilometer. Aufwärts. Und abwärts! In den Städten pfeifen wild gewordene Verkehrspolitessen durch die Gegend. Die Leute laufen auf der Straße, weil die Gehwege zu schmal sind. Niemals hätte ich erwartet, dass ein 65.000 Köpfe zählender Zwergstaat so viel Stress und Chaos mit sich bringen kann.

Die E-Mails an Steffen kommen anscheinend allesamt nicht durch. Stattdessen meldet sich „Onkel Jambo" aus Granada und meint, er könne wahrscheinlich schon noch Tickets für das Manu-Chao-Konzert besorgen. Die Fakten besagen also, dass es morgen weiter in Richtung Süden geht. Immer weiter. Spanien, ich komme!

11. September: Andorra/Miami Platja.

> „Da geht de Woid unter
> und du bist grod amoi ned dahoam.
> Ja, wos sogn denn do de Nachbarn?"
> - *Hans Söllner („Der Charlie")*

Naja, es ist ja bekannt, was sich an jenem fatalen Tag bei unserem Bündnispartner auf der anderen Seite des Atlantiks zugetragen hat, und ich bin sicherlich nicht die richtige Person, um im Rahmen dieses Berichtes dazu in irgendeiner pathetischen Form Stellung zu beziehen. Am liebsten würde ich den 11. September gar nicht beschreiben. Er gehört aber zur Reise und somit zu diesem Bericht. Andererseits sehe ich es auch nicht ein, mir von ein paar langbärtigen Extremisten den Spaß am Schreiben verderben zu lassen.

An der Grenze zu Spanien werde ich kontrolliert. Ich brummle in Deutsch vor mich hin, ob sie schon mal was von Europa gehört hätten. Die Grenzer werden etwas stinkig und deuten hinter die Grenze: „Nix Europa – Andorra!" Vor Jahren habe ich zwischen Mexiko und Belize eine entscheidende Lehre für mein weiteres Traveller-Leben gezogen: Mit Grenzern diskutiert man nicht. So lasse ich das Prozedere über mich ergehen, werfe einen milden Blick zurück in diese sagenhafte Berglandschaft und komme letztlich zu der Einsicht: Nicht Andorra hat Schuld; ich war es, der einen schlechten Tag hatte.

Ich fahre und fahre und fahre. Es ist mein erster Tag in einem fremden Land, dessen Sprache ich nicht einmal rudimentär beherrsche. Ich bin nicht sonderlich gut drauf, von den Dosenoliven heute Morgen ist mir immer noch schlecht, und es ist saumäßig heiß. Die Großstadt Barcelona scheint mir heute eindeutig zu anstrengend. Lieber hätte ich ein Zimmer irgendwo in der Nähe von Tarragona am Meer. Aber obwohl ich dachte, früh genug losgefahren zu sein, scheint in der ganzen Gegend kein einziges Bett mehr frei zu sein.

Schon seit einer Stunde spielt kein Sender mehr Musik. Ich möchte Radio hören, um etwas von der Sprache und vom Flamenco mitzubekommen, aber die Moderatoren hier sind ja total stressig und überhaupt nicht gut drauf. Einige Leute stehen auf der Straße und schimpfen, rufen sich irgendetwas zu. Eine Frau weint und schlägt die Hände über dem Kopf zusammen. Vermutlich ist jemand gestorben, denke ich mir. Vielleicht ein Prominenter? Am Ende der König! Oje, schlechtes Timing, um hierher zu kommen.

Ich zappe durch die Radiosender, finde keinen Flamenco und auch nichts über Juan Carlos. Nur planloses Gelaber. Eben möchte ich den CD-Player aufbauen, um zu hören, ob der einzig wahre King einen Ausweg weiß, da schnappe ich das Wort „guerra" auf. Das kenne ich: Krieg! Ich höre genauer hin: „estados unidos ... guerra mondial ... terrorismo ... terrorismo international ... nueva york." Eine Telefonschaltung verbreitet Hektik und bricht wieder zusammen.

In der Siesta hat es 35 Grad Celsius bei Windstille, da denkt man nicht so schnell und möchte jede unnötige Panik vermeiden. Ich sage mir: Vermutlich ein Hörspiel oder eine Dokumentation, und zappe weiter: „guerra nuclear ... estados unidos" und das eine Wort zu viel: „apocalyptico." So geht das eine ganze Weile. Was ist da los? Wieder: „guerra mondial... pentagon."

Hä?! – Ein Weltkrieg? Ein Atomkrieg? Und ich bin nicht zu Hause, ist mein erster Gedanke. Wo ist Krieg? Haben die Amis China angegriffen? Oder andersrum? Oder Indien Pakistan? Oder am Ende die Russen? Mir fährt es wie ein Schock durch die Glieder! Ich habe nicht die geringste Ahnung, was hier los ist und stecke in einer informationsfreien Welt. Kein Medium erreicht mich und irgendwo da draußen ist die Hölle los. Ich bekomme so etwas Ähnliches wie Angst.

Ist in Spanien Krieg? Aber warum sollte jemand Spanien angreifen? Okay, alles klar, wieder die Basken. Was sonst? Oder täusche ich mich doch, und es ist gar nichts Schlimmes passiert? Vermutlich täusche ich mich. Ich denke an was anderes und mache das Radio aus. Als ich in die nächste Ortschaft komme – wieder: Für das Klima eindeutig zu aufgeregte Menschen. Noch einmal fast dieselbe Szene: Eine Frau weint. Also stelle ich das Radio wieder an, schalte durch die Sender, komme aber zu keinem Ergebnis, was nun wirklich passiert sein könnte. Ein Krankenwagen treibt mich mit laut heulenden Sirenen an den Straßenrand.

Ich denke an die Satellitenschüsseln zu Hause in meiner Nachbargemeinde, von denen wir noch zu Zeiten des kalten Krieges und schon in der Grundschule erfahren mussten, dass sie strategisch wichtig und atomwaffengefährdet wären. Und ich erinnere mich an dieses Gefühl der Ohnmacht und der Angst, das mich deswegen durch die Achtziger begleitet hat. Dann kommt mir in den Sinn, dass ich als ehemaliger Wehrdienstleistender vielleicht noch in einen Krieg muss! Nur gut, dass ich hier kein Fernsehen habe: Nach meiner Entlassung ließ man mich wissen, ich solle im Ernstfall die Tagesschau einschalten und auf das Code-Wort warten: „Grüner Puma." Fällt ja nicht auf!

Irre Gedankenblitze. Urängste! Es wird mir entschieden zu bunt, und ich drücke das Gaspedal bis zur nächsten Ortschaft voll durch. Was ich vorfinde, ist eine Geisterstadt.

Ich glaube, es war in Tarragona, kurz nach der Siesta, als ich in irgendeinem ausgebuchten Hostel stehe und auf der Suche nach dem Manager an einem TV-Raum vorbei laufe. Junge Menschen aus der ganzen Welt starren gebannt auf den Schirm. *CNN*. Der englische Kommentar wird von einem laut schreienden spanischen Reporter unkenntlich gemacht. Ich sehe die Aufzeichnung der bekannten Bilder und denke zunächst, das alles wäre Live.

Nun denken Menschen auf mehreren Ebenen. Bei mir ist das zumindest so: Ich kann zum Beispiel gleichzeitig schreiben und trotzdem konzentriert über etwas anderes nachdenken, und so bin ich primär immer noch mit dem für mich naheliegendsten Problem beschäftigt: Mein Blick schweift durch die Reihen. Ein hübsches Mädchen, an dem meine Augen haften bleiben, deutet aufgeregt auf den Bildschirm. Mein Gott, denke ich mir, hoffentlich haben die hier ein Zimmer für mich. Das World Trade Center stürzt ein.

Zeitgleich spiele ich alle denkbaren Lösungen für mich durch. Noch verschwende ich keinen Gedanken daran, dass es wirklich passiert ist. Die surreale Gelassenheit der anderen tut hierzu seinen Teil. Schließlich kommt mir ein Hollywood-Streifen mit Dustin Hoffman und Robert DeNiro in den Sinn: In *Wag the Dog* inszeniert die amerikanische Regierung gemeinsam mit *CNN* einen Krieg nur für das Fernsehen.

Am unteren Rand des Bildschirms steht: „America under attack – Both Towers at WTC collapse." Ich übersetze: Es handelt sich hierbei um das „Welt Handels Zentrum", und *collapse*; was heißt *collapse*? Das wird doch nicht heißen ... Nein. Das ist zu pathetisch. Die Bilder – zu perfekt! Zu groß von der Thematik her. Das kann nur inszeniert sein. Ich meine, wie groß ist die Wahrscheinlichkeit? Vielleicht ist das so eine Art spanisches Radio- und Fernsehrätsel in der Siesta. „Entdecken Sie den Fehler", oder so ähnlich, und es ist mein erster Tag in diesem Land. Keine Frage: Hier passiert etwas, das ich nicht verstehe.

Obwohl ich durch die Zeit im Auto irgendwie vorbereitet sein sollte, dauert es vielleicht drei Minuten, vielleicht auch mehr, bis mir klar wird, dass diese Bilder aller Wahrscheinlichkeit nach keiner fiktiven Idee entspringen. Erst in einem weiteren Gedanken gelingt mir der Umkehrschluss: Das World Trade Center ist eingestürzt. Das gibt's doch nicht: Eben fällt der zweite Turm in sich zusammen!

Ein spanischer Student erklärt mir schließlich in saumäßigem Englisch, was so ungefähr passiert ist. Meine erste Frage: „Is this a war?" – „They don't know at the moment." – „Terrorismo?" – „Si, terrorismo!... International" – „International!?" – Letztlich erfahre ich auch noch, dass das Ganze vor satten vier Stunden passiert ist!

Ich verlasse das Hostel und handle beim Anblick einer Telefonzelle ganz instinktiv. Ich möchte endlich wieder die Stimme meiner Mutter hören. Die hat scheinbar schon auf meinen Anruf gewartet und referiert kurz und knapp über die Sachlage. Zu Hause gibt es außer zusammenbrechenden Börsenmärkten keine nennenswerten Schwierigkeiten. Das, was sie aber darüber hinaus zu erzählen weiß, kann mich nicht beruhigen. In diesen Momenten glaubt die Welt an einen verheerenden Vergeltungsschlag der Amerikaner. Die Telefonverbindung bricht ab. Jetzt habe ich also zwei Probleme: Keine Unterkunft und einen dritten Weltkrieg am Hals.

Erst drei Stunden später finde ich ein Zimmer in dem Örtchen Miami Platja an der Costa Dorada. In der Bar, die zum Hostel gehört, sitzen die Katalanen und schauen doch tatsächlich Real Madrid gegen AS Rom. Vermutlich aus Tradition. Ein bayerisches Ehepaar streitet sich leise: Er möchte bitte nach Hause, der Krieg ist ihm „wurscht!" Vor diesen unangenehmen Zeitgenossen gebe ich mich nicht als Deutscher zu erkennen.

Und dann der krönende Höhepunkt des Tages: Auf meinem Zimmer findet sich ein Fernseher! Das sind so Momente, da freut man sich wirklich und meint, dass man von irgendjemandem für einen harten Tag belohnt wird. Ich nehme mir also vor, den restlichen Abend in der Badewanne zu verbringen und die weiteren Ereignisse von dort aus abzuwarten. Aber die spanischen Reporter nerven mich. Ich sehe nur die Bilder, kapiere aber die Zusammenhänge nicht. Also gehe ich wieder raus und suche irgendeine Kneipe. Das Kaff hier ist ein astreiner Teutonengrill. Eine deutscher Ausschank, mit deutschem Fernsehen schließt gerade. Dessen Wirt „Günni", ursprünglich aus Berlin, ist nicht besonders helle, bemüht sich aber redlich, mir die weltpolitischen Zusammenhänge zu erklären. Er empfiehlt mir eine weitere Bar, und dort treffen sich die Einheimischen. Und sie haben *CNN*! Man könnte fast sagen, dass ich an diesem Abend dort ein paar Freunde gefunden habe. Als mich um zwei endgültig die Kräfte verlassen, und ich fast über dem Tresen einschlafe, muss ich nur noch die vierspurige Landstraße überqueren.

Ich schlafe. Ende. Das war erst die Kurzfassung meines persönlichen 11. September. Ein unglaublicher Tag, den ich nie vergessen werde. Besser: den niemals irgendjemand vergessen wird.

12. September: Miami Platja. Am Nachmittag sitze ich mit der Bedienung in der *CNN*-Bar alleine rum. Carmen bereitet die *Tapas* für den Abend vor. Ich schmecke sie ab (die *Tapas*), und gemeinsam trinken wir kleine Biere auf Kosten des Hauses. Sie kann kein Englisch, ich kann kein Spanisch, und das bloße Nennen der Namen von Fußball-Profis wird auf die Dauer auch langweilig. Also lese ich in einer ganzen Batterie von Zeitungen: „The Day After" titelt die *Sun*. In der gewohnt differenzierten *Bild-Zeitung* dürfen Prominente auf „7 Sonderseiten" den Satz „Jetzt sind wir alle Amerikaner, weil ..." vervollständigen. Die *FAZ* macht zum ersten Mal in ihrer Geschichte mit einem Foto auf der Titelseite auf. Plötzlich kommt es zu einer symbolträchtigen Szene: Der Chef stürmt in das Lokal, läuft hinter den Billardtisch und beginnt damit, alle Heiligen vom Himmel zu fluchen. Carmen hat wegen irgendetwas Ärger. Ich spitze neugierig in die Ecke, wo die beiden stehen, und ob ihr's glaubt oder nicht: Ich sehe gerade noch, wie der Chef eine einfache nicht-elektronische Dart-Scheibe mit dem Comic-Konterfei George Walker Bushs vor dem Hintergrund der amerikanischen Flagge abhängt. Zielscheibe Amerika, Zielscheibe George W. Bush – und die hängen das wohl wenig benutzte Ding erst 24 Stunden nach der Katastrophe ab. Fast muss ich lachen, als ich mir vorstelle, wie der Chef in seiner Siesta so zu Hause auf seiner Couch rumliegt und fernsieht und ihm plötzlich mit erstarrenden Gesichtszügen einfällt, was er da für eine politisch vollkommen inkorrekte Spicker-Scheibe in seiner Kneipe hängen hat.

Es ist schon eine merkwürdige Welt, in der sogar sonst so träge Spanier auf ihren Dart-Scheiben weltpolitische Statements manifestieren. Mir wird klar: Ich wundere mich ab jetzt über nichts mehr. Hoffen wir das Beste. Die Welt wird nicht untergehen.

13. September: Miami Platja. Von „Miami" kann man interessante Ausflüge in die nähere Umgebung machen. Historische Plätze, wie der Augustuspalast in Tarragona, ein römisches Aquädukt, der 1316 erbaute Bischofspalast in *Tortosa* am *Rio Ebro* und die alten Kloster *Poblet* und *Santes Creus*, laden zur Besichtigung ein.

Das alles mache ich nicht. Stattdessen: Einkaufen. E-Mails. Die letzte selbst gekaufte Bild-Zeitung meines Lebens. Strand. Wellen. Schlafen. Neues Buch. Mit Deutschen sprechen. Currywurst. Wiener Schnitzel. *Cerveza* ist in Spanien ein wichtiges Wort und bedeutet Bier. Ruhe. *CNN*. Notebook. Spanisch lernen. Gute Laune. 30 Grad. Leichte Brise. Billard. Kein Dart! Kein Fußball. Das war's ... ein rundum gelungener Tag. Mehr gibt's darüber nicht zu sagen.

14. September: Miami Platja/Benidorm. Wie geplant, schlage ich zur Siesta im verkehrsberuhigten Valencia ein, finde sofort einen Parkplatz, aber die Hostels sind voll. Es ist das letzte Wochenende der Schulferien, und ich habe nicht in Betracht gezogen, dass an diesen Tagen alles ausgebucht ist. Somit kann ich Valencia getrost vergessen, telefoniere mehrmals nach Alicante, aber auch dort gibt es keine freien Betten. In *Denia* ist es dasselbe, und als ich um 22 Uhr meine Deadline erreicht habe, halte ich mich wieder ins Landesinnere, steuere das Auto in einen Zitronenhain bei der kleinen Ortschaft Benidorm und schlage in dem Bewusstsein, dass in Spanien wildes Campen außerhalb geschlossener Ortschaften erlaubt ist, dort mein Lager auf.

Es gelingt mir ein schönes Feuerchen zu machen, und es wird ein sehr gelungener einsamer Abend. Irgendwann stören mich die Geräusche. Was weiß denn ich, was hier so für Viechzeug rumkriecht? Besser ist es, wieder im Auto zu schlafen.

15. September: Benidorm/Alicante. Unter den Zitronen kann ich tatsächlich bis 10 Uhr schlafen. Niemand lässt sich blicken. Das Einzige, was mir passieren könnte, wäre, dass die Bewässerungsanlage losgeht und durchs Schiebedach sprenkelt, aber das ist ein kalkulierbares Risiko, denn es nieselt sowieso. Ganz gemütlich frühstücke ich, bringe meine Sachen in Ordnung und wasche mich unter Zuhilfenahme des Acht-Liter-Kanisters aus dem Supermarkt. Alles easy. – Heute Abend möchte ich aber ein Zimmer, und wenn ich ganz Spanien auf den Kopf stellen muss!

Es beginnt eine weitere Odyssee: Das berüchtigte samstagvormittägliche Einkaufszentrum bereitet mir nicht gerade Freude, muss vor einem Wochenende ohne sichere Unterkunft aber sein. Mit vollem Tank fahre ich die Costa Blanca runter, besorge mir in jedem Kaff an der Touristenzentrale einen Plan mit Unterkünften, scheitere aber immer und immer wieder. Ich habe unglaubliche Strandorte gesehen, mit wirklich erschwinglichen, sehr schönen Pensionen. Hätte man nur reserviert!

Irgendwann telefoniere ich wieder nach Alicante, und bei Habitaciones Mexico ist ein Zimmer frei. – Yeah! Also nichts wie nach Alicante! Dort, etwa um 19 Uhr endlich angekommen, erklärt mir der junge Hotelmanager händeringend, dass seine Mutter irgendeinen Fehler gemacht hätte, und das Zimmer wäre doch nicht frei. Wir gründen zu zweit einen Krisenstab, und ich komme schließlich in einer anderen Absteige unter. Von Luxus kann hier allerdings keine Rede sein: Während ich diesen Bericht schreibe, sitze ich auf zwei zusammengeschobenen Betten, weil die mir keinen Tisch besorgen können oder wollen. Das Zimmer ist groß und hat einen Balkon. Leider kein eigenes Klo, und das Gemeinschaftsbad ist saumäßig. Aber es ist nicht schlimm. Alles im grünen Bereich, hier in Alicante.

Am Abend telefoniere ich mit meiner Freundin. Mine eröffnet mir, dass sie mich in einer Woche für zehn Tage besuchen kommt. Wenn mit dem Flug alles klappt, dann landet sie am Sonntag in Malaga. – „Aha" – Zunächst bin ich etwas verwirrt, aber im Endeffekt ist es ideal: Ich bin in der Zeit an der Costa del Sol, kann mich schon um ein Zimmer kümmern und hole sie vom Flughafen ab. – „Klar. Cool! Komm runter! Ich freu mich riesig ..." Damit hätte ich nun wirklich nicht gerechnet. ☺

Yo, und dann lerne ich Franz, einen pensionierten Soldaten aus Regensburg, kennen. Er wohnt in derselben billigen Absteige wie ich und ist ein echter Klassiker. Ich erspare euch die Einzelheiten aus seinem Leben, nur so viel: Er macht nicht den Eindruck, als ob er immer hundertprozentig wüsste, was er gerade tut. Auf alle Fälle wechseln wir irgendwann das Lokal, gehen eine Kneipe weiter, treffen dort auf jede Menge nette Leute, und bald ist Franz so voll, dass ihn seine ukrainische Freundin ins Bett bringen muss. Er hat die Rechnung für den ganzen Tisch bezahlt! Ich unterhalte mich noch sehr lange mit einem Ungarn, einem Haufen Spanier und einem norwegischen Pärchen, das eventuell mit mir zu Manu Chao nach Granada möchte. In diesem Land herrscht eine absolute Manu-Chao-Hysterie. Alle Einheimischen und Reisenden wollen ihn sehen, und in *Barca* gibt es sogar ein Free-Concert. Herbert hat mir noch einmal geschrieben, er glaube, dass er Karten für Granada bekommt. Ich gehe also davon aus, dass es klappt, und freue mich unbändig auf das Konzert!

16. und 17. September: Alicante. Der Beach von Alicante ist ein Traum. Mit drei Finnen hänge ich dort ab. Meistens scheint die Sonne, gelegentlich regnet es. Freundlich gesinnte E-Mails sind immer gut für die Moral und wenig Geld auszugeben erst recht. *Der Richter und sein Henker* ist ein wirklich bemerkenswerter, gut bekömmlicher Kriminalroman, den ich an diesen Tagen mit seinen nur 120 Seiten komplett lese. Teilweise in dem Café von gestern: „Hola *chickas*" – Bussi, Bussi.

Chicka ist das spanische Wort für „Mädchen", wir gehen also etwas essen, und in dem übervollen *Tapas*-Restaurant eröffnet sich mir eine neue kulinarische Welt: Die Bedienungen laufen alle 30 Sekunden mit bunten Tabletts voller Kleinigkeiten vorbei. Wenn einem das gefällt, was man da sieht, dann nimmt man es, und bei manchen Speisen kommt es dabei zu spaßigen Handgreiflichkeiten. Eigentlich sind *Tapas* ja nur Appetithäppchen, manche Spanier scheinen aber den ganzen Tag nichts anderes zu essen, als diese leckeren Kleinigkeiten. In jeder Mini-Mahlzeit steckt ein Stift, und am Ende wird daraus der Preis berechnet. Nach zehn solchen Stiften bin ich bedient, und mir ist klar, dass ich eben das beste Essen meiner bisherigen Reise genossen habe.

Inzwischen habe ich diesen zweiten Abschnitt meines Reisetagebuches Korrektur gelesen, und für heute Abend steht nur noch das Internet-Café auf meiner Liste, wo ich gedenke, diesen Bericht im Anhang eines E-Mails unters Volk zu werfen. Dort werde ich auch mehr von Herbert, Manu und Mine erfahren. Ob ich morgen oder übermorgen nach Granada übersetze, wird noch zu entscheiden sein. Ich habe absolut keinen Zeitdruck, und das ist das eigentlich Geniale.

Proxima estacion: Ezperanza

– *Granada und die Costa del Sol* –

Ich fühle mich akklimatisiert und genieße jede einzelne Stunde: Man steht auf, und dann ist fast schon wieder Siesta. Tagsüber macht man die paar Sachen, die zu tun sind, liest im Zimmer, am Strand oder in einem schattigen Park, um dann gegen Abend ganz langsam in die Gänge zu kommen. Das echte Nachtleben beginnt erst gegen eins, und meistens ist man dabei. Das ist der normale Way of Life junger Leute in Andalusien. Ich bringe die notwendige Begeisterungsfähigkeit mit, mich davon mitreißen zu lassen.

18. September: Alicante/Granada. Auf der E 15 geht es durch Murcia und später auf der N 342 an den Höhlen von *Gaudix* vorbei nach Granada. Andalusien ist wunderbar. Sicherlich der beeindruckendste Landstrich auf meiner bisherigen Reise. Leicht afrikanisch und nicht nur Ursprung europäischer Hochkultur, sondern auch Plattform für die Entdecker der restlichen Welt. Ich nehme mir vor, irgendwann in nächster Zeit einen Naturtrip zum Drehort wichtiger Western zu machen. In dem kleinen Kulissendorf Mini-Hollywood, 20 Kilometer nördlich von Almeria, entstanden zeitlose Klassiker wie Sergio Leones *Spiel mir das Lied vom Tod,* aber auch Bullys *Schuh des Manitu.*

Gegen sieben treffe ich in Granada ein und finde Herberts (alias Jambo, alias Alberto) Haus in dieser 250.000 Einwohner zählenden Studentenstadt auf Anhieb. Samt Parkplatz. Für mich ein kleines Wunder, denn er wohnt mitten in der Altstadt von Granada. Es ist eine Ein-Zimmer-Wohnung. Von seiner Dachterrasse aus hat man, wenn man so entspannt in der Hängematte liegt, eine unglaubliche Aussicht: Vielleicht 30 Kilometer im Westen die Sierra Nevada mit ihren bis zu 3500 Meter hohen Gipfeln. Ein Naturschauspiel: Das Ding kommt einfach so und ohne Vorwarnung aus dem Boden. Im Osten und überall um uns herum: Nichts als das hügelige Andalusien der Olivenhaine. Im Norden, 100 Meter über uns, die sagenumwobene, alles überragende Burg *Alhambra*, von der die Leute hier behaupten, sie wäre nach dem Vatikan die meistbesuchte Sehenswürdigkeit der Welt. Von dort oben hatten die maurischen Kalifen damals, genauso wie Herbert und ich an diesem guten Tag, Ausblick auf ihr Heimatland: Exotisches Afrika. Obwohl noch 70 Kilometer von der Costa del Sol entfernt, zwar ganz schwach irgendwo am Ende des Horizonts, aber mächtig: Marokko. Mit einem Teleskop, so könnte ich mir vorstellen, würde man auf der anderen Seite der Straße von Gibraltar vielleicht sogar Autos und Menschen sehen. – In Granada gibt es keine Hochhäuser, sondern ein einziges Meer aus sehr arabisch beeinflussten Dächern. Mein Gott, ist das traumhaft hier! Und es ist sogar ruhig. In der kleinen Seitengasse am Campo del Principe gibt es keinen Straßenlärm.

Herbert ist der Onkel eines guten Freundes und Betreiber der von mir betreuten Internetplattform für Ferienimmobilien in Andalusien: *www.al-andaluz-reisen.com*. Er war lange Zeit auf Reisen und ist irgendwann „hier unten hängen geblieben." Demnächst wird er in einem eigenen kleinen Häuschen (*Cortijo*) in der etwas südlich von Granada gelegenen Gegend *La Alpujarra* noch mehr Ruhe finden.

Es kommt zu dem, was ich mir insgeheim erhofft hatte: Er fährt am nächsten Dienstag für mindestens zwei Wochen nach Deutschland und bietet mir für diese Zeit seine Wohnung an. Besser kann man es nicht treffen! Meine Laune steigt ins Unermessliche und wird von der Mitteilung, dass er keine Karten für das Manu-Chao-Konzert ergattern konnte, überhaupt nicht getrübt.

Gegen 23 Uhr ziehen wir los. Aber erst so gegen eins an diesem Dienstag füllen sich die Kneipen mit den 50.000 Studenten, die alle um uns herum wohnen und leben. In Granada kommt auf 900 Einwohner eine Bar. Eine nette (Bar) zu finden ist also nicht besonders schwer. Von Mal zu Mal toppt jede Location die vorangegangene. Der Gedanke, dass es diese Stadt sein soll, in der ich mich für einige Wochen niederlassen werde, um das Leben eines Schriftstellers zu führen, beflügelt mich. Dies ist keine Kneipentour, sondern ein Kulturtrip. Granadas Altstadt mit seinen 700 Jahre alten Gassen übertrifft in seiner Vielfalt alles, was ich bisher gesehen habe. In den Araberhochburgen dominieren Kleinkünstler und Teesalons das Straßenbild. Allein in der Architektur ist es im Kleinen mit der Augsburger Altstadt vorsichtig zu vergleichen. Allerdings fehlen in der schwäbischen Metropole die massenhaft spannenden und offensichtlich glücklichen Menschen, die dem Ganzen das einhauchen, worum es ja eigentlich gehen sollte: Leben. „Partykultur" kann hier kein Schimpfwort sein. Es ist die Realität.

19. September: Granada. Vor meiner Abreise hatte ich gesagt, dass der einzige Punkt (ein gewisses Ziel also), an dem ich zu einer bestimmten Zeit an einem bestimmten Ort sein wollte, dieser Tag in Granada wäre. Wegen des Manu-Chao-Konzertes. Davon konnten mich auch keine potentiellen Weltkriege abbringen. Ich war an diesem Tag in Granada. Ein großer, perfekter Tag.

Okay – leicht angeschlagen vom Vorabend tigere ich durch die Straßen. Granadas alternativ-internationale Bevölkerungsstruktur erinnert mich ein wenig an Berliner Sommer. Die Leute scheinen aufgeregt und voller Vorfreude. Einige Studenten haben die Boxen ihrer Stereo-Anlage ins Fenster gestellt und beschallen den Platz vor der Kathedrale mit der melancholischen Musik des Künstlers, von dem man weiß, dass er seit gestern Abend in der Stadt ist. Zwei

Straßenzüge weiter sitzen 30 Jugendliche um einen kleinen Gitarrengott. Er spielt dieselben Lieder. Es sind Schlüssellieder der modernen Musikgeschichte: In Zeiten der Globalisierung, der Europäischen Union und des Internets möchte man die Welt endlich als ein soziales Ganzes sehen, und darum nennt Manu Chao seine Musik konsequent Weltmusik. Einer der 17 Titel der neuen Scheibe *Ezperanza* ist auf Französisch, einer auf Portugiesisch, einer auf Arabisch, zwei sind auf Englisch, neun auf Spanisch und einer auf Portuñol, einer Mischsprache aus Spanisch und Portugiesisch.

Gegen 17 Uhr stehen wir vor der Halle, in der heute Abend das Konzert stattfinden soll. Schwarzmarkt scheint es keinen zu geben, aber schon jetzt hängen hier viele Freaks ab und versprechen einen spannenden Abend. Plötzlich fährt ein Auto mit quietschenden Bremsen und Münchner Kennzeichen vor. Zwei Zivis steigen aus. Sie sind extra angereist, ebenfalls ohne Eintrittskarten, und als wir schließlich Zeuge eines bombastischen Soundchecks werden, könnte sich selbst Jambo über die Tatsache, wegen seiner spanischen Faulheit keine Tickets rechtzeitig gekauft zu haben, die verbliebenen Haare raufen. Nach anderthalb Stunden wünschen wir den Münchnern bei ihrer weiteren Suche viel Glück, fahren zurück in Herberts Wohnung, holen die Siesta nach und nehmen uns vor, am Abend trotzdem dabei zu sein. Des Happenings wegen!

Manu Chao, „der König der Straßenmusiker": Jose Manuel Chao, besser bekannt als Manu Chao, wurde 1961 als Sohn spanischer Eltern in Paris geboren und gründete 1988 dort die Combo Manu Negra. Die Musiker der „Schwarzen Hand" verzichteten auf die Methoden eines modernen Marketings, brachten es mit einer Art Punk („World Punk") aber trotzdem irgendwie zu ansehnlichem Ruhm. 1993 gingen sie nach Südamerika, und ob es sich hierbei nun um eine sagenumwobene und in der Musikgeschichte vielleicht einmalige Tournee oder lediglich um eine Rucksack-Reise unter Freunden handelte, auf der nebenher noch musiziert wurde, ist nicht zu definieren. Jedenfalls gingen nige Bandmitglieder sprichwörtlich verloren und wurden noch unterwegs durch Einheimische oder andere Reisende immer wieder neu ersetzt.

Manu Chao selbst fühlte sich nicht durchgereicht, als er in dieser Zeit unverhofft zu einer ganz besonderen Art von Frontmann werden sollte. Überall, wo Manu Negra hinkam, war ihm sein Ruf als eine Art Robin Hood auch schon vorausgeeilt. Und offensichtlich war es ihm auch keine unangenehme Pflicht, sich über brasilianische Landlose oder mexikanische Zapatisten vorab zu informieren, um in den fremden Ländern Pressekonferenzen, Radio- und Fernsehinterviews als Sprachrohr verschiedener Befreiungsbewegungen abzuhalten. Wie ein Phoenix aus der Asche aufgetaucht, gelandet als nahezu Unbekannter, gab er mit Manu Negra gegen Ende der Reise eine Reihe von Free-Concerts vor unfassbaren Menschenmassen mit 100.000 Zuschauern und mehr. Heute gehören seine Lieder, wie er mit Stolz von sich behaupten darf, in diesen Breiten „zum allgemeinen Liedgut", und in einigen Ländern hätte er wohl gute Chancen zum Präsidenten gewählt zu werden.

Ende 1994 brach Manu Negra auseinander. „Alle wollten nach Hause, mussten erst mal Luft holen und über ihr weiteres Leben nachdenken", und so war es zumindest in Europa auch um Manu Chao vorübergehend still geworden. Ohne Band reiste er in den nächsten fünf Jahren weiter um die Welt, spielte bevorzugt in kleinen Bars, wo ihn niemand kannte, und nur ausnahmsweise in großen Stadien. Teilweise wurde er in dieser Zeit von dem Regisseur François Bergeron begleitet, dessen vom TV-Sender Arte produzierte Dokumentation *Manu Chao – Giramundo Tour* ein besonderes Zeugnis freiheitlicher Lebensfreude darstellt. Faszinierend sind vor allem wieder jene Bilder, in denen er sich politisch selbstbewusst vor aufgebrachten Menschenmassen zu den extrem komplizierten Problemen einiger Befreiungsbewegungen in Peru, Mexiko oder Bolivien äußert. Manu brachte es in dieser Zeit zu folgender Erkenntnis: „Der einzige Weg, Schmerz und Leid erträglich zu machen, sind Fröhlichkeit und Sinn für Humor. Das ist etwas, was ich in Lateinamerika gelernt habe. Die fröhlichsten Menschen sind die, denen es am schlechtesten geht. Sie besitzen die Stärke, über ihre Probleme lachen zu können. Sie können sich kaputtlachen. Das sind Tränen aus Gold."

Der internationale Durchbruch gelang ihm 1999, mit seinem Comeback als Solokünstler. Das Kult-Album *Clandestino* (Reisender ohne Pass) wurde genauso unterwegs in einem mobilen Studio eingespielt wie die neue Scheibe *Esperanza* (Hoffnung). Und wenn ich bedenke, dass auch diese Berichte nur unterwegs in einem Zustand der Bewegung geschrieben werden können, dann kann ich die Gründe hierfür sehr gut nachvollziehen.

Die Show hätte eigentlich um 21 Uhr beginnen sollen, doch vor den Toren der Basketballhalle von Granada drängen sich in etwa 25.000 Menschen. Weniger als die Hälfte ist im Besitz von Eintrittskarten, doch niemand scheint deswegen traurig zu sein. Mit Lautsprechern wird immer wieder darauf hingewiesen, dass bei geöffneten Hallenfenstern genügend Lautstärke nach außen dringen wird. Eine gewaltige Fiesta. Überall spielen kleine und größere Combos. Die Leute tanzen. Einige nutzen die Möglichkeit, hier mit Transparenten auf lokale oder globale politische Notwendigkeiten aufmerksam zu machen. Multi-Kulti: Knapp die Hälfte Spanier, der Rest Deutsche, Marokkaner, Engländer, Amerikaner, Belgier, Argentinier, Japaner, Australier, Skandinavier und so weiter. Alle Erdteile sind vertreten. Die marihuanageschwängerte Luft ist von einem Kauderwelsch aus Englisch, Spanisch, vielleicht auch Bayerisch erfüllt. Berührungsängste scheinen abgeschafft.

Der Ansturm ist so groß, dass die Leute, die Karten besitzen, nicht durch die Menschenmassen kommen, und so haben sie um elf noch immer nicht mit

Spielen angefangen. Irgendwann erblickt Herbert den Ersten, der eine einzelne Karte in die Höhe hält. Sofort wird er umlagert. Er möchte 10.000 Peseten, was in etwa 60 Euro sind und exakt dem fünffachen des regulären Eintrittspreises entspricht. Tausende Leute stehen hier herum und können das nicht bezahlen. Auch das muss man sich mal vorstellen, wenn man bedenkt, dass dies in Deutschland der reguläre Preis für ein Konzert solcher Größenordnung ist. Ich aber bin schon sehr im spanischen Preisgefüge verwurzelt, auf den ersten Blick erscheint es mir zu teuer, und ich frage mich, ob es in der Halle überhaupt besser sein kann als hier draußen. Der Typ mit seiner Karte zieht von dannen, und erst jetzt kommt es mir: Ich bin ja schließlich Kapitalist und wegen des Konzertes hier (mit meinem Mercedes Benz). Vielleicht einer der wenigen Menschen an jenem Ort zu dieser Zeit mit ausreichend Geld auf seinem Konto. Vermutlich sogar einer der wenigen, die überhaupt ein Konto brauchen. Es wäre eine rundum verlogene Solidarität, so einen Preis hier nicht zu bezahlen. Ich erkläre dem Jambo meine Gedanken. So viel würde er nicht bezahlen, aber meinen Rucksack mit den Bierdosen, sagt er grinsend, den könnte er schon nehmen, wenn ich eine Karte für mich fände.

Von nun an geht es wie im Film. Drinnen erklingen die ersten Akkorde. Aus *Bienvenido to Tijuana* wird *Bienvenido to Granada*. Die Masse geht ab. Ich springe auf eine Mauer und suche nach Verkäufern. Sofort sehe ich zwei Spanierinnen, die es wohl aufgegeben haben, in die Halle zu kommen, kämpfe mich durch die Menschentraube und rufe Jambo zu, wo es Karten gibt. Mit meinem besten Lächeln kann ich die Mädels davon überzeugen, mir eine zu verkaufen. Herbert steht daneben, schaut ein bisschen kritisch, und endlich fragt er, ob ich genügend Geld für zwei Karten bei mir hätte. Ich denke mir: Wurde auch Zeit, dass er in die Gänge kommt! Und die Karten sind tatsächlich echt – mit Wasserzeichen.

Wir sind also drin: Im ersten und einzigen Manu-Chao-Konzert im feurigen Herzen Andalusiens. Vom ersten Moment an tanzt die ganze Halle! *Que hora son a corazon ...* Es ist ein unglaubliches Spektakel multikultureller Musiker mit südeuropäischem Publikum. 150 Minuten Gänsehaut. 16 Mann auf der Bühne: Vier Bläser, zwei Schlagzeuger, zwei Percussionisten, ein E-Bass, ein Akkordeon, ein DJ, ein Synthesizer, zwei E-Gitarren und ein Rapper. Eine Schau!

Die elektronische Akustikgitarre, wie einst bei John Lennon an den Oberschenkeln hängend, betritt Manu die Bühne. Er ruft die Titel-Botschaft seiner neuen CD: *Proxima Estacion: Ezperanza* (Nächster Halt: Hoffnung) in die Halle. Über das ganze Konzert schießen mir Superlative durch den Kopf, ich bin begeistert wie noch nie und interpretiere diese Musik als Bogenschlag zwischen den verschiedenen Welten. Manus Botschaft findet heute mehr denn je den kleinsten gemeinsamen Nenner einer Erdteile übergreifenden Jugendkultur mit Inhalten wie individueller Freiheit, Selbstverwirklichung und vor allem: Hoffnung auf eine gerechtere und friedlichere Zukunft. *Esperanza!* – Das trifft es und ist so einprägsam, dass es wirklich überall verstanden werden kann. Aber es ist auch nicht zu einfach, sondern Teil einer ausgewachsenen Philosophie, steckt doch kaum weniger dahinter, als ein weiteres seiner Lieder: *Some times my dreams will be reality*. Solche Strophen sind von derart energetischer Musik unterlegt, dass man meint, den Protest gegen Ausbeuter und Imperialisten körperlich spüren zu können.

Ich sage, ich käme mir gerade so vor, wie sich wohl die Leute vor 30 Jahren gefühlt haben müssen, wenn sie den jungen Jimmy Hendrix live erleben durften. Jambo hat sie alle gesehen. Er denkt eher an Bob Marley.

In Wahrheit sind diese Vergleiche aber ohne Bedeutung, und natürlich erscheint es auf den ersten Blick nicht statthaft, schon wieder einem Musiker das Prädikat „Prophet" aufzudrücken, sterben die meisten doch daran. Möchte man aber nicht von vornherein ausschließen, dass es auch in Zukunft Leute wie Rimbaud, Hendrix, Morrison, Marley oder Cobain geben wird, die durch ihr pures Talent in spielerischer Leichtigkeit Politik und Lifestyle zu verschmelzen wussten, dann muss man in jemanden, der eine aktuelle Botschaft hat und ein rapide wachsendes Publikum mitbringt, seine Hoffnungen setzen dürfen. Endlich mal kein alter Scheiß von Rock-Opas, die ihre Bands genauso gut mit dem Anhängsel „AG" versehen könnten, sondern komplett Neues und aktuelle Themen einer Generation, die sich nicht über das Alter definieren lässt. Laut, hart und indoktrinierend. Es geht um die Message und um das Bewusstsein, sich hier am Nabel des Zeitgeistes zu befinden.

Kurzum: Es geht um Rock. Intensiv wie Led Zeppelin. Mit meinen begrenzten Möglichkeiten würde ich Teile als Rumba-Hardrock oder einfach nur Punk einordnen, während die Balladen tatsächlich in Richtung Bob Marley gehen.

Zwischen den Liedern spricht er sich aus: Wie damals im Auto, als das WTC einstürzte, verstehe ich nur Wortfetzen, aber wieder geht es um Krieg und Frieden, pacifismo, imperialismo, revolucion und um den letzten Halt, die Hoffnung! Der 11. September liegt immerhin erst eine Woche zurück und verleiht seinen Worten eine ganz neue Dimension. Wir bedauern die Abwesenheit einiger guter Freunde, die diesen Abend genauso genossen hätten.

Manu verabschiedet sich von seinem Publikum: Er wird nach Afrika gehen. Wieder einmal wird niemand wissen, wo er ist und was er treibt. Am wenigsten sein Label Virgin.

Das war's, das wollte ich sehen, weil ich wusste, dass meine Erwartungen übertroffen werden. Und das habe ich geschafft. Das war der Höhepunkt der Reise. Eigentlich könnte ich jetzt nach Hause fahren. Doch in Wahrheit spüre ich: Jetzt geht es los! Und der Tag ist damit auch noch lange nicht vorbei: 15.000 Mann strömen zunächst vom Konzert körperlich am Ende und schweigend, dann aber immer fröhlicher und in der Hoffnung, den Meister selbst dort anzutreffen, in Richtung Altstadt. Wir begegnen zwei Urbayern, die aus einer Stadt kommen, von der ich bisher gedacht habe, sie läge in Österreich: Inzell. Und, naja, an diesem Abend kann man nur über Staatskunst diskutieren. Die ganze Welt scheint in diesen Tagen politisch. Die Inzeller und wir sind einer Überzeugung, dass das vielleicht Beeindruckendste am ganzen Konzert war, dass (fast – die Meinungen gehen auseinander, welche gefehlt haben) alle Nationalflaggen der Welt die Wände der Halle zierten. Ein Schweizer gesellt sich zu uns. Er erzählt, vielleicht ist es nur eine Legende: Als die Polizei von Genua während des G-8-Gipfels dringend etwas Zeit brauchte, um sich neu zu ordnen und niemand wusste, wie man die Demonstranten zumindest vorübergehend aus der Stadt bekommen sollte, hatte jemand die Idee, Manu Chao anzurufen. Der kam und spielte außerhalb vor 100.000 Leuten oder mehr. Das Problem war gelöst.

Als wir endlich eine passende und proppenvolle Bar finden, meine ich kurz, dringend ins Bett zu müssen, doch fünf Minuten Pause bringen mich wieder hoch. Und wir kommen immer mehr in Fahrt: Es ist ein Zeichen von Desinteresse, wenn der Globalisierungsgipfel meint, weltweit würde sich eine breite Masse gegen die Globalisierung an sich wenden. Ein fatales Missverständnis! Vielmehr wehrt man sich doch gegen die arrogante und dekadent-verschwenderische Art und Weise, mit der sie von den Volksvertretern betrieben wird. Und das auch nur, weil eine grenzenlose Gefahr besteht, diese vielleicht einmalige Möglichkeit etwas nachhaltig zu verbessern, ungenützt verstreichen zu lassen. An diesem Abend wird klar: So sieht es ein Großteil der planetarischen Jugend mit sicherlich guten Gründen, denn was soll man auch davon halten, wenn sich die größte Wirtschaftsmacht aus rein materiellen Gesichtspunkten gegen ein weltweites Klimaabkommen stemmt. Die Tobin-Steuer, also die Besteuerung von internationalen Devisentransaktionen im Bereich unterhalb von einem Prozent, mit dem Ziel Wechselkurse zu stabilisieren, hochgefährlichen Spekulationen vorzubeugen und die immensen Einnahmen zur Bekämpfung von Armut und Umweltschäden einzusetzen, wäre nicht zu viel verlangt und ein gutes Zeichen, wenn man sich wirklich zum Ziel setzen würde, der Dritten Welt zu helfen. Und Schuldenerlass wäre doch in Wahrheit nicht einmal ein materielles Problem. Es ist die Zeit, weltpolitische Nägel mit Köpfen zu machen, und so langsam scheinen die Mittel und Wege der konventionellen Politik hierzu endgültig genauso ausgedient zu haben wie ständige Tropfen auf den heißen Stein.

Naja, wir sind wohl alle der Überzeugung, dass es keinen Sinn macht, sich gegenseitig die Köpfe einzuschlagen. Aber wir wissen auch, dass wir noch nichts daran ändern können, wenn sich die Mächtigen dieser Welt in ihrem Größenwahn einbilden, dies tun zu müssen. Es ist unendlich traurig, aber es bleibt dabei: *Shit happens!* – Trotzdem: Dieser Abend in Granada gab Hoffnung, und danach möchte man eigentlich nie wieder ein anderes Wort als *Ezperanza* dafür verwenden. Gerade nach dieser Tour wird es Manu Chao schwer haben, weiterhin seiner Leidenschaft, auf den Straßen zu spielen, nachzugehen. Aber er wird eine Lösung für sich finden und – wenn man seinen Worten glauben möchte – schon wieder zum Phantom. Er selbst sagt auf die Frage, was als Nächstes kommt: „Ich weiß es nicht. Denn ich habe mir abgewöhnt, länger als ein halbes Jahr im Voraus zu planen."

Einer der Inzeller ist hier Sprachstudent und bleibt noch bis November (ich werde ihn also noch ein paarmal treffen und ihm raten, erst mal Deutsch zu lernen) und der andere, ein Student der Anthropologie, Kunst und Germanistik war extra per Anhalter hierher gefahren und müsste schon morgen wieder nach Hause trampen, um rechtzeitig zum Semester an der Uni zu sein. Als ihm Jambo anbietet, ihn an einem Stück von hier bis an seine Haustüre zu fahren, kann er sein Glück kaum fassen. In dieser Bar scheint es jede Menge Menschen zu geben, die einen großartigen Tag hatten und immer noch haben.

20. bis 22. September: Granada/Malaga. Ich bin kaum angeschlagen. Die *good vibrations* vom Vorabend wirken weiter. Und da ich weiß, dass ich ab Dienstag für längere Zeit in Granada sein werde, möchte ich mir vorher zumindest noch das nahe gelegene Malaga zu Gemüte führen. Aber auch eines ist klar: Lesen, schreiben und ausschlafen ist für diese Tage angesagt. Ruhe und nur keine Party! Keine Lust auf Wochenende. Keine Lust auf Fiesta.

Malaga ist für Touristen kein allzu gutes Pflaster: Der Hafen ist ein Industriehafen, das Meer finde ich nicht, und der Straßenlärm ist manchmal unerträglich. Ein etwa einstündiges Gespräch mit einer Schwedin im Burger King war der gesellschaftliche Höhepunkt dieser Tage.

Aber ich suche doch nach einer passenden Location für Mine und mich von Sonntag bis Dienstag. Mir wurde ein kleiner Fischerort namens Maro empfohlen. Angeblich purer Luxus und spottbillig. Also habe ich mich gerne in diese Richtung verfahren: Bergdörfer. Über zwei Stunden sind mir vielleicht fünf Autos begegnet. Dort angekommen reserviere ich tatsächlich sofort ein Appartement. Ich konnte die Räumlichkeiten nicht besichtigen, aber allein der Anblick dieses „weißen Dorfes" sagt mir, dass es zweifelsohne die beste und, da durch zwei geteilt und jenseits des in der Off-Season sowieso nicht vorhandenen Touristenstroms, auch die günstigste Unterkunft meiner bisherigen Reise sein wird.

Morgen muss ich fit sein, da um 9 Uhr Früh das Mädel am Flughafen ankommt. Ich bin ja mal gespannt auf die nächsten zehn Tage! Aber ich bin unterwegs, um Erfahrungen und Eindrücke zu sammeln. Selbst wenn diese (in Phasen, da man meint, man hätte alles gesehen) aus Deutschland importiert werden müssen. So muss es sein und nicht anders! Ich bin guter Dinge, und wenn mein neuer Wecker morgen funktioniert, dann ist alles bestens. Wenn nicht, dann gnade mir Gott! So viel aus Malaga.

23. September: Malaga/Maro. Der Wecker funktioniert nicht. Dafür aber meine innere Uhr. Nach drei Stunden Schlaf stehe ich pünktlich am Flughafen. Nur leider bin ich zu doof, ein Terminal von einem Gate zu unterscheiden und finde Mine erst mit erheblicher Verspätung.

Da wir erst am frühen Nachmittag in Maro auftauchen dürfen, fahren wir über die „Malaga Mountains" durch schönstes Andalusien, machen eine lange Pause in freier Natur und kommen schließlich um halb zwei dort an. Die Unterkunft ist eine einzige Wucht! Zwei große, fast schon übertrieben saubere Zimmer mit Bad, Küche, Balkon, Meerblick, Ventilator, Parkplatz vor der Haustüre und vor allem Ruhe, für nur 15 Euro pro Person. So etwas habe ich bisher noch nicht gemacht auf meinem Trip: Gehobener Tourismus (sofern man das so nennen kann), und wenn ich bedenke, wie viel Geld ich für elende Absteigen bisher ausgegeben habe, dann wird mir erst jetzt klar, welche Vorteile man zu zweit hat.

Obwohl wir todmüde sind, laufen wir die fünfzig Höhenmeter an den Strand hinunter. Das Meer macht uns wieder fit, und ich lese die ersten 90 Seiten der auf Bestellung eingeflogenen Lance-Armstrong-Autobiographie am Stück. Nach zwei oder drei Stunden stiefeln wir wieder hoch, und es ist wirklich ein Husky, ein relaxter noch dazu, der uns den Weg zeigt. In Ländern mit subtropischem bis tropischem Klima hatte ich zu Hunden schon immer ein gutes Verhältnis.

Es gibt noch leckere Langusten und Rotbarschfilet auf Salat, und jetzt sitze ich um 0.55 Uhr mit meinem Computer auf dem Balkon. Schreibe, schreibe und kann nicht aufhören zu schreiben. Insomnia. Ich versuche die Eindrücke der letzten Tage irgendwie zu verarbeiten und setze dabei alle Hoffnungen in diesen Reisebericht.

Stille Tage, hohe Berge

– in Granada –

Selbstfindung? – Sehr wohl! Ein großes Wort, aber gar kein so großes Ding. Der Suche, nicht des Findens willen! Es hat drei oder vier Wochen gedauert, bis ich fähig war, die Augen aufzumachen, aber jetzt bin ich endgültig aus dem Alltag raus. Erst heute Abend, da ich hier auf der Dachterrasse den nun folgenden fünften Teil des Reiseberichts beende, ist mir aufgefallen, dass ich seit bald schon sechs Wochen nicht mehr angerufen worden bin. Und ich kann es nicht leugnen, ich genieße das. Was allerdings das Weiterziehen betrifft, habe ich den Wind vorübergehend vollkommen aus den Segeln verloren. Was schlecht ist, denn der Weg ist das Ziel.

24. und 25. September: Maro. Maro ist ein Fischerdörfchen an der Costa del Sol. Etwas östlich von *Nerja*, zwischen *Mortil* und Malaga gelegen. Hier gibt es einige Lebensmittelläden, zwei Speiselokale, von denen eines gleichzeitig die Bar ist und ansonsten eigentlich nichts, außer einigen Straßenlaternen, ruhigen Einheimischen und vielleicht fünf Touristen. Vielleicht auch mehr. Wir sitzen auf unserem Balkon, frühstücken, lassen uns die Sonne auf die mehr oder weniger wohlgeformten Bäuche scheinen. Ein entflohener Papagei ist an diesem Morgen Thema der Ortschaft. Während auf der Straße unten die Einheimischen diskutieren, ob sie ihn wieder einfangen können, sitzt er bei uns und futtert Obstsalat.

Mine geht ans Meer, und ich hole am Nachmittag die Stunden Schlaf nach, die heute Nacht der Arbeit am Vorgänger dieser Ausgabe des Reiseberichts zum Opfer gefallen sind. Später treffen wir uns wieder am Strand, und das ist wirklich Urlaub! Weißer Sand, Klippenspringen, warme Wellen. Bei dieser Brandung würde mir zu meinem Glück gerade noch ein Surfbrett fehlen. Stattdessen lese ich weiter in *Tour des Lebens – Wie ich den Krebs besiegte und die Tour de France gewann*. Dieses Buch ist eine leicht bekömmliche Lektüre, die in ihrer Präzision und in der Ehrlichkeit des härtesten Radsportlers der Welt besticht. In erster Linie ist es aber ein Buch über Krebs, und ich bin der festen Überzeugung, dass es Krebskranken und deren Angehörigen bei der Bewältigung nur helfen kann, stoße mich in diesem Zusammenhang aber an dem reißerischen Klappentext: „Wenn sie hier rauskommen, werden sie nur noch kriechen können." – Muss das sein? – Man sollte es trotzdem lesen. Darüber hinaus gewährt Lance Armstrong nicht selbstverständliche Einblicke in die Hintergründe des Profi-Radrennsports, und mag es auch trivial sein, mich hat dieses amerikanische Epos beeindruckt.

Am nächsten Tag besichtigen wir eine Tropfsteinhöhle ganz in der Nähe. Bisher habe ich nie so recht verstanden, was Menschen an Höhlen finden können. Dieses Erdloch hingegen ist einen Kilometer lang, 200 Meter breit und gut 70 Meter hoch. Von der Decke bis zum Boden ist der Stalaktit zusammengewachsen, der im Guinnessbuch der Rekorde als der größte seiner Gattung verzeichnet ist. In einigen der vielleicht 100.000 Tropfsteinen erkennen wir verblüffende Formen. Diese Höhle kommt mir vor wie die größte Kathedrale der Welt. So etwas kann Menschenhand nicht schaffen, sondern nur die gute alte Mutter Natur.

26. September: Maro/Granada. Herbert ist tatsächlich verschwunden und hat uns aus versehen einen Kühlschrank voll mit andalusischen Spezialitäten hinterlassen. Ein Traum wird wahr: Meine eigene Bude mitten in Granada.

Und so langsam wird es auch höchste Zeit meine Klamotten zu waschen. Unterwegs kann man da ja gar nicht so speziell sein. Die wenigen Sachen, die man mit sich herumschleppt, trägt man eben so lange, bis einem zufällig die nächste Waschmaschine begegnet. Es findet sich immer ein Teil, das sauberer aussieht als die anderen. Wer hingegen sein Beinkleid eine Lederhose nennt, der hat viele Vorteile.

Gegen 23 Uhr beginne ich Mine das Nachtleben beizubringen, das zunächst gar nicht so pulsiert, wie es eigentlich sollte. Es ist noch zu früh, was aber auch Vorteile mit sich bringt: Bis es nach 1 Uhr mit der täglichen Fiesta so richtig los geht, werden in der ganzen Stadt Getränkegutscheine und manchmal auch kostenlose *Tapas* verteilt. So wollen die Wirte ihre Kneipen etwas früher füllen, und jeden Morgen kommt man pappsatt und mit mehr Gutscheinen nach Hause als man hat trinken können. Irgendwann finde ich die Kneipe wieder, in der Herbert und ich nach dem Konzert die Inzeller kennen gelernt haben, und tatsächlich: Im *Estrella* geht auch heute der wahrhaftige Punk ab.

27. September bis 1. Oktober: Granada. Inzwischen habe ich Kunderas Art Titel auszuwählen durchschaut, denn hier, angekommen im *Anderswo*, erlebt man eine fast schon *unerträgliche Leichtigkeit des Seins*. Nichts ist wichtig. Mine soll ihren Urlaub genießen. Pures Relaxen. Viel schlafen, in der Hängematte liegen, in die Luft starren, lesen, essen, viel lachen. Reden, das kam in letzter Zeit zu kurz. – Bei meinem Hang zum *Lonely Rider* : es ist eine Bereicherung, sie bei mir zu haben! ☺

Das ganze Geheimnis des Entspannens liegt darin, dass tagtäglich nichts passiert, was einen persönlich tangiert. Man kümmert sich nur noch um die wirklich grundlegenden Dinge des Lebens, und je länger man sich nicht mit seinen vermeintlich ach so großen Problemen beschäftigt, desto weniger schwer wiegen sie. Bis sie irgendwann im Nichts verpuffen. Es gibt zwei Arten von Problemen: Einerseits echte Probleme, und dann die, die andere gerne hätten.

Wir kochen selbst oder essen am *Campo del Principe*, und ob wir nun nachts durch die Kneipen ziehen, Leute kennen lernen, oder nicht, die Tage enden allesamt im Morgengrauen.

Manchmal bummeln wir schon tagsüber durch die Stadt oder setzen uns ins Auto. So machen wir einen Ausflug in die Berge hinter Granada. Von dort kann man bei strahlend blauem Himmel über die Stadt, die *Alhambra*, halb Andalusien und bis zur Mittelmeerküste sehen. Ein anderer Trip führt uns auf den *Campo Santo*, einerseits ein typisch südländischer Friedhof mit den bis zu zehn Stockwerke hohen Gräbern, aber auch ein einziges bildhauerisches Gesamtkunstwerk im Stile des Pariser Prominentenfriedhofs Père-Lachaise.

Herberts deutsches Satelliten-Fernsehen macht mich gar nicht an. Außer den Nachrichten interessiert mich vielleicht noch am ehesten „Streit zur Siesta" mit Bodo Neumann, aber am Abend des 1. Oktober sehe ich bei Johannes B. Kerner einen Blinden, der den Mount Everest bestiegen hat. Mir kommt die Sierra Nevada in den Sinn, die in zehn Kilometern Entfernung wie eine Wand aus dem Boden kommt. Es wird höchste Zeit, einen Berg zu besteigen.

2. Oktober: Granada/Sierra Nevada. Der bisher härteste Tag: Gegen Mittag stelle ich beim Frühstück auf der Dachterrasse fest, dass heute Bergsteigerwetter ist. Eine halbe Stunde später sind wir unterwegs in Richtung Sierra Nevada.

Hier möchten die Spanier 2010 die olympischen Winterspiele ausrichten. Unsere Inspektion ergibt Zwiespältiges: Sicher wäre die Stadt Granada schon jetzt bereit, Sportler und Besucher gut unterzubringen. Die touristische Infrastruktur ist mehr als gesichert, Ski-Alpin klappt ja schon bei den Weltcuprennen, und schließlich leben wir im hochalpinen Zeitalter der Schneekanone. Nur, was sollten sie das Jahr über mit Skisprungschanzen und Bobbahnen anfangen? Wo bei diesem Gefälle eine Langlaufloipe für Herrn Mühlegg vorhanden sein soll, ist mir ein Rätsel, und sie haben nun mal nur um die zwei oder drei Monate Schnee im Jahr. Das ist ein enges Zeitfenster. Bisher stehen hier ganze zwei Lifte in der Landschaft. Sollten sie die riesige Show aber wirklich so hinbekommen, wie sie es sich wünschen, dann bin ich dabei: Pavarotti, Domingo & Carreras würden bei der Eröffnungsfeier gemeinsam *Granada* in die warme Nachtluft schmettern. Tagsüber könnte man oben in den Bergen die Wettbewerbe verfolgen, und nachts in der Stadt unter freiem Himmel und im T-Shirt mit den lebenden Legenden des Wintersports feiern. Die inzwischen zigfachen Skisprung-Weltmeister Schmitt und Hannawald hätten im *Estrella* sicherlich jede Menge Spaß, und Hermann Meier könnte mit dem Motorrad anreisen.

Um 15 Uhr sind wir auf 2500 Metern am Einstieg angekommen. Ganz schön spät dran, aber Mine ist der festen Überzeugung, dass es bis zum Gipfel des *Pico Valeta*, des mit 3400 Metern zweithöchsten Berges Spaniens, nur ein Katzensprung ist. Es schaut wirklich nicht weit aus, aber ich kenne aus der gestrigen Kerner-Talkshow Bergsteigerweisheiten wie: „Je näher man dem Gipfel kommt, desto weiter entfernt er sich von dir." – In etwa dasselbe wie: „A man's gotta do, what a man's gotta do." Außerdem habe ich eine ungefähre Vorstellung von dem, was einem 1000 Höhenmeter in diesen Lagen abfordern können.

Zwischen den Serpentinen gehen wir die Abkürzungen hoch, und in der ersten Stunde des Aufstiegs kommen uns fast nur Deutsche entgegen. Die einzigen Spanier, die man in diesen Höhen trifft, sind einsame Bauarbeiter, welche eigentlich die nächste Skisaison vorbereiten sollen, in Wahrheit aber gar nichts tun. Diejenigen, die runter kommen, sind alle gut erholt, wir hingegen hecheln uns bergauf die Lunge raus. In Alpe d'Huez war die Luft gut, aber hier ist sie einfach nur noch dünn und wird in extremem Maß mit jedem Schritt dünner und dünner. Mines dubioses Schuhwerk, mit dem sie entgegen meinen Vorraussagen tatsächlich den Gipfel erreichen sollte (*R.E.S.P.E.C.T.*), hält hervorragend, und manchmal frage ich mich, ob diese Slipper nicht die bessere Wahl als meine robusten, aber schweren Dockers waren. Im Übrigen das einzige Paar Schuhe neben meinen Birkenstock, das ich auf dieser Reise benutze. *These boots are made for walking!* – Yeah! Unsere Deadline für den Abstieg ist 18 Uhr. Wir müssen uns beeilen.

Etwas Unglaubliches passiert etwa 100 Meter unter dem Gipfel: Auf der längst nicht mehr befestigten Kieselstraße überholt uns ganz langsam ein Rennrad auf seinen dünnen Reifen. Ich feuere den vielleicht 55-Jährigen aus Leibeskräften an. „3000 Höhenmeter" nuschelt er in seinen Vollbart. Diesen älteren Mann hier hochklettern zu sehen, erfüllt mich mit Ehrfurcht vor der Leistung. Ein Konditionswunder! Kurz nachdem er uns auf Schotter abfahrend wieder jubelnd entgegenkommt, erreichen wir um 18.15 Uhr nach fast dreieinhalb Stunden Hochgeschwindigkeitsaufstieg tatsächlich noch den Gipfel:

Keine Absperrungen, keine Halteseile, nichts als eine Art Gipfelkreuz. Was für ein Gefühl. Ein Gipfelgefühl. Höhenrausch. Unendliche Weiten. Freiheit. Unbeschreiblich!

Der Wind pfeift uns um die Ohren. Einen Schritt vor geht es 200 Meter in die Tiefe. Direkt gegenüber, so nah und doch so fern, steht der *Mulhacien*, höchster Berg der iberischen Halbinsel. 90 Meter höher als der *Pico Valeta*, aber mindestens noch drei Stunden Fußmarsch von uns entfernt.

Bergab wird es rapide dunkel. Ich komme mir in diesen Minuten eines feuerroten Sonnenuntergangs vor wie Häuptling Geronimo am *Wounded Knee*. Hier wachsen nur Moose und Disteln zwischen den verrosteten Steinen. Wildpferde weit oberhalb der Baumgrenze. Irgendwo heulen Wölfe gegen den mit rasender Geschwindigkeit aufgehenden Vollmond. Die Abkürzungen über Stock und Stein werden bei so wenig Licht mehr und mehr zur Gefahr, aber vor mir stöckelt Mine in einem atemberaubendem Tempo den Berg hinunter. Schon lange ist uns keine Menschenseele mehr über den Weg gelaufen. Das Einzige, was uns fesselt und die Anstrengung vergessen macht, ist das Lichtermeer von Granada aus knapp 3000 Metern Höhe. Zu schade, dass dies kein Kamera festhalten kann. Plötzlich, als aus der Dunkelheit ein riesiger Schäferhund auftaucht, erschrecken wir zu Tode. Der Mr. Spock in mir identifiziert das Vieh als „sehr großen, im Moment inaktiven Wolf", doch irgendwie schaffen wir es, die Urangst vor wilden Tieren zu überwinden und lebend an diesem knurrenden Monster vorbei zu kommen. Wir sind unseres Lebens froh. Herr, lass es einen Schäferhund gewesen sein!

Im Auto beginne ich meine Füße wieder zu spüren. Auf äußerst schmerzhafte Weise, als Mine die *Alhambra*-Karten heraus zieht. Wir sind also voll im Zeitplan! – Als ob das noch nicht reichen würde.

Die „Alhambra": Die Mauren (spanisch: *Moros*), ein Volk aus Berbern und Arabern, kamen im sechsten Jahrhundert aus Marokko über die Straße von Gibraltar, um Spanien zu erobern. Sie errichteten eine Hochkultur, deren größtes Zeugnis die *Alhambra* (arabisch: die Rote) darstellt. Eine im 13. Jahrhundert erbaute Festung; dort wo an strategisch wichtiger Stelle der Berg *Assabika* steil zum *Rio Darro* abfällt.

Im Laufe des 14. Jahrhunderts eroberte die christliche *Reconquista* (Rückeroberer) Spanien zurück, doch die *Alhambra* hielt. Noch zu Zeiten Christoph Columbus' war sie die letzte maurische Festung auf der iberischen Halbinsel. Unstürzbar. Erst am 31. März 1492, nach jahrhundertelangen Schlachten und Belagerungen, fiel auch Granada. Der Krieg war vorbei, und angesichts dieser malerischen Szenerie kann man sich gut vorstellen, welche Trauer den letzten Sultan erfasst haben muss, als er die Stadtschlüssel an Ferdinand von Aragon und Isabella Catolica aushändigen musste. Letztere hätte sich persönlich vielleicht an die vertragliche Abmachung gehalten, die Muslime zu dulden, die katholische Kirche hingegen begann recht schnell zu inquisitionieren. Bekehrung oder Tod, lautete damals die Devise. Die Araber flohen nach Nordafrika und in den mittleren Osten, 1526 wurde der Islam in Spanien offiziell verboten, und ab 1600 wies man auch die zwischenzeitlich zum Christentum konvertierten Muslime aus.

Im 19. Jahrhundert wohnten in der *Alhambra* einige Künstler und Aussteiger. Dort ist 1832 auch das Buch: *Erzählungen von der Alhambra* des nordamerikanischen Essayisten und Historikers Washington Irving entstanden.

Würden uns die Füße nicht so weh tun, müsste man es „lustwandeln" nennen: Durch herrliche orientalische Gärten. Überall finden sich die in weißen Marmor geschlagenen Verse des Koran. Mit ihren 20 Meter hohen Keramikkuppeln aus bis zu 4000 Stalaktiten wurde die *Alhambra* 1984 zum Weltkulturerbe erklärt. Wieder einmal kann ich es nicht begreifen, dass Menschen vor fast schon tausend Jahren derartige Kunstwerke schaffen konnten, wie sie in der Jetzt-Zeit nirgendwo mehr gebaut werden. Noch immer so robust, dass sie von Touristen bedenkenlos angefasst werden können.

Was Granada vom Morgenland geblieben ist, sind die charakteristisch geformten Dächer und zwei arabisch dominierte Gassen. Manchmal meint man aus der Ferne einen Muezzin zu hören.

Erst weit nach Mitternacht kommen wir zurück nach Hause, und nehmen mit Tortellini unsere erste richtige Mahlzeit des Tages ein. Dass wir nach diesem harten Tag gut schlafen konnten, steht wohl außer Frage.

3. Oktober: Granada/Malaga/Granada. Bis ich aufwache, hat Mine, die wohl keine Spuren hinterlassen möchte, nicht nur ihre Sachen gepackt, sondern die ganze Junggesellen-Wohnung auf Vordermann gebracht. Dann geht es die 140 Kilometer nach Malaga an den Flughafen, und um 19 Uhr bin ich auch schon wieder auf dem Nachhauseweg. *Alone again, naturally.*

Ich stürze mich auf das Notebook, möchte arbeiten und schreiben. Aber an diesem Tag kommt mir nicht nur die Frau, sondern schließlich auch noch mein

Floppy abhanden. Letzteres ist irreparabel. Das bedeutet nicht mehr und nicht weniger, als dass ich bis auf weiteres mit den Reiseberichten, meinem Broterwerb, dem Webdesign und mit der Juristerei vom Internet abgeschnitten bin. So ein Scheiß! (Verzeihung)

4. Oktober: Granada. Gegen 19 Uhr sitze ich an der Plaza Nueva auf einer Bank zwischen dem Stand eines deutschen Goldschmieds und einer Vier-Mann-Straßen-Combo bestehend aus Saxophon, E-Gitarre, E-Bass und Bongos. Gerade lausche ich konzentriert *Stairway to heaven* von Led Zeppelin, als mir Michi, der verbliebene Bayer aus Inzell, mit einigen Bieren im Rucksack und seiner amerikanischen Freundin über den Weg läuft. Wir verabreden uns für 23 Uhr in einer Kneipe etwas außerhalb des Stadtzentrums, in der eine Party der europaweiten Studentenverbindung Erasmus stattfinden soll. Dort angekommen, ist es mir zunächst gar nicht so wohl. Das alles erinnert mich zu sehr an zu Hause. Das alte Spiel: Der Student, der am meisten wie Jesus aussieht, ist der Chef. – Nur: mir fallen die Haare aus! Trotzdem verbringe ich zwei Stunden am Tresen, rede mit Polen, Tschechen, Franzosen, Spaniern, Deutschen und so weiter und so fort. Auf dem Wandspiegel vor mir steht ein Autogramm von Manu Chao; am vorvergangenen Mittwoch datiert. Trotzdem gefällt es mir hier nicht wirklich, zumal von Michi und Kirstin jede Spur fehlt. Also wechsle ich wieder ins *Estrella*. Dort erklärt mir ein Schwarzer namens Ronny bis ins Detail, wie das Geschäft mit gebrannten CDs funktioniert, und ich gebe illegalerweise eine Bestellung auf, damit er übers Wochenende etwas zu tun hat. Als ich gerade gehen möchte, tauchen hier um halb vier Uhr morgens tatsächlich noch Kirstin und Michi auf. Sie haben es zu Hause nicht früher von der Couch geschafft. Oh, Mann!

5. bis 9. Oktober: Granada. – Keine Termine.
Es ist gar nicht so leicht, ein „Endlich-Wochenende-Gefühl" aufkommen zu lassen, wenn man schon so lange eh nur macht, was man gerade will. In diesen Tagen bedeutet das für mich, konzentriert und ungestört zu arbeiten. So verbringe ich die meiste Zeit auf der Dachterrasse. Ich schreibe diese Zeilen, programmiere ein bisschen in HTML und beschäftige mich mit meinem Studium, von dem ich zwischenzeitlich eigentlich gedacht hätte, es wäre vorüber. Für meine nähere Zukunft stellen sich zwangsläufig die Fragen nach dem „ob" und dem „über was" einer juristischen Promotion, und in diesen Tagen meine ich, im Domain-Namens-Recht mein Steckenpferd gefunden zu haben. Ich erledige viel, gebe wenig Peseten aus, und manchmal schaffe ich es, einen ganzen Tag lang die Fiesta da draußen komplett zu vergessen.

Für mich selbst stelle ich fest, mehr und mehr zu einem Schriftsteller zu werden. Im Grunde mache ich schon seit Monaten nichts anderes mehr, als Wörter in den Computer zu hacken, um sie danach in die richtige Reihenfolge zu bringen. Es ist eigentlich egal, ob es sich dabei um HTML, Jura oder Prosa handelt, wer sich dieses zumeist unbezahlte Handwerk angeeignet hat (von *aussuchen* kann keine Rede sein), der wird nicht mehr so schnell mit seiner Arbeit fertig.

Es scheint zur ungewohnten Regel zu werden, dass ich gegen Mittag mit guter Laune erwache. Noch einmal verschlägt es mich hoch zur *Alhambra*. Einen Großteil der Burg kann man auch ohne Eintrittskarten besichtigen, also sitze ich die meisten Nachmittage bei 25 Grad und strahlend blauem Himmel dort rum. Ich mache mich über die Touristen lustig und lese in H. G. Wells' Science-Fiction-Roman *Die Zeitmaschine* von 1895, in dem er die „übergroße Sicherheit der Oberweltmenschen für eine allmähliche Degeneration und einen allgemeinen Rückgang, was Kraft, Körpergröße und Intelligenz betrifft" verantwortlich macht. Starker Tobak!

Anderntags werde ich in einem Café ganz in meiner Nähe Zeuge einer skandinavischen Damenrunde und irgendwann auch Gegenstand derselben. Die Mädels sind ganz witzig, aber ich bin nicht gerade locker. Immerhin hat mir Ronny die Sergente Garcia-, Jamiroquai- und Björk-CDs zuverlässig gebrannt, und schließlich laufe ich auch wieder Michi über den Weg, der sich auf der Flucht vor seiner Freundin befindet. Tresenphilosophie bringt uns wieder auf den richtigen Weg, und ich frage mich, welchem Buch aus Herberts Regal ich mich als Nächstes widmen sollte. In der engeren Auswahl landen Cervantes *Don Quichotte* und Rosendorfers *Briefe in die Chinesische Vergangenheit*. Obwohl mir der freiheitsliebende Charakter des gegen Windmühlen ankämpfenden Ritters „von der traurigen Gestalt" persönlich näher zu stehen scheint (es gibt ein sehr schönes Wort dafür: „Donquichotterie"), entschließe ich mich zunächst für Rosendorfer. So kann ich beim Thema Zeitreise bleiben, und andererseits wollte ich schon immer wissen, was der universalgelehrte Richter am OLG München schriftstellerisch so drauf hat. Wir werden sehen.

Irgendwie passiert in diesen Tagen nichts wirklich Aufregendes. Natürlich wollte ich auf meinem Trip auch einmal für längere Zeit an einem Ort bleiben, und ich werde einen Teufel tun, vor Ende dieser Woche meine Zelte in Granada abzubrechen. Aber irgendwie ist es mir nun fast schon wieder ein bisschen zu ruhig. Von dem abgetauten Kühlschrank einmal abgesehen, der mich veranlasst, die Welt von nun an wieder etwas differenzierter zu betrachten: Irgendwo zwischen *echten Problemen* und *Problemen die andere gerne hätten*, muss es also etwas Drittes geben. In meinem ganzen Leben ist es mir noch nicht gelungen, einen Kühlschrank auf trockene Art und Weise abzutauen, und ich frage mich inzwischen, ob das überhaupt möglich ist.

Eines Abends komme ich gerade recht zum Angriff auf Afghanistan nach Hause. Vielleicht haben sie aber auch nur eine Videokassette vom Golfkrieg eingelegt? – Abermals: *Wag the dog!* Entnervt schiebe ich die Flimmerkiste in jene Schublade, in der auf dieser Reise schon die *Bild-Zeitung* gelandet ist, und arbeite lieber weiter an meinem Plan. Doch obwohl ich einiges schaffe, komme ich mir dabei nicht immer wirklich produktiv vor.

10. Oktober: Granada. Der dritte Fotofilm dieser Reise, der größtenteils in der Zeit mit Mine entstand, ist großartig geworden. Und: Die letzte Webseite wurde endlich bezahlt. Geld ist da! Das ist wichtig und eigentlich eine kleine Feier wert. Meine gute Laune ändert sich erst, als ich erfahre, dass es in ganz Spanien keinen externen Floppy für mein Notebook zu geben scheint. Frühestens im November, so heißt es. Das bringt mir natürlich nichts, ich finde aber eine andere Lösung: Alles was ich brauche ist eine Telefonbuchse, und jetzt scheint es so, dass ich morgen Nacht, nachdem das Webcafé geschlossen hat, von dort aus meine Daten versenden kann.

On the road again
– von Granada nach Ronda –

Ich habe Granada mit einem lachenden und einem weinenden Auge verlassen. Es war eine wunderbare und annähernd sorgenfreie Zeit. Aber manchmal hatte ich das Gefühl, etwas von dem zu verpassen, was „unterwegs" so los ist. Jetzt bin ich aber umso glücklicher, den Absprung geschafft zu haben. Es ist einfach ein ganz besonderes Gefühl, wieder auf der Straße zu sein. Hinter jeder Ecke lauert für gewöhnlich eine kleine Überraschung. Und was zum Spielen! Und Schokolade! ☺

11. Oktober: Granada. Aber noch sind wir in Granada. – Inzwischen werde ich im *Estrella* mit Handschlag begrüßt. Erst hab ich's mit einem arbeitslosen spanischen Journalisten, dann mit einer ziemlich abgefahrenen deutschen Studentin der Ernährungswissenschaften aus Leipzig. Die Rastafari besteht darauf, der kompletten Kneipe aus der Hand zu lesen, und meine Prognosen sind zwar nicht gerade gut, aber was soll's: *Shit happens*, und Hauptsache ich konnte ihr einen Gefallen tun. Gerade als ich wirklich gehen möchte, lerne ich noch „Linde" aus Gießen und seine Freundin Simone kennen. Sie laden mich zu weiterer Fiesta in seine geniale Wohnung ein, und dabei stellt sich heraus, dass Simone ein waschechtes Augsburger Mädel und voll auf meiner Wellenlänge ist. Sie kennt meine Ex!

Als ich gegen 6 Uhr versuche mich heimwärts zu orientieren, möchte ich es gar nicht glauben, als ich schon nach einer Minute an meiner Haustüre vorbeilaufe. Schlafen ist aber immer noch nicht angesagt. Während im Fernsehen alles von einem goldenen Herbst in Deutschland spricht – hier stürmt und regnet es in Strömen! Draußen zieht gerade in diesen Minuten ein kleiner Orkan auf. Der Wind ist nicht nur warm, sondern fast schon heiß, und obwohl ich die Fensterläden festgebunden habe, schlagen sie wie wild gegen die Mauern. Im Licht der Dämmerung herrscht eine gespenstische Stimmung. Es blitzt und donnert, Wäschestücke fliegen durch die Luft, und als es schließlich meinen Tisch samt Stühlen mit lautem Krachen fast von der Dachterrasse weht und ich an einem Nachbarhaus sehe, wie eine Satellitenantenne einfach umknickt, wird mir angst und bange um einen Kran, der – sich im Wind biegend – dieses Haus bedroht.

12. Oktober: Granada. Andalusien nimmt für sich in Anspruch, übers Jahr 300 Sonnentage zu haben. Langsam scheinen die Regentage aufgebraucht, und ich beginne mir Sorgen um meinen Teint zu machen. Die Stadt liegt in einem Gebirgskessel, deshalb ist es im Sommer hier noch heißer als an anderen Orten. Im Winter ist es dafür eher kühler, der Herbst kommt merklich früher, wenn die Sonne aber für ein paar Stunden über die Wolken siegreich ist, dann sind kurze Hose und freier Oberkörper auch in diesen Tagen kein Problem.

Im Webcafé starren 20 Leute zehn verschiedener Nationalitäten gebannt auf die Bildschirme und löffeln dabei das extra für diesen Abend zubereitete Chilli. Es war cool, mit drei Freunden von zu Hause gleichzeitig zu chatten. Aus meinem selbst gewählten Exil koordiniere ich die Dinge in Augsburg und am schönen Ammersee, und zu Hause ist wieder einmal die Hölle los (genau genommen also alles beim Alten). Einer der Münchner Zivis, die ich am Nachmittag vor dem Manu-Chao-Konzert getroffen habe, war der Bruder eines guten Freundes. Die Welt ist klein!

Zwei jugendliche Counter-Striker werden nach einer Handgreiflichkeit im illegalen Offline-Bereich disqualifiziert und wissen nun scheinbar nichts mit ihrem Abend anzufangen. Sie zeigen mir ein Straßenfest am *Campo del Principe*. Dort gibt eine Cover-Band mit zwei äußerst ansprechenden Frontfrauen die Stones, James Brown, die Beatles und all das geile Zeug. Als es gegen 2 Uhr morgens anfängt in Strömen zu regnen, wechselt die komplette Party samt Tresen und Band in eine benachbarte Disco. Hier zelebrieren 1000 Leute den Fiesta-Kult, und irgendwann gelingt auch mir meine erste ernstzunehmende Konversation auf Spanisch. Offensichtlich befinde ich mich in einer Hochzeitsgesellschaft, deren Braut ganz in weiß inzwischen beim Tequila angelangt ist. Seitdem weiß ich, dass es zur gewöhnlichen Fiesta noch Steigerungen gibt!

13. bis 16. Oktober: Granada. Zumeist bei strahlendem Sonnenschein verbringe ich meine verbleibenden Tage damit, die mir noch unbekannten Teile der Stadt zu erkunden. So besuche ich auch die legendäre Universidad de Granada. Ein mächtiges Gebäude mit Marmorsäulen, Innenhöfen, Springbrunnen, einem uralten Campus und nicht zuletzt einer Mensa, in der ich mir ein schmackhaftes Essen erschleichen kann. Spanische Jurastudenten unterscheiden sich kaum von denen zu Hause: Stapelweise Bücher und gute Kleidung. Gestresste Blicke derer, die von Vorlesung zu Vorlesung eilen, bestimmen genauso das Bild wie dampfende Tassen Kaffee in den Bars rund um die Uni.

Auf dem Nachhauseweg stelle ich betrübt fest, dass mein Mercedesstern heute Nacht einem Terror-Anschlag zum Opfer gefallen ist. Richtig ärgern kann ich mich darüber aber nicht, denn es war sowieso ein Wunder, dass ich ihn so weit gen Süden fahren konnte. Trotzdem: Irgendwie fehlt er mir. Nicht als Statussymbol, sondern eher als Bestandteil der Straße. Ich muss mich erst an diese neue Optik gewöhnen.

Am Vorabend meiner Abreise spanne ich noch einmal die Hängematte auf, um meine Zeit in Granada mit gebührender Ruhe einem Ende zuzuführen. Ich putze die Wohnung, wasche die Wäsche und packe schließlich mein Zeug zusammen. Zufrieden blicke ich nun auf einen Kofferraum, der wieder genauso ordentlich aussieht wie am Tag meiner gelungenen Flucht. Und es war toll, einmal die Möglichkeit gehabt zu haben, eine Stadt wie diese genauer kennen zu lernen. Aber ich bin nicht wirklich traurig. Zu viele Abenteuer warten auf mich!

17. Oktober: Granada/Ronda. Endlich wieder unterwegs! Das ist ein befreiendes Gefühl! Nach reiflicher Überlegung habe ich das Städtchen Ronda als meine nächste Station ausgesucht. Die Strecke dorthin ist vielleicht die schönste, die ich bisher abfahren durfte: Links und rechts ragen bis zu zweihundert Meter hohe Felsen aus dem Boden, und manchmal fährt man über derart gottverlassene Straßen, dass man meinen könnte, der Besitzer des einzigen Autos in ganz Europa zu sein.

Einmal werde ich für eine geschlagene halbe Stunde von einer Schafherde aufgehalten, und es war kein Schäfer weit und breit, dem ich meine Beschwerden hätte vortragen können. Nach dieser Auto-Waschanlage der ganz besonderen Art ist mein Gefährt noch dreckiger als zuvor, aber das macht mir nichts aus, denn mit dem Wasser hier unten bekommt man es eh nicht sauber, und der nächste sandige Regen kommt bestimmt.

Plötzlich wundere ich mich darüber, dass die Beschilderung nach Ronda aufgehört zu haben scheint, und irgendwie geht es hier auch nicht mehr weiter. Die Hauptstraße dieser Ortschaft endet in einer Sackgasse, bis ich aber herausgefunden habe, dass ich schon in Ronda bin, fahre ich zweimal von einem zum anderen Ende der Stadt. Schade, ich wäre in dieser schönen Gegend gerne noch ein bisschen länger gefahren. An Stelle dessen gehe ich zum Traveller-Alltag über und besorge mir in der Touristeninformation einen Stadtplan und eine Liste mit Unterkünften. Ich fange immer mit der zweitgünstigsten Pension an und telefoniere mich nach oben durch. Wenn bis zur Preisklasse von 20 Euro kein Zimmer zu bekommen ist, versuche ich es noch einmal beim schlechtesten Haus am Platz, und sollte man auch dort nicht buchen können, muss eben das Auto herhalten. Jetzt habe ich auf Anhieb Erfolg. – Aha! Während meiner stillen Tage in Granada ist also endgültig die Off-Season eingekehrt! Und das ist nur gut so, denn nun bin ich stolzer Bewohner eines wirklich schönen Zimmers mit kleinem Balkon im Zentrum von Ronda für sage und schreibe weniger als zehn Euro. Das ist ein fairer Preis, wie ich finde.

Meine erste Erkundungstour findet leider schon im Dunklen statt. Aber dem Reiseführer und einem Blick nach unten in ein schwarzes Loch, kann ich entnehmen, dass Ronda auf einem etwa 150 Meter hohen Felsvorsprung gebaut ist. Dieser wird wiederum von der ebenso tiefen, aber nur 80 Meter breiten Schlucht *Tajo* durchzogen. Darum also auch die Sackgasse. Über die Schlucht führen drei Brücken: Eine große aus dem 18. Jahrhundert und zwei kleinere aus dem 15. bzw. 13. Jahrhundert. Ernest Hemingway hatte hier etwas außerhalb eine Ranch, liebte die Stadt wegen ihrer Stierkämpfe und nannte sie „meine Muse". Rainer Maria Rilke wohnte im Winter 1912/1913 in Zimmer Nummer 208 des Hotel Rilke (das damals vermutlich noch nicht so hieß) und sah in Ronda „sein Andalusien." Und auch Teile von Cervantes *Don Quichotte*, den ich gegenwärtig mit noch mäßiger Euphorie lese, spielen hier beziehungsweise sind hier entstanden.

Mein Sightseeing verschiebe ich lieber auf den nächsten Tag bei Licht und hätte nun eigentlich ein dringendes Bedürfnis nach etwas Nachtleben. So etwas scheint es hier – so kann man sich täuschen – aber gar nicht zu geben. Deshalb nehme ich erst mal in einer Kneipe unter den Einheimischen Platz und sehe die Champions League. Aber noch vor Mitternacht lande ich in einer weiteren Bar namens Relax. Wir sind hier zu acht: Die zwei englischen Bardamen Tam und Rebecca, ein weiterer Brite namens Steve sowie Joy, eine Amerikanerin. Dazu kommen zwei anglophone Spanier, eine weitere Amerikanerin und eine Schweizerin, deren Namen mir allesamt entfallen sind. Die Bar macht ihrem Namen alle Ehre, und so handelt es sich schließlich doch noch um einen äußerst gemütlichen Abend.

In der Nacht gehen wir zu einem Aussichtspunkt in der Schlucht. Man kann sich das schlecht vorstellen, aber es handelt sich wirklich um einen Aussichtspunkt, wenn man zwischen den uralten und in den schönsten Farben beleuchteten Brücken in etwa 80 Metern Tiefe oder 80 Metern Höhe auf einem kaum befestigten Felsvorsprung rumhängt und der *Rio Guadalevín* fünf Meter entfernt, ganz unbegreiflich, fast geräuschlos in eine Tiefe stürzt, die man nur schätzen kann. Irgendwann geht uns das *Cerveza* aus, und obwohl die *Chickas* schon längst schlafen, kommt Steve auf die grandiose Idee, sich selbst und uns alle in Tam und Rebeccas Haus einzuladen.

Es ist eine Achter-WG von drei ursprünglich Londoner Pärchen mit zwei Babys. Nun sind auch Steve, dessen spanischer Schwager (!?) und ich dabei. Als sie irgendwann damit anfangen, Monty-Python-Videos zu schauen, verabschiede ich mich, laufe den weiten Weg zurück in mein Hostel und verschwinde im Bett. Engländer!

18. Oktober: Ronda. Als ich aufstehe, regnet es schon wieder, und zwar Katzen und Hunde! Verdammt! So verbringe ich den frühen Nachmittag „daheim", und als es endlich trocken wird, mache ich mich begierig auf weitere Erkundungstour.

Im Museum der ältesten Stierkampf-Arena Spaniens von 1714 hängen die Köpfe einiger „prominenter Stiere" sowie Fotos von Hemingway, als auch blutverschmierte Trikots mancher bekannter Matadore. Die Spanier machen gerade in dieser Ecke einen besonderen Hype um ihre Corridas. Einen Sport mag man es wohl nicht nennen, vielleicht am ehesten so eine Art grausames Drama. Wie ich mich aber auf den Rängen sonne und in das Rund herunterblicke, kann ich mir schon sehr gut vorstellen, was sie daran finden.

Dann gehe ich wandern. Zunächst über die *Puente Nuevo* (Neue Brücke) hoch in die Altstadt *La Cuidad* mit ihren Ruinen aus der Kalifenzeit und der gotischen Kathedrale mit den maurischen Kuppeln. Später, außerhalb der Stadt, auf einem einsamen Feldweg steil bergab an den Fuß des Hochplateaus. Dort unten komme ich zunächst an einer Koppel mit Kampfstieren vorbei. Die bulligen Viecher werden von den Jungen der Torero-Schule geärgert. Und schließlich sehe ich endlich das zweigeteilte Felsmassiv und kann die sagenhafte Puente Nuevo von unten bewundern. Das 1751 begonnene Meisterwerk ist nur 90 Meter breit, aber weit über 100 Meter hoch – *Wow!* Was für ein Aufwand, diese Stadt mit ihren drei Brücken wie einen Adlerhorst auf den Berg zu bauen. Als Besitz des marokkanischen Königs galt sie für ein ganzes Jahrhundert als uneinnehmbar. Erst 1485 fiel Ronda nach langer Belagerung zurück an die *Reconquista*.

In der Dämmerung überblicke ich Andalusien, wo es am schönsten ist. Die Hanglage dieser Stadt kann man mit Worten kaum erklären. Unter mir fliegt ein Hubschrauber durch. Man muss es gesehen haben. Ein Ort, wo die Sehenswürdigkeiten wirklich sehenswert sind. Besser gesagt: Eine einzige Sehenswürdigkeit.

Ja, und jetzt sitze ich hier, an historischer Stätte, über meinen Tisch gebeugt und vollende diesen sechsten Teil meines Reisetagebuches. In der Hoffnung, dass dieses Hotel schon zu Lebzeiten nach mir benannt wird. Vor allem aber in der Hoffnung, dass das Ankoppeln meines Notebooks ans Internet heute Abend im Relax genau so klappt, wie ich mir das vorstelle.

Fiesta, Fernweh
und Versicherungsprobleme

– Ronda, Tarifa, Algeciras –

Von allen meinen größeren Reisen habe ich ein solches Reisetagebuch mitgebracht. Freilich nicht mit den technischen Möglichkeiten von heute und auch nicht in dieser Ausführlichkeit. Vielmehr handelt es sich hierbei um langsam vergilbende und kaum noch lesbare handschriftliche Aufzeichnungen. Jedenfalls weiß ich dadurch, wie sehr ich mich nach Jahren freuen werde, wenn ich diese Zeilen lese. Neben Fotos ist es die bessere Möglichkeit, dem Vergessen solcher lebenswichtiger Momente entgegenzuwirken. Irgendwie ist es somit schon fast eine öffentliche Reise. Mir fällt es aber leichter als erwartet, die Sache so zu schreiben, dass sich auch eine unfassbare Zahl von inzwischen zirka 40 Lesern daran erfreuen kann.
Wie gesagt, wir sind wieder unterwegs. Heftig unterwegs!

19. Oktober: Ronda. Im Relax sitzt Steve an seinem letzten Abend. Außerdem lerne ich zwei nette Stuttgarter kennen, mit denen ich fast das ganze weitere Wochenende verbringen sollte. Überhaupt scheint sich hier eine große internationale Clique rund um das Relax für ein Wochenende zusammengeschlossen zu haben. Lasst mich mal etwas zu den einzelnen Charakteren erzählen, welche die ersten dieser Reise sind, die ich Freunde nennen möchte:

Tam und Rebecca sind die Pächterinnen der Relax-Café-Bar. Die beiden Engländerinnen dürften so um die 25 Jahre alt sein und sperren ihr Café täglich von 9 bis 16 sowie 21 bis 1 Uhr auf. Sie haben im September 2000 gemeinsam einen Sprachkurs abgelegt und dann im April dieses Jahres die Kneipe eröffnet, um dort ausschließlich vegetarisches Essen anzubieten. Der Laden ist der internationale Treffpunkt dieser Stadt. Nie übervoll, aber zumindest am Wochenende gut besucht.

Ich glaube, dass Rebecca mit Lewis, einem vielleicht 22-jährigen Iren zusammen ist, der tagsüber Video schaut und nachts in den Kneipen von Ronda abhängt. Wenn er nicht zuhören kann, dann sagt Rebecca über ihn: „He is a poet, but he don`t know it." Lewis ist der von Jeff Bridges gespielte *Dude* aus dem Film-Klassiker *The Big Lebowski*. Das hört er aber nicht so gerne, weil er den *Dude* nicht leiden kann. – Steve reist morgen wieder ab. Er ist in seinem Verhalten der klassische Londoner Großstädter und mir zumindest in der

Optik ähnlich. Wir verabschieden uns mit der knallharten Traveller-Formel: *„Have a nice life."*

Weiterhin gibt es Chris. In seiner Erscheinung eine Mischung aus dem älteren Elvis Presley und Daniel Day Lewis, gibt der 26-jährige Amerikaner an, demnächst einen Lehrstuhl für Philosophie an einer Uni in Pennsylvania zu bekommen. Man möchte es ihm glauben, wenn er erzählt, dass er vor zwei Monaten unter anderem aus Protest gegen politische Zustände sein Land verlassen hat. In dieser Situation wäre es für ihn unmöglich geworden zu schreiben. Er nennt Kerouac, Burroughs und Ginsberg als seine literarischen Vorbilder und vertritt die Ansicht, dass Deutsche stolz auf die Leistungen ihres Landes nach dem Krieg sein sollten. Allerdings wird ihnen, seiner Meinung nach, ein Gefühl anerzogen, dass ständig etwas schief läuft. Wir bleiben in Kontakt.

Alfredo lässt sich seine Post ins Relax schicken. Er fährt die ganze Gang mit seinem katastrophalen Seat spazieren und sitzt auch schon am Nachmittag hier rum, um seinen Kaffee zu schlürfen und dabei die Financial Times zu lesen. Ich habe ihn ja tagelang für wortkarg oder schüchtern gehalten, aber sein Freund Maceo beliebte tatsächlich nicht zu scherzen, als er sagte: „Alfredo ist stumm, aber trotzdem der Einzige von uns, der richtig Englisch kann."

Dann sind da noch Brian, der Besitzer des hiesigen Irish Pub, in den man geht, wenn das Relax schließt, ein Haufen Spanier und der amerikanische Besitzer einer immer proppenvollen Sportsbar namens Husky's – in die man geht, wenn der Irish Pub schließt – sowie einige skandinavische Sprachstudentinnen und Marc, ein Londoner Musik-Journalist, der hier lebt und arbeitet. Eigentlich sollte Marc, seinem literarischen Vorbild aus der Fernsehserie *Cheers* entsprechend, *Norm* heißen.

So bringen wir es an diesen Abenden auf eine tolle Truppe. All diese Menschen haben mich hier aufgenommen, als ob ich schon immer da gewesen wäre. Das hinterlässt bei mir einen bleibenden Eindruck von dieser wunderbaren Kleinstadt. Ein absoluter Geheimtipp für alle Spanienreisenden!

Und letztlich sind da natürlich noch die zwei weit gereisten Stuttgarter: Mike und Ochs sind mir ganz besonders ans Herz gewachsen und typische Vertreter der Sorte Kamikaze-Party-Schwabe, wie ich aus Augsburg ja auch eine Handvoll kennen darf. Die beiden sind hier drei Wochen mit einem Mietwagen unterwegs, wohnen in diesen Regentagen als Einzige auf dem Campingplatz und dürfen ein Tages-Budget von 20 Euro pro Person nicht überschreiten. Tatsächlich leben sie wohl über ihre Verhältnisse und brauchen ihr Geld alleine schon für Bier auf. Als ich sie an diesem Abend aufgabe, sind sie schon restlos bedient, schaffen es aber irgendwie, mir bis Sonntag kaum von der Seite zu weichen. Die Zwei sind an diesem Wochenende unterwegs, dass einem angst und bange werden kann. Zwischendrin haben sie mal einen weiblichen Junggesellenabschied (*Hen Night*) aufgemischt und in drei Tagen höchstens zehn Stunden geschlafen. Dies dafür oft auch in den Bars, weil ihnen die anderthalb Kilometer zum Campingplatz zu weit waren.

Yo, und mit all diesen coolen Leuten besuche ich an jenem coolen Abend nach dem Relax den Irish Pub, dann das Husky's und später ...

20. Oktober: Ronda. Während die meisten anderen sicherlich irgendwo feiern, schlafe ich mich wohltuend aus und lande nach einigen Erledigungen im Internet-Café. Ich wundere mich sehr, dass meine Jura-Leidensgenossin Bärbel, die eigentlich gerade an der Uni von Kapstadt ihren Master of Law machen sollte, eben in diesem Moment im Hafen von Daressalam nach Sansibar übersetzt und von dort aus noch bis Nairobi weiter reisen möchte. – *R.E.S.P.E.C.T.* – „Wenn du mich fragst, wo's am schönsten war, dann sag' ich: Sansibar." ☺

Um 21.30 Uhr lande ich topfit im Relax und sitze dort mit Tam und Rebecca zunächst alleine rum. Nach und nach laufen die ganzen anderen ein, und irgendwann auch Mike und Ochs. Den guten Mike können wir leider nicht mehr bis ins Husky's hinüber retten, vielmehr blieb er auf dem Weg dorthin kurzerhand auf einer Parkbank liegen. Ochs hingegen dreht bei den *Chikkas* nun voll auf. Unglaublich, was für Energien in diesem Schwaben stecken. Wir sind noch in einer anderen Disco, wo ich zum ersten Mal auf dieser Reise von einer sehr gut deutsch sprechenden Spanierin mit Olli Kahn verglichen werde. Später sitzen wir alle gemeinsam in einer Tür und schwärmen über die Stadt. Und dann werden wir Zeuge der mit Sicherheit *spanischsten* Situation des bisherigen Trips: Neben uns sitzt ein junges *Chicka*, das plötzlich zu singen beginnt. Ich weiß nicht, wie sich diese Musikrichtung nennt, die man den ganzen Tag in Andalusien hört und kann nur sagen, dass es sich dabei vielleicht um eine Art sehr arabisch beeinflussten Flamenco handelt, der ausschließlich von wenigen Frauen gesungen werden kann, die hier so eine Art Stars (*Estrella*) sind. Auf alle Fälle beginnt dieses Mädchen plötzlich und mitten in der Nacht damit, sich durch die Charts zu singen und kann mir mit *Ultimo Adios* von Paulina Rubio sogar noch einen Wunsch erfüllen. Um sie herum bildet sich nach und nach ein Halbkreis von vielleicht zehn Menschen, die es allesamt nicht auf dem Boden hält. Sie klatschen und tanzen Flamenco. Ein Polizeiwagen fährt vorbei und feuert sie an, lauter zu singen. Es ist eine unglaubliche Szene, die ich nie vergessen werde. Bei irgendeinem Stimmüberschlag verliert sie dieselbe, und jetzt wissen Ochs und ich auch, warum sie kein echter Star ist. – Wahnsinn! Alles Betteln der Umstehenden hilft nichts. Sie kann nicht weiter singen.

Von dieser Darbietung restlos begeistert, sind wir zwei so inspiriert, dass wir nun keinesfalls schon ins Bett gehen können. Also setzen wir uns in meinen Benz und hören weiter gute Musik. Zu Bob Dylan und Pink Floyd gibt es Schinken und fünf verschiedene Käsesorten auf warmem Weißbrot direkt aus der Bäckerei. David Bowie gibt zum Besten: „Ground Control to Major

Tom: Take your protein pills an put your helmet on ...", und auch die Vögel besingen den Vormittag. Noch immer sind einige Leute feiernd auf der Straße unterwegs.

21. Oktober: Ronda. Als mich Mike und Ochs aus dem Bett meines Hostels klopfen, ist es noch nicht Mittag. Sie sind vom Campingplatz hierher gelaufen und brauchen ein Überbrückungskabel zum Fremdstarten ihres Leihwagens. Oje, vermutlich waren sie nicht vehement genug. Jedenfalls gebe ich im Halbschlaf an, keines bei mir zu haben, und sie ziehen unverrichteter Dinge wieder von dannen. Erst am Nachmittag wird mir unter der Dusche so langsam und ziemlich peinlich bewusst, dass dies kein Traum war. Mit einem schlechten Gewissen fahre ich zum Campingplatz, um zu sehen, ob ich den beiden vielleicht doch noch helfen kann, aber sie waren schon weg. Ich habe sie zumindest nicht gefunden. Irgendwie werden sie es auf die Reihe gebracht haben.

Auf meiner sonntäglichen Nahrungssuche umgehe ich heute das Relax weiträumig, um nicht in die Gefahr eines weiteren lustigen Abends zu kommen. Stattdessen schlafe ich viel und mache mich am Abend wehmütig daran, mein Zeug zu packen. Morgen muss es weiter gehen, sonst versauere ich hier. Entweder nach Algeciras oder nach Tarifa. Von dort aus kann man dann auch Gibraltar mit seinem Affenfelsen besuchen und vielleicht auch einen Tagesausflug nach Marokko machen. Außerdem nervt mich das schlechte Wetter, das um diese Jahreszeit absolut nicht die Regel ist, wie ich erfahre. Vielmehr herrscht hier in diesen Tagen das schlechteste Wetter, an das sie sich erinnern können. Die Sonne habe ich schon seit Tagen nicht mehr gesehen. Also will ich es erzwingen, und fahre wieder ans Meer.

22. Oktober: Ronda/Olvera/Tarifa. Über *Sentenil* begebe ich mich und meinen treuen Mercedes „Rosinante" 190 E nach Olvera, einem der klassischen weißen Bergdörfer. Naturbelassen.

Ich kann mich an eine Szene auf dieser Tour erinnern, in der die Straße zwischen den Häusern derart eng wurde, dass ich mir sicher war, dass es nun für mich unmöglich wäre, das Auto dort hindurch zu bringen. Zurück sowieso keine Chance. Ein freundlicher Bauer winkt mich durch. Ich sag' mal: Links und rechts je zwei Zentimeter.

Eine weitere Szene handelt wieder von der Freundlichkeit der Landbevölkerung und davon, dass ich der Umleitung einer Hauptverkehrsstraße folge und nach einem Kilometer schlaglochhaltigem Lehmweg an einem Punkt angelangt bin, wo für mich schon wieder das Ende der Welt erreicht zu sein scheint: Ein zwei Meter langes und 40 Zentimeter tiefes Loch. Links und rechts Kühe, Schafe, Wildpferde. Und *Waldorf und Stadler* von der *Muppets Show* auf Andalusisch: Zwei vielleicht Achtzigjährige lassen die Beine von einem Stein baumeln und sehen sich wohl den ganzen Tag das Spektakel mit den umgeleiteten Touristen vor dem gewaltigsten aller Schlaglöcher an (die Mutter aller Schlaglöcher). Ich muss zwangsläufig vor ihnen stehen bleiben und mache das, was Autotouristen in einer solchen Situation tun: Sie fahren das Fenster herunter und fragen nach dem Weg. Die Zwei hören mir aber gar nicht zu, sondern sind vollkommen in ihr Gespräch vertieft. Diese Jungs mit ihren Gehstöcken haben wirklich die Ruhe weg, und ich komme hier ohne Karosserie-Schaden weder nach vorne noch nach hinten weiter. Bis sich einer meiner erbarmt und feststellt: „Una chocha alleman." (Ein deutsches Auto) – „Si, si ... chocha alleman. Una bien chocha." Ich frage, was ich jetzt machen soll, worauf einer erstaunlich jugendlich vom Felsen springt – und frei ins Bayrische übersetzt – ruft: „Des geht scho ..." – „Venga! Venga!" Er lotst mich tatsächlich unbeschadet durch das Loch.

Irgendwann wird die Straße auch wieder besser, und ich komme an dem vielleicht hübschesten aller weißen Dörfer vorbei: Olvera. Sieht ganz witzig aus, wenn man schon von weitem erblickt, dass die kleinen weißen Häuschen um eine riesige Kathedrale aus dem 13. Jahrhundert und eine noch ältere Burg gebaut sind. Und überall Wildpferde: Auf einsamen Stalldächern, in den Straßen der Dörfer oder direkt neben den Autobahnen.

Über Hunderte von Serpentinen geht es weiter. Ich begebe mich nun bei prächtiger Aussicht auf direktem Weg an die Straße von Gibraltar. Dort angekommen, in Algeciras, dem größten Anlauf-Hafen aus Richtung Marokko, finde ich mich aber nicht gut zurecht. Das Straßensystem unterscheidet sich vollkommen von allem bisher Dagewesenen. Deshalb fahre ich die 25 Kilometer weiter nach Tarifa, der südlichsten Stadt in Kontinentaleuropa.

In der Vergangenheit hielt man hier die unaufhörlich blasenden Winde für ein Fremdenverkehrshindernis. Das änderte sich erst in den Achtzigern, als Windsurfen populär wurde. Heute ist Tarifa mit seinen 15.000 Einwohnern „das europäische Mekka der Surfer." Besondere Strömungsverhältnisse sorgen hier dafür, dass sie an 80 Tagen im Jahr Windstärken zwischen sieben und zehn, und an weiteren sicheren 180 Tagen Windstärken um die Fünf haben. Alles ist aufs Surfen zugeschnitten. Die coolen Shops bieten kein Kleidungsstück unter 40 Euro an, das Internetcafé ist kaum bezahlbar, aber ansonsten kann man auch recht günstig leben. Man sieht viele Jogger, es gibt einen Fußball-, Basketball- und Streethockey-Platz. Die Leute sprechen alle Englisch und fahren von hier aus zum Klippen- oder Bungee-Springen. Lauter coole Freaks, die nichts außer ihrem Sport im Kopf haben.

Zu alledem führt unten am Strand ein etwa 100 Meter langer Steinsteg zu einer kleinen Insel, die man auf guten Landkarten erkennen kann. Die *Punta de Tarifa* oder auch *Punta Marroquí* wäre als südlichster Punkt europäischen Festlandes touristisch sicherlich interessant auszuschlachten, ist in Wahrheit aber militärisches Sperrgebiet. Rekordsuchende scheitern an den Wachen, die ihre Angeln ausgeworfen haben. Irgendwann konnte ich erfahren, dass die Insel als ein Asylbewerberheim für afrikanische Einwanderer benutzt wird. Davon bekommt man allerdings nichts mit. Es ist schon ein merkwürdiger Kontrast: Am Strand die zu dieser Jahreszeit vielleicht 100 verrücktesten Surfer-Busse und mehr Bretter als Badende – absolute Freiheit und nur 60 Meter weiter das pure Gegenteil von Freiheit: Alcatraz! Aber wie gesagt, und das ist, wenn man darüber Bescheid weiß, das wirklich Bedrückende: Man bekommt davon nichts mit.

Doch eigentlich ging es um den Steg an sich. Denn der trennt die Costa del Sol von der Costa de la Luz. Sprich: Wenn man nach links schaut sieht man das Mittelmeer, während zur rechten Hand der Atlantik liegt. Eine Stadt voller Kontraste zur absoluten Off-Season. Selten habe ich mich an einem Ort so sicher gefühlt. Um 19 Uhr dort angekommen, finde ich schnell ein Hotel und verlasse dieses im weiteren Verlauf des Abends nicht mehr. Jetzt hat es sich nach den verrückten Tagen in Ronda erst mal ausgefeiert ...

23. Oktober: Tarifa. ... Möchte man meinen. Das Erste, was ich heute mache, ist ins Meer zu springen. Es ist sicherlich wärmer als zu Hause der Ammersee im Sommer und kühlt selbst im Winter nicht unter 18 Grad ab. Der Strand scheint noch nie so etwas wie einen Rechen gesehen zu haben, ist aber trotz seines Naturbewuchses sehr sauber. Weißer, feinkörniger Sand. Wie geil kann es eigentlich noch werden? Das Einzige, was nervt, sind die Millionen von aggressiven Strandfliegen. Darum könnte Tarifa auch nie zu einem gewöhnlichen Badeort verkommen. Entweder sind es die Fliegen oder zu viel Wind am Strand.

Ich orientiere mich am fünf Kilometer langen *Playa Los Lances* in Richtung Atlantik zu einem Punkt, von dem ich am Horizont meine erkennen zu können, dass dort mehr los ist. Plötzlich kommt ein Hund von hinten angelaufen und schnappt sich meine Wasserflasche. Bevor er sie kaputt gebissen hat, gelingt es mir, sie ihm gewaltsam wieder zu entwenden. Von da an wollte er aber nicht mehr von meiner Seite weichen; ständig die Wasserflasche im Blick. Weiter vorne liegen auf 500 Metern vielleicht zehn Leute rum. Dafür sieht man in einer Lagune, die durch die Unwetter der letzten Tage zu einem natürlichen, zwei Kilometer langen See geworden ist, einige der besten *Kite*-Surfer der Welt. Wem das nichts sagt: Sie schliddern auf ihren Brettern mit atemberaubender Geschwindigkeit übers Wasser, fabrizieren ungelogen Sprünge von zehn Metern oder höher und steuern bei alledem einen überdimensionalen Drachen in vielleicht 30 Metern Höhe als Segel. Der See ist so groß, dass sich mindestens zehn von ihnen dabei nicht in die Quere kommen.

Ich spiele mit dem Hund, und als ich im *Spiegel* von gestern blättere, dient er mir als Kopfkissen. Schließlich versuche ich ihm doch noch Wasser aus der Flasche zu geben. Diese Gelegenheit nutzt er, mir das Ding endgültig aus der

Hand zu reißen und kaputt zu kauen. Von Intelligenz war er, glaube ich, nicht geprägt, mein Hund, den ich Pedro taufte.

Erst spät verlassen wir zwei den Strand, kommen durch das Stadttor, auf dem Tarifas eindrucksvoller Ehrentitel *„muy noble muy leal y heroica ciudad"* (die sehr edle, treue und heldenhafte Stadt) prangt, und tauchen nahtlos in die Fiesta der engen Altstadt ein. Während ich mich einigen Surfer-Frauen widme, erkundet Pedro schon mal die nächste Bar im Voraus, kommt wieder zurück und schläft ein Stündchen neben meinem Barhocker. Sein treuer Blick sagt mir unmissverständlich: „Ich bin jetzt dein Hund."

Den Heimweg teile ich mit Fabian, einem 22-jährigen Schweizer und Michael, einem 41-Jährigen aus Ulm. Plötzlich bleibt mein Hund an einer Kreuzung stehen, bellt zweimal und verschwindet um die Ecke. Wir verstehen uns: Er scheint heute Nacht noch etwas vor zu haben.

24. Oktober: Tarifa. Den frühen Nachmittag verbringe ich wieder an derselben Stelle auf etwa halber Höhe des Playa Los Lances und warte vergeblich auf meinen Freund Pedro. Stattdessen kommt Fabian des Weges und setzt sich zu mir. Heute sind es nicht die Fliegen; heute ist es ein Achter-Wind, der uns quält, indem er uns einer anhaltenden Sandwäsche unterzieht. Aber was die Windsurfer heute abziehen, das ist schon bemerkenswert, und *Kite*-Surfen ist bei diesen Verhältnissen nur für die Top-Profis möglich.

Lange halten wir es da unten nicht aus. Auf der Suche nach einem Billardtisch ziehen wir in der Siesta durch die Stadt und finden einen netten Irish Pub. Dort hängen wir am Abend zur Champions League noch immer ab und treffen auf Timo (alias El Griego). Ich führe mit „dem Griechen" ein sehr intensives Gespräch über Gott und die Welt. Wirklich genau darüber! ☺

25. Oktober: Tarifa. In diesen Tagen im „Paradies der Entspannten" schleppe ich die obligatorischen Fragen eines Reisenden mit mir herum: *Wie und wann und warum soll man nach Hause fahren? Und ob zu Hause alles richtig läuft, so wie es läuft? Letztlich: Habe ich Lust und genügend Mut für Marokko?* – Südlicher komme ich in Europa jedenfalls nicht mehr, und nach Umkehren ist mir so gar nicht zumute.

Irgendwann stelle ich fest, dass mir gestern Abend oder vielleicht auch heute Morgen mein Schlüsselbund aus der Tasche gefallen sein muss. Es war wirklich nichts Wichtiges dran, denn das meiste hatte ich zu Hause gelassen, und natürlich habe ich auch einen Ersatzschlüssel für mein Auto dabei. Aber ich frage mich allen Ernstes, wie ich darauf habe kommen können, jenen Ersatzschlüssel mitzunehmen, der nur zum Fahren und für die vorderen Türen gedacht ist. Von meinem Kofferraum bin ich jedenfalls bis auf weiteres abgeschnitten. Diejenigen, die jetzt sagen werden „Ja, Ray ... den hast du sicher nur verlegt, wie du es immer machst", die seien eines Besseren belehrt: Er ist weg, und weder bei der Policia noch bei der Guardia Civil findet sich unter den zahlreichen abgegebenen Schlüsseln meiner wieder.

Den Abend verbringe ich gemeinsam mit Michael und Fabian. Michael ist ein selbständiger Maschinenbauer aus Ulm, der im Jahr ein paarmal zum Surfen fährt und in dieser Zeit Ex-Frau, Freundin und drei bald schon volljährige Kinder am liebsten zu Hause lässt. Er ist der ruhende Pol, während ich und Fabian uns die Philosophien nur so um die Ohren schlagen.

26. Oktober: Tarifa/Gibraltar. „Ich geh' jetzt surfen." – Das ist der einzige Satz, den Michael während des Frühstücks um ein Uhr nachmittags in der Hausbar von sich gibt. Ich hingegen nehme Fabian mit ins Mercedes-Autohaus nach Algeciras. Das mit dem Schlüssel scheint super zu klappen: Spätestens am Dienstag (also rechne ich mal mit Donnerstag) bekomme ich dort für 20 Euro einen neuen, der in Deutschland im Schlüssel-Werk von Mercedes extra für mich angefertigt wird. So lange muss ich mit den paar Klamotten auskommen, die ich auf dem Zimmer habe. Sonst befindet sich im Kofferraum nichts, was ich dringend brauchen würde. Bin ja mal gespannt, ob das klappt! Die Alternative wäre, sich den richtigen Ersatzschlüssel von zu Hause schicken zu lassen. Tatsächlich finde ich den nun beschrittenen Weg aber professioneller.

Innerhalb einer Stunde in Algeciras, in der ich kaum aus dem Auto war, fragen mich zwei Marokkaner in bestem Englisch, was ich für meine Kiste haben möchte. Einer macht mir an einer roten Ampel durch geöffnete Fenster sofort ein Angebot über 700.000 Peseten, was sich nach kurzem Überschlag als knappe 4500 Euro heraus stellt. Hey, hey, hey… hier könnte ich den Benz ohne Stern mit seinen abgefahrenen Sommerreifen gut verkaufen. Das verlockt! Aber tatsächlich möchte ich ihn gar nicht hergeben. Er ist mir in den letzten Monaten doch schon zu sehr ans Herz gewachsen, als dass ich ihn irgendeinem unzuverlässigen Araber überantworten würde. Fabian hingegen sieht in der gesteigerten Nachfrage nach gebrauchten Mercedes ein sich lohnendes Geschäftsfeld, und auch Michael ist der festen Überzeugung, dass man alte Benz hier runterfahren sollte, wenn man gerade mal zum Surfen möchte. Mich macht es aber nicht gerade glücklich, die Leute hier so interessiert an meiner Karre zu sehen. An der Grenze zu Marokko muss man sehr aufpassen, und so wird das Auto zur Einschränkung.

Schließlich machen Fabian und ich noch einen Ausflug in die britische Exklave Gibraltar, besichtigen dort die hiesige Kanonerie (100-Ton-Gun) und sparen uns den Felsen mit seiner einzig natürlich vorkommenden Affenkolonie in Europa. Nach zwei Stunden möchten wir, jeder mit einer Stange Zigaretten à acht britische Pfund bewaffnet, auch schon wieder raus aus Gibraltar, aber leider gestaltet sich das schwieriger als erwartet. An der Grenze zu Spanien stehen wir etwa anderthalb Stunden im Stau.

Fabian erzählt mir von seiner unglaublichen Reise: Nachdem er zu Hause das Buch *Auf dem Jakobsweg* von Paulo Coelho gelesen hatte, ist er kurzerhand mit dem Rad 1500 Kilometer nach Biarritz gefahren, um von dort aus den mit 800 Kilometern längsten zusammenhängenden Wanderweg Europas, den Jakobs-Weg, zu Fuß abzuwandern. Von dessen Endpunkt *Santiago de Compostela* ist er nun, nach einem halben Jahr, über Portugal hier unten angekommen. – Respekt! – Tja, und wenige Meter vor der Grenze fragen wir uns schließlich, was jetzt passiert, wenn der Grenzer möchte, dass ich meinen Kofferraum öffne. Der englische Bobby winkt mich durch, während der Spanier ... dreimal dürft ihr raten! Es dauert keine Minute, bis ich ihm meine missliche Situation erklärt habe: Schlüssel verloren! Und er lässt mich einfach weiterfahren. Typisch Spanien: Nur keinen Stress! *Tranquillo!* Also, das war jetzt der ultimative Tipp an alle Schmuggler.

Zu Hause wartet auch schon El Griego und meint, mich mit seinen Exzessen von vergangener Nacht neidisch machen zu können. In Wahrheit kann ich aber recht gut darauf verzichten. Wir verabreden uns alle für 23 Uhr in einer Bar. Der Grieche taucht dort nicht auf, während Fabian und Michael natürlich wieder mit am Start stehen, bis wir uns vorübergehend im Pepe's niederlassen. Dort treffen wir Katrin, eine recht frustrierte und – genauso wie ich – eben fertige Juristin aus Berlin. Nun zu viert, wechseln wir einige Male die Location und landen schließlich wieder an derselben Ecke. In der benachbarten Flamenco-Bar pulsiert das Leben, und ...

Wenn es da etwas zum Ausspannen gäbe, müsste ich zu meiner Schande eingestehen, dass mir Michael dort die Berlinerin ausgespannt hat.

27. Oktober: Tarifa/Algeciras. Fabian möchte morgen zurück nach Sevilla und sich dort nach einem Job umsehen. Das ist für Nicht-EU-Schweizer aber gar nicht so leicht, da sie besondere Papiere benötigen. Wenn er trotzdem etwas findet, möchte er in Andalusien überwintern. Wir bleiben jedenfalls per E-Mail in Kontakt, denn vielleicht kreuzen sich unsere Wege ja noch einmal. Wo und wann auch immer. Eine Zeitlang hatten wir fast darüber nachgedacht, uns zusammen zu tun, aber im Endeffekt wollen wir beide weiter alleine unserer Wege ziehen.

So mache ich mich mit dem festen Vorsatz, die nächsten Tage absolut enthaltsam zu begehen, auf nach Algeciras in das Hostal Versailles. Von Partys und Alkohol habe ich erst mal wirklich genug, und es ist wichtig, dass man hier unten auch ein bisschen was zu tun hat, mag man es nun Arbeit oder Hobby nennen, denn sonst würde man aus dem Feiern gar nicht mehr herauskommen. Alles eine Frage der Mentalität.

Thema Mentalität: Wie schon ausgeführt, ist Algeciras der wichtigste Auffanghafen für jede Art von Afrikanern auf ihrem Weg nach Europa. Wenn man so möchte: Unsere Grenze zu Afrika. Das Hafenviertel ist marokkanisch geprägt, und manchmal ist es einem nicht ganz wohl dort unten. Das liegt aber nicht an den vielen Menschen unterschiedlichster Nationalitäten, die an sich sicherlich allesamt friedliebend und freundlich sind. Sondern vielmehr daran, dass es sich hierbei um „Boatpeople" handelt, und ich meine beobachtet zu haben, dass es von denen zwei grundsätzlich verschiedene Arten gibt:

Einerseits sind da die Marokkaner, die wohl andauernd zwischen den Kontinenten pendeln, um irgendwelche Geschäfte mit Autos, Drogen und vielleicht auch Menschen zu machen. Von ihnen wird man ständig angeschwatzt, was zumindest am Anfang nicht gerade angenehm ist. Eigentlich sind sie alle harmlos und wollen nur ein bisschen feilschen, aber doch gibt es sicherlich und gerade unter ihnen eine gewisse Anzahl schwarzer Schafe. Zu schade, weil es auch jede Menge netter Kerle gibt, die zufrieden sind, wenn man ihnen eine Kippe schenkt oder ein bisschen mit ihnen plaudert. Jedenfalls sorgt der Mix aller afrikanischer Nationen im Hafenviertel für jede Menge Hektik, und vielleicht kann man einen Vergleich mit dem Hamburger Hafen konstruieren, der ja bekanntlich auch unter einer erhöhten Kriminalitätsrate leidet.

Auf der anderen Seite stehen die Schwarzafrikaner mit ihren unglaublich traurigen Augen. Sie sind in ihrer ganzen Erscheinung sehr ruhig und anständig. Ich sage jetzt einfach einmal, dass sie alle vor irgendetwas auf der Flucht sind: Vor dem Hunger, dem Krieg, der Politik zu Hause oder – nach einer langen Reise endlich im Zauberland Europa angekommen – auch schon wieder vor dessen Behörden. Sie stehen mit ihren Koffern und sauberen Kleidern alleine rum, bilden keine Grüppchen und träumen vor sich hin.

Einem, der besonders traurig dreinschaut, biete ich eine Zigarette an, die er als Nichtraucher dankend ablehnt. Trotzdem gelingt uns ein kurzer Dialog. Er heißt Nizar und kommt aus einem der vielleicht ärmsten Länder der Welt: Aus Benin, von dem er nicht aufhören möchte zu schwärmen. Tja, und er möchte nach Deutschland. Was soll ich tun? Soll ich ihn seiner Träume berauben und sagen, dass ihn bei uns niemand haben möchte? Mehr als viel Glück kann ich ihm dabei nicht wünschen.

Wegen einer solchen Ungerechtigkeit, die schlimmer nicht sein könnte, schlendere ich nachdenklich, eher wütend, fast schon hasserfüllt, zurück in mein Hotel, schreibe noch ein bisschen, lösche alles wieder und werde zu meiner Überraschung Zeuge, wie mein Computer von alleine die Zeit um eine Stunde zurückstellt.

28. bis 30. Oktober: Algeciras. Oha, der dritte Monat meiner Reise beginnt. Das könnte auch so etwas Ähnliches wie Halbzeit bedeuten. Könnte es. Sollte es. Müsste es!? Einerseits kommt es mir so vor, als ob es erst gestern gewesen wäre, als ich Augsburg verlassen habe. Wenn ich andererseits aber durch diesen Reisebericht scrolle, dann wird mir doch auch klar, wie lange ich schon fort bin. Die Zeit vergeht wie im Flug! Das ist unterwegs fast noch schlimmer als zu Hause. Man steht auf – und der Tag ist vorbei. Man fährt weg und ist schon fast wieder zu Hause. Ein Drama!

Naja, was soll's. Obwohl mir schon diese Hafenstadt auf dem europäischen Kontinent einigen Respekt vor den Arabern einflößt, gehe ich zum jetzigen Zeitpunkt davon aus, dass ein wenig Marokko vor mir liegt. Das hängt aber unter anderem auch noch davon ab, ob ich einen sicheren und halbwegs günstigen Parkplatz für mein liebes Auto finde. Denn, alleine den Benz durch Marokko zu kutschieren, wäre schon etwas über das Ziel hinausgeschossen und vermutlich noch nicht einmal versichert. Dessen wird man sich hier unten recht schnell bewusst.

31. Oktober: Algeciras. Ein Tag im Zeichen des Automobils: Nach dem Aufstehen begebe ich mich auf direktem Weg zur hiesigen Mercedes-Vertretung, und obwohl die Aushilfskraft in den Auftragsbüchern nichts finden kann, gelangen wir beide in perfektem Teamwork (spanische Gelassenheit trifft deutsche Gründlichkeit) zum angestrebten Ziel: Meinem Hauptschlüssel. Ehrlich gesagt wurde es aber auch allerhöchste Zeit, denn langsam hatte ich trotz der ständigen Handwäsche ein paar frische Socken aus dem Kofferraum dringend nötig.

Abends hält man sich in Algeciras besser nicht im Hafenviertel, sondern in der Altstadt auf. Ich führe ein Gespräch mit einem jungen Globetrotter aus Belgien. Er fährt einen Sieben-Meter-Mercedes-Bus, der älter ist als er selbst, um die Welt, steckt jetzt aber schon seit über zwei Jahren in Andalusien fest und möchte noch länger bleiben. Ich frage ihn, ob er eine Meinung zu meinem Parkplatzproblem hätte. Er sieht da keines: Wenn ich das Auto mitnähme, käme es genauso wenig weg, wie wenn ich es hier lassen würde. Er würde mir sogar dazu raten, es mit mir zu nehmen.

Rückblickend hatte er wohl Recht, denn die Tatsache, dass es lange verlassen an ein und dem selben Ort steht, macht es für potentielle Diebe erst richtig interessant. Aber vielleicht brauchte ich auch nur einen Grund, um für einige Wochen weiteren Luxus von mir abzuschütteln. Vielleicht wollte ich lediglich wissen, ob ich es mit nur ein paar Klamotten genauso machen kann. Vielleicht wollte ich einfach eine andere Art zu reisen testen, und mein Entschluss stand fest: Das Auto bleibt in Europa.

Deshalb gibt er mir den Tipp, ich sollte nach *El Castillo* fahren, das Ding dort stehen lassen und den Leuten sagen, Jonathan hätte mich geschickt. Dann könnte dem Wagen nichts passieren. Also schaue ich mir das mal an, und mir fehlen fast schon die passenden Worte: Es ist das ultimative Aussteigerparadies. Hier gibt es auf vielleicht 500 Höhenmetern keine Hostels oder ähnliches. Nur ein uraltes verwunschenes Schlösschen in das eine kleine Künstlerkolonie mit vielleicht 50 Katzen gebaut ist. Die Leute sitzen in den engen Gassen, unterhalten sich viel auf Deutsch und Englisch, essen, trinken, rauchen

Illegales, hören so laut oder leise Musik, wie es ihnen gerade gefällt, und wenn jemand an einem Ende der Burg Leonard Cohen auf ein altes Trichtergrammophon legt, drehen die am anderen Ende leiser. Einen Großteil der Burg haben die Besetzer abgeriegelt (eine deutsche Abart), sodass man hinter Holzverschlägen nur ihre Stimmen hören kann. Die Leute leben hier in einer Art Kommune. Sie wirken entspannt und zufrieden. Wer keines der vielleicht 30 mickrigen Häuschen hat ergattern können oder wollen, der wohnt in seinem Bus. Und diese Gefährte sind einfach unglaublich! Die wirklich alten Dinger mit bis zu zehn Metern Länge! Irre.

Ich wandere ein bisschen durch das Schloss und komme mir dabei bescheuert vor. Natürlich könnte ich die Leute ansprechen, aber da käme nichts Brauchbares dabei rüber, denn wir leben in verschiedenen Welten: Ich bin der einzig wahre „Tourist-Guy", und sie verbringen bei diesem unfassbaren Ausblick auf einen wunderbaren tiefblauen Bergsee und das steinfarbene marokkanische Küstengebirge hier draußen ihr Leben. Bei diesem Anblick werde ich melancholisch. Zum ersten Mal überkommt mich ein Anflug „afrikanischer Gefühle." Ich kann das noch nicht näher bestimmen, weiß aber genau, dass auf der anderen Seite der Straße von Gibraltar noch viel mehr davon ist. – Ich kann nicht mehr anders! Ich muss diese Sorgen und Ängste rund um den Kontinentwechsel beenden. Ich will da rüber! – *Just do it!*

Zurück in Algeciras wird Halloween gefeiert. Die ganze Stadt von drei bis dreiundneunzig befindet sich um 1 Uhr morgens noch immer auf der Straße. Der schätzungsweise 65-jährige Portier hat uns zwei Stühle vor die Hosteltüre gestellt, und ich erzwinge eine Entscheidung: Er meint, dass er für einen einzigen Parkplatz in ganz Algeciras bürgen könne, und das wäre genau der, vor dem wir hier sitzen. Und er hat recht: Erstens ist das Foyer die ganze Nacht besetzt, und zweitens ist die Straße davor von einer sehr hellen Lampe beleuchtet. Er wird dafür sorgen, dass der Parkplatz bis morgen Abend frei ist. Und ich soll nicht zaudern, sagt er, sondern endlich in die Gänge kommen. – „Dort unten ist der Fährhafen!" – Ich wäre doch ein junger Mann und schon viel zu lange in dieser für mich unbedeutenden Stadt. Also vertraue ich ihm, werde mir ein Lenkradschloss kaufen und es ansonsten genau so machen, wie er gesagt hat. Immerhin befinde ich mich sogar hier, an der Grenze zu Afrika, in einem Land namens Europa, das es so weit gebracht hat, dass in der Regel nichts weg kommt. Und wenn schon: Egal – für was hab' ich den Karren denn extra Kaskoversichert?! Und das Notebook bleibt für diese Zeit im Kofferraum. Es in Marokko mit mir herumzuschleppen, wäre purer Wahnsinn! Punkt!

Somit wird dies bis auf Weiteres der letzte Bericht von dieser Reise sein. Ich kann nicht sagen, ob und wie es damit weitergeht. Wenn ihr diese Zeilen lest, dann bin ich schon in Afrika und muss sehen, wie es sich ergibt. Aber seid nicht traurig: Ich fühle mich der kaum glaublichen Tatsache verpflichtet, dass inzwischen wohl mehr als 50 Menschen diese Zeilen lesen. Wenn es irgendwie geht, dann wird es auch für euch eine Fortsetzung meiner Erlebnisse geben. – *Ihr müsst unbedingt kucken, wie's weitergeht ...*

1. November: Algeciras. Gegen 8 Uhr morgens bin ich an diesem Nationalfeiertag über *Don Quichotte* eingeschlafen. Dementsprechend komme ich den ganzen Tag nicht in die Gänge. Müdigkeit und schlechte Laune sind meine Wegbegleiter, aber trotzdem überschreite ich im Laufe des Tages ganz zielbewusst den *Point of no Return* in Richtung Afrika: In einem der zahllosen von Arabern geführten Reisebüros, kaufe ich für 20 Euro das *One-Way-Ticket* nach Ceuta. Und es wird Zeit für Arabien; die Amerikanismen nehmen langsam überhand. ☺

Ich teste meine Tasche auf *Backpacking*-Tauglichkeit und befinde sie für gut, sodass ich auch darauf verzichte, mir den einzigen halbwegs erschwinglichen Reiserucksack bei Intersport zu kaufen. War potthässlich, das Ding, und selbst die noch teureren haben mir nicht gefallen. Am Abend packe ich auch den kleinen Rucksack mit so wenig Gepäck wie möglich und bin mir dabei nicht ganz klar, ob ich nun über- oder unterorganisiert bin.

Im Moment sitze ich auf meinem Zimmer, fröne dem sechsten Tag meines selbst auferlegten Alkoholverbotes, programmiere all jenes, was schon längst online sein sollte und schreibe diese Zeilen. Noch ein letztes Mal geht es jetzt ins Webcafé, und ich hoffe inständig, all die Sachen und vor allem diesen Bericht auf den richtigen Weg bringen zu können. Aber selbst wenn nicht: In jedem Fall geht es morgen nach Afrika! Neue Horizonte.

Hasta la victoria siempre!

Blick von Europa über die Straße von Gibraltar nach Afrika

Beim Bestaunen der Keramik-Kuppel in der Alhambra *Foto: Koch*

Das Felsmassiv von Ronda aus der Vogelperspektive. Im Vordergrund sieht man die Plaza del Torros, etwas rechts davon die Puente Nuevo.

Teil II
Marokko

„Auf Reisen nimmt man alles hin, die Empörung bleibt zu Haus. Man schaut, man hört, man ist über das Furchtbarste begeistert, weil es neu ist. Gute Reisende sind herzlos."

- Elias Canetti („Die Stimmen von Marrakesch")

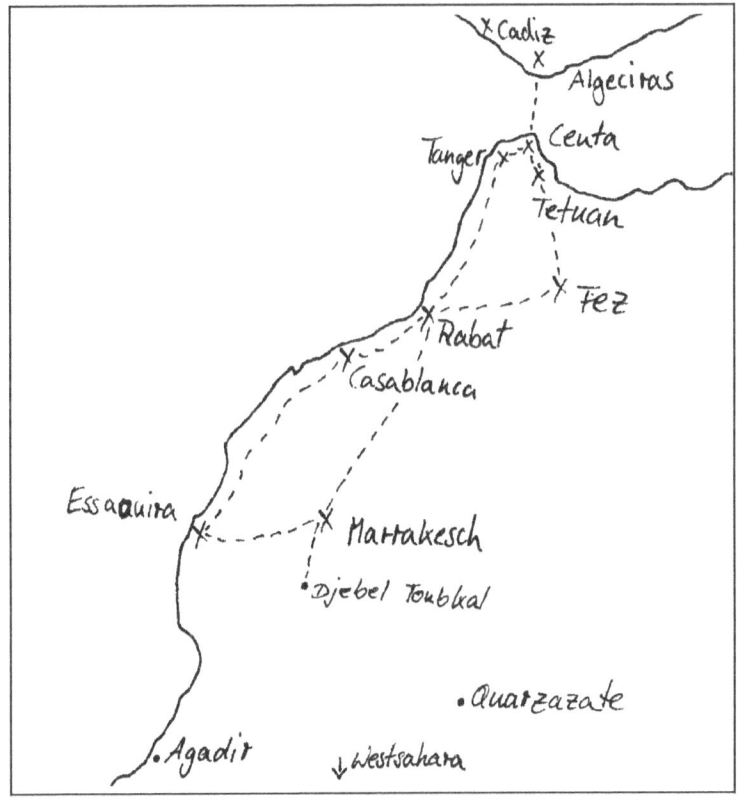

Der Hauptplatz „Djema'a al-Fna" in der Medina von Marrakesch (Ausschnitt)

Prolog

Das folgende zweite Kapitel dieses Reisetagebuches ist sehr umfangreich geworden; und selbst wenn ich mir auf diesem Stuhl ein Rückenleiden hole, bin ich doch froh, die ganze Geschichte in einer Retrospektive berichten zu dürfen. Wie in den vergangenen sechs Tagen und Nächten sitze ich auch heute Abend auf einem kleinen Balkon im spanischen Cadiz und arbeite an den Zeilen, die euch nun bevorstehen. Ich bin müde, habe in den letzten Wochen so viel erlebt, all das aufgeschrieben und weiß nun doch nichts mehr. Weiß nur, dass ich wieder zurück in Europa bin, und es sollte wirklich zusammenwachsen, da die kulturellen Unterschiede im Vergleich zum benachbarten Afrika derart gering sind. Dort unten war es meine Aufgabe (und man braucht eine Aufgabe), die interessantesten Plätze zu finden, mit Leuten zu sprechen, zu recherchieren, als aufrechter Reporter mit offenen Augen das fremde Land zu erleben und die wenige verbliebene Zeit damit zu nutzen, die wichtigsten Eckpunkte dieser Eindrücke handschriftlich niederzulegen. Hätte ich mein Notebook dabei gehabt, dann hätte ich auch weniger erlebt, und hatte ich mir in der Vergangenheit manchmal gedacht, dass ich ohne Computer niemals den Weg in diese Leidenschaft gefunden hätte, weiß ich nun, dass die Handschrift auf normalem Papier die wahre Kunst bedeutet. Um heutzutage aber jemanden zu erreichen, muss es in den Computer getippt werden, was wiederum die einzigartige Möglichkeit mit sich bringt, das Skript sauber zu überarbeiten. Das sei hiermit geschehen.

Um die teilweise sehr komplexen Aspekte aus Politik, Geschichte und nicht zuletzt Religion so genau als möglich zu vermitteln, halte ich es im Folgenden wie gehabt und greife einzelne Begebenheiten exkursiv heraus. Dabei ist es unumgänglich, auch über den Koran zu schreiben, und ich hoffe inständig, dass mir an diesem neuralgischen Punkt der eine oder andere Lapsus nachgesehen wird. Im Gegensatz zu einigen anderen Autoren, die sich am Morgen des 12. September über ihren Schreibtisch beugten, um ein schlechtes Buch über den Islam zu schreiben, war ich zufällig gerade vor Ort und habe mich aus purem Spaß an der Freude mit der Materie beschäftigt. Dies – zugegeben – in vollkommen unzureichendem Ausmaß; Muslime dieser Welt, seid also milde mit mir! Ich verfolge hehre Ziele, meine Quellen liegen offen, sie basieren aber auf unterschiedlichen Übersetzungen des Koran, und sollte ich mich irgendwo vertan haben: Ich bin mir keiner Schuld bewusst und streite alles ab!

Und ich werde mich mit Sicherheit nicht über die viele Arbeit beklagen, denn hätte ich keinen großen Spaß daran gehabt, die von diesem Ausflug mitgebrachten Notizen in digitale Formen zu bringen, dann würde ich wohl kaum noch diese erklärenden Worte an den Anfang stellen. Einen Prolog schreibt man am besten immer zuletzt, und wenn ich all das Folgende nun noch einmal quergelesen habe, dann freue ich mich in höchstem Maße über meine noch nie da gewesene Ausdauer. Aber macht euch lieber ein Bier auf und lest selbst …

Noch in Spanien hatte ich mir von anderen Reisenden erzählen lassen, was es für einen selbst bedeuten kann, ganz alleine, nur mit dem Rucksack über diese Grenze zu gehen. Doch was heißt schon „über die Grenze gehen", über den Tellerrand hinaus wagt man bekanntlich nur einen Blick. *Open your mind,* dachte ich mir, doch das, was ich dort sehen sollte, war mächtiger als meine Vorstellungskraft. In Marokko geht man von Tag zu Tag aufs Neue unter. Dort wird man sprichwörtlich behandelt wie ein Gott und geschlagen wie ein Hund. Ich habe nie entspanntere Plätze gefunden, aber auch niemals zuvor so viel Abgrundtiefes erlebt und glaube behaupten zu dürfen, dass die vielleicht bedeutendste Errungenschaft der westlichen Welt der große Respekt ist, den ihre Menschen dem Individuum an sich mit seinen zahlreichen Rechten entgegenbringen. In Marokko ist das nicht immer so, und die Erfahrung, dass das Wort „Kulturschock" nicht nur abstrakte Bedeutung hat, ging für mich mit äußerst schmerzhaften Perspektiven einher. Wenn man im Vorbeigehen die Schreie eines Obdachlosen mitbekommt, der sich von einem anderen die verfaulten Zähne ziehen lässt, dann fängt man besser erst gar nicht damit an, über Aspekte wie Tierschutz nachzudenken.

Und im krassen Gegensatz dazu dann doch überall dieses Gottvertrauen: „Islam" bedeutet „Frieden durch Ergebung in den Willen Gottes", und das Wort „Muslim" meint denjenigen, „der sich aus freier Entscheidung Gottes Willen unterwirft." Es ist die Natur dieser Menschen, aufeinander zuzugehen, zu reden, zu fragen, Geschäftchen zu machen, jemanden übers Ohr zu hauen, der es nicht besser verdient hat, und warum ist „hemmungslos" eigentlich ein negativ besetztes Wort?

Wenn man erst einmal begriffen hat, dass es nur eine einzige Möglichkeit geben kann, dass man, den hiesigen Gepflogenheiten entsprechend, sich von Moment zu Moment weitertreiben lassen muss, und dass man selbst der Einzige ist, der sich anzupassen hat, dann kommt man auch dort unten gut zu recht; *In-Shaa-Allah* (So Gott will). Aber das zu lernen geht für Wohlstandseuropäer wie mich nicht ohne Schmerzen ab, und der Organismus des Landes besteht darauf, dass man es lernt. Und es ist sein gutes Recht.

Hustler

– *Von Europa nach Chefchaouen* –

2. Oktober: Ceuta/Tetouan/Chefchaouen. Das Letzte, das ich von Europa sehe, ist der Fels von Gibraltar. Von hier draußen wirkt er wie eine geduckte, sprungbereite Raubkatze, die ihre Beute irgendwo im Norden wähnt. Es stürmt und blitzt und donnert, als wollte die Welt untergehen, und manchmal meine ich für den Bruchteil eines Augenblicks von Deck geweht zu werden. Atze, seines Zeichens Mitglied einer Motorrad-Gang aus Bottrop, hat frühmorgens nichts Besseres zu tun, als Sprüche wie diesen gegen den Wind zu plärren: „Jetzt fahren wir ins Land von Tausendundeiner Nacht, und vermutlich kommen wir schwer enttäuscht zurück!" – Mein Gott, mit dieser Einstellung kann man nichts erreichen! Notorische Nörgler sollten nicht verreisen. Und vor allem sollten sie ihr „wir" niemals pauschal auf meine Person ausweiten, denn *ich* bin Individualist und pflege mir meine Gedanken selbst zu machen: „Alter, siehst du Afrika? Ich meine, wann, wenn nicht jetzt?!" Neben uns übergeben sich zwei skandinavische Mädchen solidarisch in das an dieser Stelle nur 13 Kilometer breite Meer.

Technisch gesehen wäre der Interkontinental-Tunnel schon lange machbar und dabei denke ich vor allem an die statistisch gesehen zwei bis drei Afrikaner, die täglich bei dem Versuch die Straße von Gibraltar zu überqueren ihr Leben lassen. Aber worin sollte heutzutage, da die Angst vor völkerwanderungsartigen Flüchtlingsströmen mehr und mehr zu einem Politikum wird, auch Europas Interesse an diesem Tunnel liegen? In der andalusischen Regionalpresse kann man noch recht viel über die *Clandestinos* lesen, die sich hier Nacht für Nacht schwimmend, rudernd oder surfend auf den illegalen Weg ins Paradies begeben. Weitere Kreise hat dieses Drama aber noch nie gezogen. Etwas, das ständig und schon immer passiert, ist keine Meldung wert.

Von Spanien aus gibt es nur drei Grenzübergänge zu Marokko: Den Hafen von Tanger und zwei kleine spanische Kolonien auf afrikanischem Festland: Melilla und Ceuta. Neben den für jedermann nachvollziehbaren Folgen des 11. September an einer westlich-arabischen Grenze hatte sich fünf Tage zuvor die Situation aber auch dort noch einmal zusätzlich verschärft: König Juan Carlos hatte mitteilen lassen, dass Spanien noch immer Ansprüche in Richtung der *Isla Perejil* (Petersilieninsel), einem kleinen, nur 200 Meter vor der afrikanischen Küste gelegenen Felsbrocken, anmeldet. Wenn man sich aber vor Augen hält, wie abgeschnitten Marokko mit einer einzigen offenen

Grenze auf dem Landweg zu Mauretanien tief in der schwer verminten Wüste jetzt schon ist, und wenn man bedenkt, dass die durchreisenden Schwarzafrikaner auch irgendwie weitergebracht werden müssen, dann kann man sich auch vorstellen, dass das Land nicht wirklich in der Lage ist, seine Grenzen zu Europa härter zu gestalten.

Die Grenzübergänge zu Algerien sind wegen des Krieges um die Westsahara seit vielen Jahren geschlossen, und auf der Webseite des Auswärtigen Amtes wird dringend davon abgeraten, es auf eigene Faust zu versuchen. In diesen Zeiten sollte man es nicht darauf anlegen, und somit stirbt für mich auch die Route über Tunesien und Sizilien, die ich vor drei Monaten, am letzten Abend in meiner Augsburger Wohnung, mehr oder weniger spaßeshalber in den Atlas gezeichnet hatte. Und noch eines steht fest: Es wird einen Punkt geben, an dem ich mich an den Gedanken gewöhnen muss umzukehren. Deshalb spare ich mir das berühmt-berüchtigte Tanger für den Rückweg auf und betrete heute, am 2. Oktober 2001, im noch immer spanischen Ceuta, zum ersten Mal in meinem Leben afrikanischen Boden.

In dem Moment, in dem man das Taxi vielleicht 200 Meter vor der Grenze verlässt, beginnt der Rock 'n' Roll: Noch bevor ich meinen Rucksack schultern kann, stürmt ein freundlich aussehender Araber auf mich zu. Aber ich bin vorbereitet, denn immerhin weiß ich, dass es sich bei dieser Person um einen so genannten Hustler handeln muss. Im Reiseführer wird immer wieder über ihn geschrieben, und die Leute, die man unterwegs trifft und die Marokko bereits kennen, warnen alle als erstes und ausdrücklich nur vor ihm. Für einen selbst bleibt die Bedeutung des Wortes aber so lange ein Mythos, bis man es am eigenen Leib erfährt. Es ist ein echtes, aus Gründen der Mentalität typisch arabisches Sozialphänomen, und ich betone, dass die folgenden exkursiven Bemerkungen nicht etwa wütend motiviert sind. Nein, ich weiß ganz genau, dass der Grund dafür nur in der Armut liegen kann, und deswegen ist es unbedingt geboten, differenziert und objektiv zu bleiben.

Der so genannte „Hustler": Das englische Verb *to hustle* kann man auf mehrere Arten ins Deutsche übersetzen: *in etwas hinein treiben, zu etwas zwingen, drängen* oder auch als *energetisches Verkaufen oder Darbieten*. Der Hustler bedient sich genau dieser Methoden. Er verdient auf diese Art und Weise sein Geld, das er gegen den Hunger, für die Ernährung seiner Familie oder eine Drogensucht benötigt.

Aber er ist nur ein Teil des Ganzen; eine für Touristen verheerend negative Begleiterscheinung des sonst so herzlichen Chaos. Um auf sich aufmerksam zu machen, zischt einen der Hustler manchmal an: „*Gsst!*", und er ist die einzige Ursache für eine weit verbreitete Rede unter den Reisenden: „Überall auf der Welt gibt es Arschlöcher. Nur in Marokko besonders viele davon." Im Endeffekt ist er aber ein noch größeres Problem für die überragende Mehrzahl von aufrichtigen und unendlich gastfreundlichen Menschen dieses Landes, da jede Vertrauensbasis zwischen ihnen und den Touristen dadurch in einer Art und Weise gestört wird, die man gar nicht in Worte fassen kann. Wer das wirklich verstehen will, der muss es erleben. Wer es aber verstanden hat, der bemüht sich auch, den Hustler im Gesamtbild nicht überzubewerten. Aber das ist nicht immer leicht, denn er ist allgegenwärtig. Und trotzdem muss man unbedingt differenzieren: Sie alle gehen auf einen zu, sind überschwänglich und direkt. Die meisten wollen natürlich an das Geld der Touristen, aber das ist normal und in anderen Kulturen genauso weit verbreitet oder vielleicht sogar noch schlimmer!? Er ist kein Bettler, keiner von den Ladenbesitzern, kein Schuhputzer und auch kein Dealer. Niemals hätten diese Leute es verdient „Hustler" geschimpft zu werden, denn sie sind liebenswert, wollen den Touristen gar nichts Böses, und vor allem erbringen sie alle eine Gegenleistung für ihr Geld.

Den, den ich hingegen meine, könnte man im Sinne des Fremdwörterlexikons eigentlich recht emotionslos als bloßen Parasiten abtun. Als ein „Lebewesen, das seinen Ernährungsbedarf ausschließlich von anderen bezieht und dadurch zum Schädling wird". Aber selbst wenn man es sich nicht leicht macht und mit Freud die Psychoanalyse an den Grenzen der westlichen Welt enden lässt, kommt man nicht umhin, ihm sein Verhalten vorzuwerfen. Denn auch wenn er sich zumeist in einer absoluten Notlage befindet, und auch wenn man in die Köpfe der Menschen einer solch fremden Kultur einfach nicht hineinschauen kann, muss sich der Hustler doch an allgemeingültigen moralischen Regeln messen lassen. Der Punkt ist aber, dass er ganz bewusst eine zusätzliche Schwelle überschreitet. Ihm ist jedes Mittel recht.

Mit einem Tag Erfahrung ist es nicht mehr schwer, ihn von Anfang an zu erkennen, und jemand der das Land bereisen möchte, sollte nun besonders aufmerksam lesen. Der Hustler hat zwei eindeutige Kennzeichen, die ihn unverwechselbar machen:

Erstens ist er immer der, der einen auf offener Straße ungefragt aber zunächst sehr freundlich anspricht und in jedem Fall folgt und begleitet; ob man nun Nein, Ja oder nichts sagt. Bei genauerem Hinsehen macht die Tatsache, dass ein Mensch neben einem herläuft, sich nicht abschütteln lässt und anfängt irgendetwas zu erzählen, den Hustler aus, und daraus erklärt sich auch das Synonym *faux guide* (falscher Führer). Zumeist spricht er über Sehenswürdigkeiten, von denen niemand jemals erfahren wird, ob sie wirklich sehenswürdig sind. Manchmal möchte er einen auch nur in den Laden seines Bruders schleppen. Jedenfalls tut er aber so, als ob er nur helfen wollte. So etwas gibt es in Europa überhaupt nicht!

Zweitens hat er immer nur ein Ziel: Geld! So viel wie nur irgendwie möglich. In meiner Zeit habe ich es ein einziges Mal erlebt, dass ein Marokkaner die vorstehende, erste Voraussetzung erfüllt hätte, ohne sich dabei bereichern zu wollen. Ein Hustler, der mit dem zufrieden ist, was man ihm gibt und einen dabei nicht übelst beschimpft, der ist kein Hustler. Wenn man ihm zehn Dirham (also ziemlich genau einen Euro) gibt, dann will er 50. Wenn er 100 verlangt, und man gibt ihm blöderweise das Geld, möchte er noch einmal dieselbe Summe für jedes einzelne Mitglied seiner Familie.

„Hello, my friend! How are you? Fine? Welcome! Welcome to Morocco! Where are you from? German? Wo kommen Sie her? Heidelberg? Hamburg? Munchen? – Munchen?! Ah … Mehmet Scholl, Lizarazu, Rummenigge! Gut! Ich habe viele Freunde aus Deutschland. Oliver aus Hamburg! Kommen mich immer besuchen! Where do you go?"

Ich bin in diesem Moment noch unbedarft und antworte tatsächlich auf seine Fragen. Das ist immer ein Fehler. So geht es weiter:

„Wanna smoke hash? Good hash!" – „No smoking!"

Dann erzählt er von seinen Kindern, fragt mich, ob ich verheiratet bin, ich verneine (ein Fehler), er beglückwünscht mich überschwänglich, weil das doch so viel Geld kostet.

„You need something?"

„No, thank you… I just want to go over the border. Nothing else."

„Wanna smoke hash? Good hash!" – „No, no!" – „Wanna change?"

Wie auf ein Stichwort springen fünf Kerle auf und umlagern mich. Was für ein Film! Trotzdem bleibe ich ruhig, gelassen und freundlich. Einer bietet mir schließlich den offiziellen Wechselkurs, und es ist gut. Etwa fünfzig Meter vor mir haben sie die Motorradgang in der Mangel.

„What's your name? Do you have sisters? I wanna merry your sister."

Ich sage auf Deutsch: „Hey, ich dachte du bist schon verheiratet!?", und er versteht mich problemlos und antwortet wieder auf diese singende Art, die für Hustler typisch ist:

„No problem in Morocco! Morocco man five wimmen! Morocco man: good man! Morocco men are peace-brothers, man!" – Ich kann mir ein Lachen kaum verkneifen. Ein Zweiter kommt an und drückt mir einen gelben Zettel in die Hand, den ich doch ausfüllen soll. Offensichtlich ist es ein Papier, das man an der Grenze braucht. Ich sage: „Ich will jetzt an die Grenze." Immer noch freundlich lächelnd. Überhaupt war die Umstellung zu erfahren, dass es Menschen gibt, mit denen man von Anfang an unhöflich, ja sogar gehässig umspringen muss, für mich, der ich Vorurteile verabscheue, sehr schwer und langwierig. Die zweifelsohne beste Lösung wäre, sie in ihrem Monolog durch Schweigen auflaufen zu lassen. Als Europäer ist es einem aber praktisch unmöglich, einfach wegzugehen, während ein anderer nach außen hin immer noch mehr als freundlich mit einem redet. Das ist zu Beginn vollkommen fremd. Man will es einfach nicht glauben, dass gerade eine etwas bessere Form von Straßenraub mit einem passiert, und erst langsam wird klar, dass sie alle von derselben

Sorte sind, da es durch diese verfahrene Situation für den *normalen* Marokkaner kaum etwas Schändlicheres als Aufdringlichkeit geben kann.

Sie stellen sich mir in den Weg: „No, no, don't do this!", reden gleichzeitig, verwirren mich bewusst, behaupten, dass ich wegen dieses Zettels an der Grenze zwei Stunden warten müsste, wenn ich ihn jetzt aber gleich ausfülle, dann würde ich einfach durchgewunken. Also tue ich ihnen den Gefallen, setze mich hin und fülle den bescheuerten Zettel aus. Auch wenn der Reiseführer ganz andere Ratschläge gibt, und auch wenn mir alle Welt empfohlen hat, ohne Rücksicht auf Verluste so schnell wie möglich bis nach Chefchaouen durchzubrechen, behält das Engelchen auf meiner linken Schulter noch immer die Oberhand. Mit viel Geduld, denke ich mir, werde ich hier auf die menschliche Art durchkommen. Dankend nehmen sie zwei Zigaretten an. Auch ich danke, verabschiede mich herzlich und meine: „Gut, dann wäre jetzt ja alles klar!"

„Give me some money for children!"

Der andere wird aggressiv und sagt, ich solle dem nichts geben, schließlich wäre er es gewesen, der mir den Zettel gebracht hätte. Sie werden laut, schreien mich an, arbeiten mit dem Mittel Angst: „Willst du Probleme in Marokko!?" – Was ich für einer wäre, kein Geld für ihre Kinder, obwohl sie so nett zu mir gewesen wären! Ich denke kurz nach, kann mich aber nicht entsinnen, dass sie mir in irgendeiner Form etwas anderes als Ärger bereitet hätten. Selbst das Spielchen mit dem gelben Zettel war zu leicht zu durchschauen. Junkies sind es, das ist die bittere Wahrheit! Aber mit denen sollte man nicht scherzen. Also drücke ich jedem zehn Dirham in die Hand, worauf sie erst richtig wild werden:

„No ... this is no money!" – Einer wirft das Geldstück (immerhin ein Euro) auf den Boden. Ich hebe es achselzuckend wieder auf, und die Grenzer schauen in jetzt nur noch 100 Metern Entfernung seelenruhig zu. Von ihnen ist keine Hilfe zu erwarten, und tatsächlich mache ich den Fehler, den jeder einmal begehen muss: Um meine Ruhe zu haben, drücke ich einem der beiden einen 100-Dirham-Schein in die Hand. Das hatte er für beide gefordert. Der andere entreißt ihm das Geld, fast schlagen sie sich. Ich remple meine Hustler einfach zur Seite, sehe, dass es den Motorradfahrern nicht besser geht und ziehe geschockt von dannen. Zwei weiteren weiche ich gekonnt aus, und sie werden erst so richtig wild, wenn sie sehen, dass grundsätzlich etwas aus einem herauszupressen ist.

Der Grenzer hinter Schalter Nummer zwei (Nummer 4 hat gar nicht erst geöffnet) ist ein Ekel: Als ich nach 30 Minuten Wartezeit den gelben Zettel vor ihm ausbreite, schnauzt er mich an, das wäre nur eine Kopie und versetzt mich mit einem neuen, der allerdings auch nicht besser aussieht, wieder zurück ans Ende der Schlange. Schon manchmal und vor allem an Grenzen zu unbekannten Ländern war es für mich von großem Vorteil, die Zähne zusammenzubeißen und den kleinen Juristen in meinem Hinterkopf zu unterdrücken. So halte ich es auch diesmal, und es dauert noch einmal 30 Minuten, in denen ich mich sammeln kann und die Gelegenheit nutze darüber nachzudenken, woher nur mein offensichtlich stark romantisiertes Bild von einem Empfang auf afrikanischem Boden stammen könnte. Naja, es ist kein Wunder: Mit Muhammad Ali in dem Dokumentationsfilm *When we were Kings* habe ich wirklich wenig gemein. Aber immerhin bekomme ich im zweiten Anlauf fast schon problemlos einen Stempel in den Reisepass. Im Grenzkorridor schallt es von allen Seiten: „Deutsch?", „Welcome to Morocco!", „Hello, my friend!", „Hash? Good hash!"

Aus dem Reiseführer weiß ich, was nun zu tun ist. Ich stelle mich neben das erste Taxi und warte darauf, dass eine Sechser-Gruppe nach Tetouan zusammen kommt. Die so genannten *Grand Taxis* sind alles alte Mercedes und werden im Regelfall mit zwei Personen auf dem Beifahrersitz und vier auf der Rückbank besetzt (Kinder nicht mit einberechnet). Wir bringen es auf fünf Erwachsene und drei Kinder, und schließlich erklärt mir der Fahrer, dass ich zwei Anteile zu bezahlen habe, dafür aber alleine vorne sitzen darf. Besser ist es aber, diesen Platz der ältesten Frau anzubieten, und so finde ich mich gemeinsam mit einem Mann, zwei verschleierten Frauen und diversen Kleinkindern auf der Rückbank wieder. Aber es stört mich wirklich nicht, dass die kleine Fatima ihren Finger in meine Backe bohrt. Alle grinsen mich schweigend an, und irgendwie gelingt es mir sogar, ein Gespräch über die Zeitumstellung anzuleiern. Als ob mich das interessieren würde, aber der Komplettheit halber: Marokko ist das ganze Jahr auf Greenwich-Zeit. Sprich, im Sommer zwei Stunden hinter uns und jetzt im Winter eine Stunde.

Die Fahrt mit der netten Familie hat mich entspannt. Um in Tetouan aber zum Busbahnhof zu gelangen, muss ich einen kleinen Park durchqueren. Zwangsläufig sehe ich mich um: Verdammt, im Norden Marokkos sind alle Schilder ausschließlich arabisch beschriftet, und allein die Tatsache, dass ich zwei Rucksäcke trage und einen Reiseführer in der Hand halte, macht mich schon zu Freiwild. Es beginnt wieder haargenau dasselbe Spiel. Dieselben Fragen, Freundlichkeit schlägt um in Aggression und Hass. Die Hustler von Tetouan waren sogar die schlimmsten auf der ganzen Reise, und sie sind bekannt dafür, weil sie aus Tanger deswegen rausgeflogen sind. Diesmal läuft es so, dass sie mich unter der Angabe, heute sei Freitag und so spät würden keine Busse mehr fahren, erst gar nicht in den Bahnhof lassen, und tatsächlich habe ich im Laufe der Zeit herausgefunden, dass in Marokko der Sonntag ein normaler Arbeitstag ist, während der Freitag unserem Sonntag entspricht. Ich bedanke mich für die Auskunft, verschenke eine halbe Schachtel Kippen und zwei Käsebrote, als ich schließlich aber betont freundlich sage, dass mir das Ganze jetzt irgendwie zu heftig wird, und dass ich mich wirklich viel lieber alleine orientieren würde, und vor allem, dass ich gar kein Geld habe, das ich ihnen geben könnte, heißt es nur und das ist wiederum typisch: „Money for nothing! No problems, my friend!"

Aber so langsam schlägt die Stimmung dann doch um, und als es mir schließlich gelingt ein Taxi anzuhalten, werden sie unruhig. Wieder geht es los, sie schreien! Ich kann ihnen unmöglich schon wieder einen großen Schein in die Hand drücken, weiß ich doch schon, wie das endet, und Kleingeld habe ich keines, würden sie aber auch gar nicht erst annehmen. Es artet in einen großartigen Streit zwischen mir und vier zahnlosen Marokkanern aus, und während die Typen um mich herumspringen, überlege ich mir für den Bruchteil eines Augenblicks, ob es nicht vielleicht sinnvoller wäre als erster zuzuschlagen. Aber natürlich kann Gewalt immer nur ein Fehler sein, und glücklicherweise pflege ich in kritischen Situationen für gewöhnlich keine Fehler zu begehen. Bis es mir aber endlich gelingt, das Taxi zu besteigen, vergehen noch einige Minuten. Ich bin nicht bereit, diesen Teufeln auch nur einen einzigen Dirham zu geben, und als zwei von ihnen schließlich sogar noch mit im Auto sitzen, weiß ich gar nicht mehr, wie es weiter gehen soll. Ich bin auch nicht ganz sicher, ob der Taxifahrer auf meiner Seite steht, auf jeden Fall wollen die Jungs jeweils zehn Euro dafür, dass sie mir den Tag versauen, und irgendwann sind wir wirklich so weit, dass ich das geforderte Geld einfach nicht habe. Ich sage ihnen ganz genau, was ich von ihnen halte, spare keine Kleinigkeit dabei aus, und als das Ganze kein Ende zu nehmen scheint, fordere ich den Fahrer auf, mich mit den Jungs zur Polizei fahren. Das war die Lösung! Man glaubt nicht, wie schnell die Kerle draußen waren und was ich mir von denen alles anhören habe müssen.

Der Taxifahrer ist nett. Auf der anderthalbstündigen Fahrt erklärt er mir zunächst ein paar wichtige Sachen: Die Grenzen zu Ceuta und Tanger sowie die Stadt Tetouan im Hinterland des Küstengebirges wären die einzigen Orte, wo etwas in solcher Form passiert. Hier treiben sich die Kriminellen rum. Aus zwei Gründen: Erstens, weil sie die ankommenden Touristen dort ausnehmen können, und zweitens, weil sie alle etwas auf dem Kerbholz haben. Wenn ihnen die Polizei auf den Fersen ist, müssen sie schnell über das Wasser. Im Süden, aber auch schon in Chefchaouen, gäbe es das nicht mehr. Außerdem fragt er mich, ob mir aufgefallen sei, dass mich keiner von ihnen berührt hätte. Das ist tatsächlich wahr. Der Grund dafür liegt darin, dass dies als Körperverletzung an einem Touristen verstanden werden kann, worauf hohe Gefängnisstrafen stehen. – Gut zu wissen!

Dann erzählt er mir von Jimmy Hendrix und Cat Stevens und erste Bruchteile ihrer unglaublichen Geschichte um Marokko, auf die wir zu einem späteren Zeitpunkt noch ausführlich zu sprechen kommen werden. Leider musste ich ihn irgendwann unterbrechen; wir standen schon 15 Minuten vor der Tür des Hotels. Das *Ibn Batuta* nimmt drei Euro für die Nacht, und ich habe weder in Qualität noch Preis irgendwelche Vergleichswerte, also checke ich ein. Auf den ersten Blick sieht es nobel aus: Im Innenhof laufen Pfauen frei herum, alles ist mit bunten Mosaiken ausgelegt, und schöne Säulen tragen einen Springbrunnen, an dem ein Schild hängt: „Do NEVER drink this water."

Mir ist jetzt nur noch nach etwas Gutem zu essen. Also begebe ich mich auf Erkundungstour – und tatsächlich: So etwas habe ich noch nicht gesehen! Noch nie in meinem Leben war alles um mich herum so anders. Alles ist anders. Ich finde mich kaum zurecht. Nichts ist gleich. Na gut: Coca-Cola gibt es hier genauso wie in Tibet, und als ich schließlich in diesem Bienenstock von einer Stadt mit Hilfe einiger Jungen den Hauptplatz der Medina gefunden habe, ordere ich eine Flasche im wohl besten Restaurant am Platz. Das Einzige, was ich auf der Speisekarte kenne ist *Lobster* und tatsächlich: Für drei Euro bekomme ich eine riesige Portion Hummer auf Salat. *Yes!*

Wie ich so dasitze und dem Treiben folge, wird mir mehr und mehr bewusst, dass ich nicht nur den Kontinent, die Kultur, den Volksstamm und die Religion gewechselt habe. Wenn man so will – und ich will, weil diese Stadt genau so aussieht – dann habe ich tatsächlich eine Zeitreise hinter mir: Nach islamischer Zeitrechnung befinden wir uns ab sofort im Jahr 1422, und mein erstes E-Mail aus dem Mittelalter schreibe ich auf einer arabischen Tastatur von rechts nach links. Das marokkanische Netz ist immer noch unendlich langsam, ein Mail zu versenden dauert oft zehn, manchmal auch zwanzig Minuten, und im einzigen Webcafé von Chefchaouen waren die Stromausfälle einfach schneller. Wie ich aber so auf meinen Postausgang starre, habe ich genügend Zeit darüber nachzudenken, und wenn ich es recht bedenke, dann ist das keines der echten Probleme. Bis vor zwei Jahren kam man in ganz Afrika vollkommen ohne E-Mail aus, und insgesamt gibt es das Zeug ja erst seit vielleicht fünf Jahren. Für 1422 ist es also gar nicht schlecht.

Nach den ersten Erfahrungen dieses Tages macht mir die fremde Kultur an diesem Abend schon ein wenig Angst. Unbegründet, wie ich später erfahren sollte, aber der erste Eindruck prägt nun mal am meisten. Das Vertrauen war zunächst kaputt, und ich dachte an das Gespräch mit Jonathan vor wenigen Tagen in Algeciras. Er hatte mir geraten: „Wenn du dort unten den dritten Tag in Folge gestresst bist, dann fahr zurück, sonst nimmt es ein böses Ende!" – In diesen Stunden dachte ich, es würde genau so weitergehen. Ich hatte keinen Grund, etwas anderes anzunehmen und war der festen Überzeugung, in diesem Land keinen Fuß auf den Boden zu bekommen. Aber zum Glück bin ich ein Mensch, der sich recht schnell von solchen Erlebnissen erholt, und schon wenige Tage später war das Ganze so gut wie vergessen. Es war der einzige Tag dieser Sorte.

3. November: Chefchaouen. In der Nacht hatte ich mich entschlossen, das Hotel zu wechseln. Das Fenster zum Innenhof ließ sich nicht schließen, was einem im Parterre ein hervorragendes Gefühl von Sicherheit verleiht, die

Wände waren keine Wände, sondern nur schlecht aufgezogene Pappkartons, und das fauchende Pfauenpärchen machte mir auch irgendwie Sorgen. Außerdem lag das Hôtel Ibn Batuta etwas abseits, und ich musste durch zwei stockdunkle, schwer zu findende Gassen nach Hause laufen. Das Hôtel Yasmina hingegen, ein schicker Neubau, den ich an diesem herrlichen Vormittag beziehe, ist mir von Anfang an und nicht nur seines Namens wegen sympathisch. Der ganze Tag ist hervorragend, die Sonne strahlt, und ich bin wohl so eine Art Akklimatisierungs-Genie. Unsicherheit wandelt sich in Neugier, und mein Blick richtet sich auf die Stadt:

Sie liegt auf zirka 700 Metern Höhe im Rif-Gebirge, dürfte nicht mehr als 15.000 Einwohner zählen und ist in erster Linie für eine höchst illegale Begebenheit bekannt: In alle Himmelsrichtungen hat man Ausblick auf steile Berghänge, an denen seit Jahrhunderten nichts anderes wächst als für den europäischen Markt bestimmter Hanf. Ich habe die Säcke gesehen und war schon etwas verwundert, denn auch in Marokko ist der Anbau dieser sonst so nützlichen, aber mit einem gewaltigen Imageproblem behafteten Pflanze bei Gefängnis und Folter verboten. Jetzt würde mich nur noch interessieren, wie sie das ganze Dope unbemerkt übers Wasser bringen. Es macht aber wohl wenig Sinn, die Geschichte des schwer entspannten alten Mannes weiter auszubreiten: An seinen uralten Tunnel aus der Maurenzeit von hier nach Andalusien glaubt er hoffentlich nicht wirklich!

Chefchaouen ist eine touristische Oase der Entspannung im sonst so hektischen Norden des Landes. Tatsächlich bin ich hier kein einziges Mal nennenswert *gehustled* worden. Es ist der geniale Ort, um seine ersten oder letzten Tage in Marokko zu genießen, und genau genommen ist hier überhaupt nichts los. Wenn man möchte, kann man Bergsteigen gehen, ansonsten auf der Plaza sitzen, Tee oder Kaffee trinken, und sich langsam an die bisher nie gesehenen Bilder gewöhnen. Sehr fremd sind mir in diesen Tagen noch jene Leute, welche die traditionelle *Djellaba*, einen kuttenartigen Mantel mit spitzer Kapuze tragen. Man meint zu Beginn ganz automatisch, dass dahinter vielleicht eine besonders starke Religiosität steckt, denn nach westlichen Maßstäben sehen sie wie Mönche aus. In Wahrheit ist es schon ein religiöses Zeichen, andererseits aber auch nur ein ganz normales und zweckorientiertes Kleidungsstück. Es gibt Winter- und Sommer-Djellabas und Ausführungen für Frauen und Männer. Die für Frauen habe ich zunächst gar nicht als solche erkannt. Sie sind modisch vollkommen korrekt, zeitlos im Trend, und ich denke, auch die Mädels zu Hause würden sie gerne tragen.

Die Basare schüchtern einen nur eine einzige Stunde ein, bis man das Chaos lieben lernt, und zumindest in den Kleinstädten muss man wirklich alles – mit Ausnahme der Bus- und Bahntickets – dort kaufen. Es nimmt zwar sehr viel Zeit in Anspruch, die Sachen, die man für seinen Tag braucht, überhaupt zu finden, geschweige denn zu kaufen; es macht aber auch unendlich viel Spaß, auf diese Art und Weise wenig Geld auszugeben. Die Basare befinden sich grundsätzlich in der Medina.

Städtebau: Medina, das ist das arabische Wort für eine mit hohen Mauern umgrenzte Altstadt, die man durch große Tore, so genannte *Babs*, betritt, an denen regelmäßig beeindruckende Erbauungsdaten prangen. 800 Jahre ist für eine Medina ein gesundes Alter, und innerhalb gibt es fast immer noch ältere Festungen, die so genannten *Kashbas*. Diese gehen auf jene Zeiten zurück, als nur wenige Geschlechter das Land beherrschten. Es waren Familienburgen, und somit geht fast jede Siedlung auf einen bestimmten Clan zurück.

Von Stadt zu Stadt unterscheiden sich die Medinas sehr stark, zumeist sind sie aber von verwinkelten kleinen Gassen durchzogen, in die gerade du mit deinem Rucksack, dein Hustler, links und rechts ein Straßenladen und höchstens noch ein Muli passen. Autos fahren zwar, wo es möglich ist, Touristen sei aber keinesfalls dazu geraten. Tut es nicht! Wenn ihr in einer marokkanischen Stadt durch ein altes Tor gefahren seid, steigt aus, werft den Schlüssel in den nächsten Gully, und macht euch einen schönen Urlaub!

Um die Medina herum ist in jedem Fall die etwa 100 Jahre alte neue Stadt *Ville Nouvelle* gebaut. Hier herrscht normale, am Straßenverkehr ausgerichtete, europäische Architektur, und das Chaos geht dort nahtlos mit den Autos weiter. Man sieht niedergelassene Geschäfte, Kanzleien, Agenturen oder Verwaltungsgebäude. Die wichtigste Straße heißt stets Boulevard Mohammed V., die zweitgrößte im Regelfall Boulevard Hassan II., nur nach dem amtierenden, jungen und gutaussehenden König Mohammed VI., den alle Travellerinnen spaßeshalber zum Freund haben möchten, sind scheinbar noch keine Straßen benannt.

In den Medinas findet das Leben statt, und wer etwas davon spüren möchte, dem kann ich auch nur raten, dort zu wohnen. Wem das alles aber zu aufregend ist, und wer höheren Komfort zu westlichen Preisen schätzt, der ist in der *Ville Nouvelle* meistens besser aufgehoben.

Die gewöhnlichen Leute sind sehr, sehr freundlich, und man sollte, genauso wie sie, nie damit aufhören zu lächeln. Freundlichkeit, Ruhe und gute Nerven, das sind die einzigen Dinge, die hier unten zum Überleben wichtiger sind als Geld. Zu Beginn muss man sich als Europäer zwingen, eine gute Laune aufzusetzen, aber nachdem man das zwei Stunden lang durchgehalten hat, möchte man am liebsten gar nicht mehr damit aufhören. ☺

Zum ersten Mal in meinem Leben lasse ich mir die Schuhe putzen. Das ist eine Zeremonie, dauert gut 20 Minuten, und am Ende gebe ich wohl viel zu viel. Dafür bekomme ich aber einen ersten Einblick in die arabische Seele und hiesige Sichtweise der Dinge: Er behauptet, nie in seinem Leben derart gute Schuhe besessen zu haben, ich müsste sie aber unbedingt mehr pflegen. Ich entgegne, dass ich mit diesem einen Paar über einige Berge von Deutschland bis hierher gekommen bin, und dass sie dafür doch noch sehr gut aussehen. Er sagt, er kenne sich mit Schuhen aus, es wäre ein wahres Wunder, und wenn ich sie bisher nicht zu würdigen wusste, obwohl sie mich so lange beschützt hätten, dann wären es heilige Schuhe. Und – so Gott will – würden sie mich auch wieder sicheren Fußes zurück in meine Heimat bringen. Es gäbe wenig Wertvolleres auf der Welt als ein gutes Paar Schuhe, ich sollte sie aber wirklich mehr pflegen.

Solch pathetische Reden hört man den ganzen Tag, und zumindest als Alleinreisender mit einem entsprechenden Schlag kommt man nicht umhin darüber nachzudenken. Also begebe ich mich kurzentschlossen in den Basar, finde in einem Laden voller Dinge, die man bei uns schlichtweg als Müll bezeichnen würde, irgendwo auf einem verrosteten Bettgestell tatsächlich eine zerfledderte deutschsprachige Ausgabe des Koran, und genau die möchte ich haben! Der Berber kommt mir grinsend: Um heilige Bücher dürfe man doch nicht feilschen! Wir machen trotzdem unser Geschäftchen, und am Ende legt er noch einen Kurzkommentar mit drauf.

Das Mysterium des Koran: Es ist eine große Herausforderung, über das heilige Buch der Moslems zu schreiben. Zweifelsohne handelt es sich hierbei um *den* neuralgischen Punkt dieses Buches, aber gerade in solchen Zeiten kann und darf dieses Thema nicht ausgespart bleiben. Ich will es also schultern, und irgendetwas muss ja wohl dran sein, wenn sich seit über einem Jahrtausend ganze Universitäten mit diesem Buch beschäftigen: Der Koran (richtig: *Qur'an*) ist eine Sammlung jener Offenbarungen, die der Prophet Mohammed, seines Zeichens Begründer des Islam, um das Jahr 600 nach christlicher Zeitrechnung von Allah (dem „einen Gott") empfangen hat. Allerdings nicht direkt von Angesicht zu Angesicht, sondern über ein Medium, und an dieser Stelle wird es interessant, denn dabei handelt es sich um niemand Geringeren als den auch im Christentum wohlbekannten Erzengel Gabriel.

Das ist noch recht einfach zu erklären: Im Gegensatz zum Hinduismus, dem Buddhismus oder etwa der Rastafari-Religion, ist der Islam dem Christentum nämlich eng verwandt, und die Muslime verehren prinzipiell das gleiche All-Star-Team wie wir. Von Adam, Eva, Abraham, Isaak und Moses über Maria bis hin zu Jesus sind sie in ihrer Vorstellung zwar nicht makellos weißer Hautfarbe, tragen aber immerhin dieselben Namen. Kurzum: Die Testamente, wie sie uns bekannt sind, gelten genauso im Islam. Nur der feine Unterschied ist der, dass man hier glaubt, Gott hätte nach Jesus zusätzlich noch einen weiteren Propheten, nämlich Mohammed, auf Erden geschickt, um dort einiges von dem richtig zu stellen, was irgendwann falsch aufgeschrieben wurde. Zum Beispiel die Geschichte mit der Dreifaltigkeit: *„Und sagt nicht Drei! Lasset davon ab – es ist besser für euch. Allah ist nur ein einziger Gott. – Und fern* *ist es Seiner Heiligkeit, dass er einen Sohn haben sollte!"* (4, 171). – Okay, sorry, ich bin ja nicht selbst auf die Idee gekommen, und dass das mit der Kreuzigung nicht stimmen soll, habe ich bisher auch nicht gewusst: „ *...während sie ihn doch weder erschlugen noch den Kreuzestod erleiden ließen, sondern Jesus erschien ihnen nur gleich einem Gekreuzigten; und jene, die in dieser Sache uneins sind, (...) folgen bloß einer Vermutung; und sie haben darüber keine Gewissheit. Vielmehr hat ihm Allah einen Ehrenplatz bei Sich eingeräumt, und Allah ist allmächtig, allweise."* (4, 157 f).

Was ich hier und auch im Folgenden sicherlich nicht immer mit dem gebotenen Ernst zum Besten gebe, sind tatsächlich Auszüge aus dem Koran, einem, wenn man sich erst mal ein bisschen eingelesen hat, ziemlich interessanten Buch. Es ist in 114 Suren untergliedert, welche wiederum in Verse unterteilt sind und durchaus blumige Namen wie zum Beispiel „Die Biene" (16), „Der skandalöse Händler" (104), „Der Blutklumpen" (96), oder „Bedürfnisse der Nachbarn" (107) tragen; und übrigens, zur Kenntnisnahme: Wenn sich Letztere nach dreimaligem Klopfen nicht an der Türe melden, dann soll man sie in Ruhe lassen.

Die Suren wurden um 750 von irgendeinem Beamten sinnigerweise ihrer Länge nach geordnet, und dabei ist es bis heute geblieben – weißgott warum, denn die Originalreihenfolge lässt sich nachvollziehen. Ansonsten haben die Muslime aber schon immer größten Wert darauf gelegt, dass die Offenbarungen bis zum heutigen Tag unverfälscht und bis aufs Komma unverändert geblieben sind. Defakto ist der Koran die einzige Heilige Schrift, die von sich behauptet, direkt göttlicher Autorenschaft zu sein.

Nun bin ich eigentlich kein Freund von Verschwörungstheorien, kann es auch schwerlich auf Richtigkeit hin überprüfen, aber ich schreibe hier ja keine wissenschaftliche Abhandlung, sondern hoffentlich unterhaltsame Prosa, und heutzutage gibt es das Internet, in dem sich jeder selbst über den Stand der Diskussion informieren kann: Denn durch das Aufkommen von Computern hat gerade die Koranforschung im Jahr 1974 eine ganz neue Dimension erfahren. Ein gewisser Prof. Dr. Rashad Khalifa hatte einen auf der Zahl 19 basierenden Code entdeckt. Dieser dient vielen Gläubigen nun als endgültiger und unbestreitbarer Beweis dafür, dass es sich bei dem Text nur um eine direkte Nachricht Gottes handeln kann; quasi um eine Codierung, die den Zweck verfolgt, den Koran fälschungssicher zu machen: Die Anzahl der Worte insgesamt, die Anzahl der Worte des ersten und letzten Verses, die Anzahl der Sätze, der Suren, der Buchstaben, der Nennungen des Wortes „Allah" in seinen verschiedenen Versionen auch im Verhältnis zur jeweiligen Seite des Originaltextes, die mathematische Wurzel aus alledem, und was weiß ich noch alles – alles ist teilbar durch die Zahl 19. Jede Sure (außer der neunzehnten) wird durch den Satz *„Im Namen Allahs, des Gnädigen, des Barmherzigen"* eingeleitet, der im Arabischen 19 Buchstaben hat, und diese absonderliche Reihe ließe sich beliebig fortsetzen. Der Code findet sich angeblich auch nachvollziehbar im Periodensystem der chemischen Elemente, am Sternenhimmel und jetzt auch in der menschlichen DNS. Und dass es gerade 19 Attentäter waren, welche die Anschläge des 11. September verübten, gab dieser Formel in der arabischen Welt natürlich noch einmal einen besonderen Kick. *„Über ihm sind Neunzehn."* steht vollkommen aus dem Zusammenhang gerissen in Sure 74, Vers 30.

Dass wir uns nicht falsch verstehen: Ich persönlich stehe der ganzen Geschichte vollkommen wertfrei gegenüber. Mir ist es egal, ob sie stimmt oder nicht. Aber wenn sie tatsächlich stimmen sollte, und davon geht man heute im Islam aus, dann liegt der Gedanke schon nahe, dass um das Jahr 600 kein Mensch das alles beim Schreiben eines Buches hat ausrechnen können. Andererseits: Die glauben ja auch an Jesus und Moses und so weiter. Sollte also wirklich die halbe Menschheit an etwas glauben, das sich irgendjemand vor langer Zeit spaßeshalber zusammengedichtet hat? – Eigentlich sind das wirklich wichtige Fragen! Aber es ist wohl besser, wenn man nicht darüber Bescheid weiß.

Natürlich findet sich auch Materielles im Koran. So zum Beispiel die „fünf grundlegenden Säulen des Islam": *Schahada* (Das Glaubensbekenntnis zu bezeugen, dass es keine Gottheit neben Allah, „dem Einen", gibt), *Salat* (die fünf täglichen Gebete zu festgelegten Zeiten), *Seyaam* (das Fasten untertags während des Monats Ramadan), *Hadsch* (die Wallfahrt einmal im Leben nach Mekka für die, die es können) und *Zakat* (das jährliche Abführen einer Vermögenssteuer an bedürftige Menschen in Höhe von 2,5 Prozent). So steht es im Koran.

Zurück mit heiligen und frischpolierten Schuhen: Derart nette, pure Menschen überall. Nach meinen ersten Erlebnissen hatte ich nicht mehr daran geglaubt, dass es so etwas hier unten überhaupt gibt. Sie spielen auf den Straßen ihre Musik, genießen den Tag, ein Späßchen folgt dem nächsten, und offensichtlich freuen sie sich, dass ich da und in der Lage bin, mich locker zu machen. Sie sind zufrieden, wenn sie eine Beschäftigung haben und damit genügend Geld zum Leben verdienen. Die Armut scheint ihnen nichts auszumachen. Sie alle strahlen, was man aus Europa kommend nicht gewohnt ist, und das Gefühl „erwünscht zu sein" konnte mir Südamerika bei einer anderen Gelegenheit zum Beispiel nicht vermitteln.

Die Brücke zur Bevölkerung ist der Nationalsport: Fußball. Ganz Marokko scheint ein einziger Fan des FC Bayern München zu sein, und in einigen „Sportgeschäften" hängen Fotos des Königs im Trikot von Giovane Elber. Ein kleiner Junge erklärt mir am Fußballplatz sogar fachkundig, dass er an Uli Hoeneß' Stelle nur noch Louis Enrique kaufen und sonst alles so lassen würde, wie es ist. Da hat er nicht ganz unrecht, allerdings mischen sie in die aktuelle Aufstellung recht wahllos Rummenigge und Breitner zwischen Scholl und Lizarazu. Franz Beckenbauer gilt hier unten als so etwas Ähnliches wie der nächste Prophet.

Beim Abendessen werde ich von einer Nachbarin aus meinem Hotel in äußerst angenehmer Weise gestört. Sie fragt, ob sie sich zu mir setzen darf. – Äh, klar, ich bin es zwar nicht gewohnt, dass Mädchen so etwas fragen, aber natürlich gerne! Sie arbeitet als Übersetzerin für eine Versicherungsagentur und ist typische Vertreterin der modernen marokkanischen Frau. Ganz alleine ist sie über das Wochenende hierher gefahren, und sie hasst es. Für Frauen ist es ungleich schwerer zu reisen, und wenn sie aus dem vergleichsweise aufgeklärten Rabat alleine aufs konservative Land nach Chefchaouen kommt, dann wird sie von jedem schief angeschaut. Denn für gewöhnlich nehmen Frauen in Marokko noch immer nicht am öffentlichen Leben teil. Für mich ist es beruhigend zu erfahren, dass es diese Art Frau hier überhaupt gibt.

Ich, der ich ja direkt aus Spanien, dem Land der *Cervezas* komme, erkläre ihr vorsichtig meine Verwunderung darüber, dass es hier überhaupt kein Bier zu geben scheint. Meine erste diesbezügliche Frage gestern an den Ober eines Speiselokals, wurde mit einem missbilligenden Blick abgestraft. Damals war das alles sehr neu für mich, ich war verunsichert, und ich bin es nun mal gewohnt, dass Bier getrunken wird, wenn man am Abend gemütlich zusammen sitzt. In meinen Tagen in Marokko habe ich insgesamt ganze vier 0,2er-Biere getrunken und es sei vorweggeschickt: Mir fehlte nichts! Sie aber versteht meine schüchterne Frage, die eigentlich nur zur Informationsgewinnung gedacht war, als den Hilferuf eines Süchtigen und meint, es müsse eigentlich auch hier ein Lokal geben, das Bier verkauft. Ganz sicher ist sie sich zwar nicht, aber es sei doch ziemlich wahrscheinlich.

Also begeben wir uns auf die Suche. Ich muss jeweils die Leute fragen, da Frauen so etwas natürlich nicht dürfen, und schließlich gelangen wir in das Hinterzimmer eines heruntergekommenen Speiselokals etwas außerhalb der Stadtmauern, in dem schätzungsweise noch nie jemand etwas gegessen hat. Sie erklärt mir, dass in Marokko im Gegensatz zu anderen Muslimstaaten durchaus Alkohol getrunken wird. Normalerweise aber im privaten Rahmen und nur hinter verschlossenen Türen, denn der Koran erlaubt keine Art von Drogen. Lokale, in denen Alkohol ausgeschenkt wird, sind regelmäßig nur für jene Leute vorgesehen, die keine Familie haben, und so weiß ich nach zwei verwässerten „Special" Flaschenbier, dass diese Kneipe nur einen Zweck erfüllt: Den Konsum von Alkohol. Keine Dekoration, kaum Licht, um uns herum drei oder vier frustrierte Trinker, die der Anblick einer Frau vollkommen verwirrt. Um Zwischenmenschlichkeit geht es hier nicht. Dort, wo in Marokko von den Einheimischen in Kneipen Alkohol getrunken wird, erinnert es eher an „Heavy-Frust-Drinking." Es macht absolut keinen Spaß, weiter in diesem kleinen, dunklen Raum zu bleiben. Eigentlich ist es eine Schande, überhaupt hierher gekommen zu sein, aber das wusste ich erst danach. Alkohol gehört hier unten einfach nicht dazu, und es wäre auch ein fataler Fehler der Regierung, die Prohibition aufzuheben, denn der Araber ist in keinster Weise an Alkohol gewöhnt. Wir haben eine eigene Alkoholkultur. – Die nicht!

Im Zweifelsfall, so sagt sie, ist dafür jeder männliche Marokkaner stoned. Sie rauchen den ganzen Tag das so genannte *Kif* in ihren langen Pfeifen. Natürlich ist auch das schon aus religiösen Gründen eigentlich illegal, sie lassen es sich aber offenbar genauso wenig nehmen, wie sich die Deutschen ihr Bier verbieten lassen. Somit wird es von der Polizei geduldet, und es ist nun mal so, dass jedes Volk der Welt eine eigene Drogenkultur lebt. LSD ist seit den Hippiezeiten unbekannt, dafür gibt es im Norden aber viele Opium- und Heroinjunkies, was das Hustlertum dort zu nichts anderem als Beschaffungskriminalität macht. Für Drogendealer sind hohe Gefängnisstrafen vorgesehen, tatsächlich hilft ihnen im Normalfall hier aber ein Schutzgeld an die Polizei problemlos weiter. Die einzig irgendwie legale Droge in Marokko ist das gefährliche Nikotin, und selbst dies ist eigentlich vom Koran verboten, obwohl jeder männliche Marokkaner hochgradig süchtig danach ist. Wie ich später noch erfahren sollte, wird das im Ramadan zu einem ernsthaften Problem.

Als wir schließlich gegen 21 Uhr auf einer Bank vor der Medina sitzen und in diesem Moment so gar nicht sprichwörtlich die Bürgersteige hochgeklappt werden, fühle ich mich zumindest über jede Art von marokkanischem Drogenkonsum bestens informiert. Wir hätten noch lange reden können, doch um 22 Uhr schließt das letzte Café, und da jetzt wirklich alle wie auf Befehl in ihre Häuser gehen, bleibt wohl auch uns nichts anderes übrig, als zurück ins Hotel zu laufen. Damit muss ich mich wohl abfinden, dachte ich mir damals.

In einem Gemeinschaftsraum des Hotels möchte ich weiter an meinem *Don Quichotte* lesen, in dem Cervantes um 1600 den Araber sinngemäß als eine von Natur aus verlogene Persönlichkeit beschreibt. Und ich nehme diese natürlich unmögliche Pauschalisierung (denn Ausnahmen bestätigen immer die Regel) als Steilvorlage auf und sage: Recht hatte er tatsächlich, denn das Schwindeln gehört hier unten derart dazu, dass man nach ein paar Tagen sogar selbst damit anfängt, will man nicht als Dummkopf gelten. Sie lügen die Touristen an, aber genauso auch die eigenen Leute und somit lässt sich dieses Phänomen auf eine leicht verständliche Feststellung reduzieren, die auch ins Gesamtbild passt: Genauso wie der Rest der Welt sind sie lediglich auf den größtmöglichen eigenen Vorteil aus, bedienen sich hierfür nur noch weiterer Mittel. Wenn du einem Hustler im Streit vorwirfst, dass er lügt, dann ist das keine Beleidigung. Er nimmt es als Feststellung hin und geht einfach darüber hinweg. Das aber nur am Rande.

An diesem Abend lerne ich noch Leute kennen, die diese Pauschalisierung auch sofort widerlegen. Die beiden Hotelboys fragen mich aus, und irgendwie kommen wir in mein erstes Gespräch hier unten über Weltpolitik. Ich hatte mir eigentlich vorgenommen, auf diesem Gebiet sehr vorsichtig zu sein, jetzt stelle ich aber fest, dass dies gar nicht von Nöten ist, sondern ganz umgekehrt: Hier ist annähernd jedes Gespräch mit einem Einheimischen ein politisches. Die Einstellung der marokkanischen Araber zu den Geschehnissen im Mittleren Osten und zu Amerika mit seinem 11. September ist rundum weltlich. Die Eckpunkte europäischer und marokkanischer öffentlicher Meinung zu dem ganzen heiklen Thema sind nahezu dieselben. Freie Meinungsäußerung, in welcher Form auch immer, ist nie ein Problem.

Viel problematischer ist, dass ich mir die Namen der Frauen einfach nicht merken kann. Nicht einmal den einer besonders hübschen Marokkanerin, die in diesen Minuten mit ihren beiden Freunden zu uns stößt. Sie sagt: „Diese Nacht ist warm", die Hotelboys folgen, bringen Tee, und wir alle wechseln die Location ...

Das Nachtleben findet also auf Dachterrassen statt. Sie sind hergerichtet wie Wohnzimmer, und wenn man auf der höchsten sitzt, kann man den anderen bei ihrem nächtlichen Treiben zusehen. Zum ersten Mal höre ich bewusst arabische Musik, und sie gefällt mir wirklich sehr gut: *Nas al Ghewane* gelten als die „Rolling Stones of Arab Music". Neben Webdesign (HTML ist eine weltweit gesprochene Sprache) ist das Thema wieder und immer wieder Politik.

Was sie im Endeffekt hören möchten, ist, dass die Europäer nicht genauso denken wie die Amerikaner, sondern ihnen nur gezwungenermaßen folgen. Wer wüsste schon darüber Bescheid, dass den Muslimen im Ramadan jede Kriegshandlung verboten ist? – Davor hätten sie Angst: Dass „George W." auf die Idee kommen könnte, genau dies auszunutzen. Außerdem verstehen sie überhaupt nicht, warum die amerikanische Regierung nach dem 11. September jetzt alle Araber auf der ganzen Welt in einen Topf wirft. Sie malen sich echte Konsequenzen für ihre persönliche mittelfristige Zukunft aus und werfen unter anderem die Frage auf, ob man in einem arabischen Land zur Zeit guten Gewissens ein Kind zur Welt bringen kann. Alle haben sie Samuel Huntingtons *Clash of Civilisations* gelesen, und das wirklich Traurige an diesem Abend ist, dass in ihren Augen der Hass der amerikanischen Regierung eine ausschließlich einseitige Angelegenheit ist.

Einer meiner neuen Freunde studiert Geschichte, und er sagt, einen Heiligen Krieg (*sacrum bellum* hat er gesagt) gäbe es im Koran nicht, *dschihad* bedeute nichts weiter als „gewaltsame Auseinandersetzung", und wenn Fundamentalisten einzelne Verse des Koran, wie zum Beispiel „*Wenn ihr in der Schlacht auf die stoßet, die ungläubig sind, trefft ihre Nacken, ...*" (47,4) aus dem Zusammenhang reißen, dann wäre das in einem weniger aufgeklärten Christentum mit dem Jesus-Zitat: „*Ich bin nicht gekommen um Frieden zu bringen, sondern das Schwert.*" (Math. 10, 43) genauso möglich. Natürlich musste ich das nachlesen, aber so ungefähr hat er mir das sinngemäß erzählt, und darauf lässt es sich wohl tatsächlich reduzieren. Und auf die Feststellung, dass der Rest der Welt einem fatalen Irrglauben unterliegt, wenn er meint, arabische Nationen ändern oder ans westliche System angleichen zu müssen; das wäre einerseits hoffnungslos und auch ein großer Fehler. Die Ansicht der jungen, erst seit dieser Generation wirklich aufgeklärten Araber ist, dass Amerika nicht verstehen *will*, dass Arabien nicht mit Südamerika zu vergleichen ist.

Die arabische Kultur ist so weit von der restlichen Welt verschieden, dass sie sich nur selbst weiterentwickeln kann. Aus ihren eigenen Wurzeln heraus. Und das tut sie ständig. Marokko ist hierfür ein Vorzeigebeispiel.

9000 verwinkelte Gassen

– *über Fès nach Marrakesch* –

4. November: Chefchaouen/Fès. Es beginnt nun der südlichere Teil des Landes, in dem die einfache Bevölkerung neben Arabisch meistens noch Französisch spricht. Das Sprachtalent der Afrikaner, besonders der arabischen Afrikaner und vor allem der Marokkaner ist weltberühmt und einzigartig: Die Glücklichen, die mit den Touristen ihr Geld verdienen, sprechen im gesamten Land mittelmäßig bis sehr gut Englisch, und das ist im Verhältnis zu Frankreich oder Spanien der große Vorteil. Daneben sprechen viele noch gut Spanisch (im Norden ist das die Regel), und selbst mit dem Deutschen kommt man recht weit.

Gegen 20 Uhr lande ich nach sechsstündiger Busfahrt in Fès. Ein einheimischer Sprachstudent zeigt mir den Weg zu meinem heute Mittag vorreservierten Hotel. Er erklärt mir, dass ich ihm in einigen Schritten Entfernung folgen muss und mich keinesfalls direkt an seiner Seite bewegen darf. Es täte ihm leid, aber Führen wäre nun mal illegal in diesem Land, und er wolle nicht schon wieder Probleme mit der Polizei. So versuche ich einen Sicherheitsabstand von drei Metern einzuhalten, und es ist nicht leicht an ihm dran zu bleiben. Die Schneise, die er bei atemberaubendem Tempo durch die Menschenmassen schlägt, schließt sich immer wieder knapp vor mir. Manchmal bleibe ich mit meinem Rucksack hängen, ein herrenloser Esel, offensichtlich die Müllabfuhr, kreuzt gefährlich meinen Weg. Nur die *faux guides* belästigen mich nicht. Sie stehen links und rechts am Straßenrand, manchmal scheinen sie zum Sprung anzusetzen, haben letztlich dann aber doch einen geschulten Blick dafür, wer schon geführt wird und wer nicht. Scheinbar gibt es ein *Gentlemen's Agreement* unter ihnen, sich gegenseitig keine Kundschaft abzuwerben, und wenn ein Hustler einen Vorteil hat, dann den, dass man von den anderen in Frieden gelassen wird. Aber ich habe es diesmal ja ganz gut getroffen, und als ich ihm am Ende unseres langen Weges etwas dafür geben möchte, ist er zutiefst gekränkt. Wie man es macht, es ist verkehrt!

Mein Hôtel Renaissance ist ein Altbau im französischen Kolonialstil und liegt in der *Ville Nouvelle*. Mein Zimmer hat einen Balkon auf den Boulevard Mohammed V. und ist mit Sicherheit vier Meter hoch. Das Bett ist bequem, aber mehr als eine kurze Verschnaufpause gönne ich mir nicht.

Auf einer ersten Erkundungstour komme ich in ein Restaurant, das unglücklicherweise die Lizenz zum Bierausschank hat. Eben habe ich den stark betrunken am Tresen hängenden angeblichen Agrarminister von Fès nach dem Weg gefragt. Sein Fahrer, der kaum besser dran ist, kann zu allem Überfluss noch perfekt deutsch und zeigt kein Verständnis dafür, dass mir ganz und gar nicht danach ist, mit ihm nach Hause zu gehen, um weiter zu saufen. Schwerlich komme ich los, muss aber, wie immer, wenn man in Marokko Einheimische kennen lernt, mich für den nächsten Tag mit ihm verabreden: „Du rufst mich an, Peter!" – Natürlich tue ich das nicht, mein lieber Mohammed!

5. November: Fès. Am Königspalast von Mohammed VI vorbei, komme ich durch das bronzene, in seiner Form einem Schlüsselloch nachempfundene *Bab Semmarin* nach *Fès El-Jdid*, dem „älteren Fès", das irgendwann um das 13. Jahrhundert über die Stadtmauern der Medina gewuchert ist. Schon hier beginnt der größte Basar der Welt, und einen Kilometer weiter stehe ich auf dem mächtigen Vorplatz der mit über 9000 verwinkelten Gassen größten Medina der Welt. Mich würde mal interessieren, was die vielen Menschen hier machen, denn auf diesem Platz gibt es keinen Markt; oder eine Küche oder ein tollwütiges Kamel oder sonst etwas, mit dem man sich die Zeit irgendwie vertreiben könnte. – *Die werden doch nicht alle auf mich warten?* – Naja, noch sind sie ruhig und schauen nur.

Jedenfalls will ich da rein, gehe also weiter und bin gespannt, was als Nächstes passiert. Klar – zur Abwechslung mal wieder ein Grautier! Die Esel dieser Stadt scheinen in einem auf Eigenverantwortung basierenden Arbeitsverhältnis zu stehen, und sie sind offensichtlich hoch motiviert: In atemberaubendem Tempo schleppt ein ganz kleiner zwei Autoreifen an mir vorbei. Führerlos, was hat es der gut! Ein Junge, der wohl an der Reihe ist, löst sich aus dem Pulk, fordert erst mal eine Zigarette und sagt mir auf den Kopf zu, wenn ich schon so doof bin, mich fast von einem Esel über den Haufen rennen zu lassen, dann würde ich mich ohne seine Dienste ab sofort gnadenlos verlaufen. Das ist mir schon klar, sage ich, aber danke, mein Freund, ich warte noch ein bisschen ab, bis mir einer halbwegs sympathisch erscheint ...

Und schon nimmt sich der vielleicht 15-jährige Hassan meiner an. Bis wir durch das legendäre *Bab Boujeloud* gekommen sind, teste ich ihn einige hundert Meter auf Freundlichkeit und Englischkenntnisse und schlage ihn schließlich zu meinem offiziellen illegalen Führer. Ich sage, dass ich zwar eigentlich lieber alleine laufen würde, wenn er mir aber andere *faux guides* vom Hals hält und sich darauf beschränkt, nur das was ich wirklich sehen möchte, anzusteuern und vor allem mich am Ende auch wieder heraus führt, dann sei das für mich in Ordnung. Nicht ohne ihm ganz genau erklärt zu haben, dass er vorsichtig sein muss, schließlich ist das illegal. Inzwischen mache ich mir nämlich schon Sorgen um meine Hustler: Der Junge von gestern aus dem Bus hatte mir das mit dem *illegal guiding* ja alles ganz genau erklärt, und darauf stehen nun mal drakonische Gefängnisstrafen: Angeblich beim ersten Mal zwei Tage und im Wiederholungsfalle bis zu einem halben Jahr. Allein an der Höhe dieser Strafen kann man auch schon ermessen, was für ein Problem diese „Führer" für den Tourismus darstellen. Andererseits ist das der beste Beweis dafür, dass der juristische Abschreckungsgedanke bei der Zielgruppe nur wenig fruchtet.

Nachdem ich Hassan jedenfalls über die hiesige Rechtslage aufgeklärt, einen Festpreis vereinbart und ihm meine bevorzugten Sehenswürdigkeiten genannt habe, starten wir in diesen Moloch im Moloch. Er geht drei Meter vor mir, und wenn etwas wichtig ist, dann bleibt er stehen, und wir tun so, als würden wir uns ganz normal unterhalten. Einiges ist sehr interessant: Als Ungläubiger darf ich die große *Sidi Lazzaz* natürlich nicht betreten, kann aber durch das Tor vielleicht fünfhundert Gläubigen dabei zusehen, wie sie sich gen Mekka wenden. Wenn sie aus der Moschee kommen, stecken sie sich als erstes eine Zigarette an. Die mit tausend Jahren zu den ältesten Universitäten der Welt zählende *Bou Inania Medersa* darf man sogar besichtigen, und ich will es nicht glauben: Hier gibt es eine juristische Fakultät. Ein Austauschprogramm wäre aber wohl wenig gewinnbringend, denn hier scheint das Studium auf ein einziges Gesetzbuch, nämlich den Koran beschränkt zu sein.

Der Koran als Rechtsquelle: Die Fächer, die mich während meines Studiums am meisten interessierten, waren Rechtsgeschichte und Rechtsphilosophie, aber im Gegensatz zum römischen oder angelsächsischen Recht, haben wir über das dritte bedeutende Rechtssystem der Welt nie etwas gehört. Das ist aber auch kein Wunder, denn das islamische Recht ist Gottesrecht und somit eher in der Theologischen Fakultät beheimatet. Nur wird man seiner weltlichen Bedeutung damit nicht unbedingt gerecht, denn die islamische Jurisprudenz ist ebenso umfassend und in ihrer Systematik mindestens genauso weit entwickelt wie die unsrige. Es gibt jedoch einen feinen Unterschied: Während es bei der Anwendung weltlicher Gesetze als unumgänglich angesehen wird, ihren Sinn und Zweck noch einmal unter aktuellen Gesichtspunkten zu hinterfragen (Fachjargon: „teleologische Auslegung"), erlaubt der Koran, als eine Eins-zu-Eins-Wiedergabe des göttlichen Willens, keinerlei Auslegung über den Wortlaut hinaus. Allah droht: *„Wahrlich, Wir, Wir Selbst haben diese Ermahnung herabgesandt, und sicherlich werden Wir ihr Hüter sein."* (15,9)

Das gesamte islamische Recht fußt auf nur etwa 200 Versen des Koran mit Normcharakter: Internationales Privatrecht, Kartellrecht, die ältesten niedergeschriebenen Menschenrechte, kurzum: Jedes nur denkbare Rechtsgebiet wird in diesen wenigen Sätzen abschließend behandelt. Aus aktuellem juristischen Anlass bietet sich hierfür ein schönes Beispiel an: Das islamische Schuldrecht kommt für alle Zeiten ohne Reform aus und beschränkt sich einfach auf das wesentliche: *„O, die ihr glaubt, erfüllt die Verträge!"* (5,1) ist eine gelungene Verknappung des kompletten zweiten Buches des BGB, mit seinen über 600 Paragraphen.

Problematisch wird die Untrennbarkeit von Theologie und Recht allerdings im Strafrecht. Zumeist droht der Koran zwar lediglich mit Konsequenzen im Jenseits, aber fünf Delikte werden schon zu Lebzeiten bestraft: 1. *Diebstahl* kann laut Koran zum Beispiel mit Amputation der zunächst rechten Hand geahndet werden. In diesen Zeiten eines „nicht gut funktionierenden sozialen Systems", kommt der Dieb im juristischen Sinne aber als „gerechtfertigt" davon. Ähnlich verhält es sich bei *Mord* (außer Tyrannenmord), *Straßenraub* und *Hochverrat*. Die hierfür vorgesehene Todesstrafe wird heute kaum noch verhängt, eine generelle Abschaffung ist allerdings undenkbar, denn immerhin steht sie im Koran.

Und gerade beim fünften strafbewährten Delikt *Ehebruch* sollte man die Zustände nicht verharmlosen: Zu der Zeit, da ich diese Zeilen überarbeite, ist der unsägliche Miss-World-Fall ein weltweit großes Thema, und die arme Frau in Nigeria wird nach dem jetzigen Stand der Dinge wohl auf der Basis des Islam gesteinigt werden. Bei ihren Richtern handelt es sich aber um erzkonservative Fatalisten. Im Koran steht nichts von Steinigung, und wenn ich deren Recht richtig interpretiere, dann sind es diese selbsternannten Richter, die sich strafbar machen.

Man lernt nie aus: Schon gar nicht in der Medina von Fès: Hassan erklärt mir, dass es aus Andalusien vertriebene Kaufmannsfamilien waren, die sich hier vor über 1200 Jahren am gleichnamigen Fluss niederließen. Man stelle sich vor: Das, was ich hier und heute sehe ist ein Spiegel der frühmittelalterlichen Gesichter von Städten wie Granada oder Ronda!

Um die Zukunft von Fès scheint es aber weniger gut bestellt zu sein: Die Gebäude sind in einem fürchterlichen Zustand, der Grundwasserpegel sinkt dramatisch, und über die sanitären Einrichtungen möchte ich lieber gar nichts wissen. 1980 hat die UNESCO erstmalig zur „Rettung der Medina von Fès" aufgerufen, ein Teppichhändler, der mich zum Tee in seinen Laden nötigt, vermutet aber, jede Hilfe käme zu spät. Sein Freund, der in Gewürzen macht, zetert, die Fördergelder der Weltbank wären doch besser in das Gesundheitssystem investiert. Es sei schlichtweg unmöglich, die engen Gassen so auszubauen, dass etwa ein Krankenwagen hindurchpassen könnte. Ein großes Feuer, sagt er, und alles wäre sowieso vorbei. Kein Löschfahrzeug der Welt würde durch die Straßen passen, geschweige denn in diesem Chaos schnell zum Brandherd finden. In der Medina von Fès leben 300.000 Menschen in 30.000 kleinen Häuschen.

Wir gehen weiter, und ich gewöhne mich immer mehr an das Tohuwabohu: An die exotischen Gerüche aus den Garküchen, an die Händler, die freudestrahlend aus ihren Geschäften auf mich zulaufen, und letztlich auch an die Tatsache, dass ich an diesem Tag scheinbar der einzige Ausländer in der ganzen Medina von Fès bin. Woran man sich leider auch gewöhnt, das sind ...

Die Bettlerinnen: In Marokko betteln ausschließlich Frauen. Sie sitzen tief verschleiert, vollkommen verzweifelt, manchmal weinend, zumeist mit bis zu fünf heruntergekommenen Kindern jeden Tag am selben Ort, und wenn man ihnen etwas gibt, dann beginnen sie fast schon wieder vor Dankbarkeit zu weinen. Jemand hat einmal behauptet, sie würden Spenden aus den unreinen Händen der westlichen Welt mit den Worten „Es möge ein Schwein auf deinem Grab sterben" quittieren. Ich nehme mir aber die Freiheit, die Bettlerinnen so zu verstehen, dass sie für mich zu Allah beten, und es kann nicht schaden, auch bei dieser göttlichen Erscheinungsform einen Stein im Brett zu haben. Diesen Ärmsten unter den Armen sollte man unbedingt etwas geben. Nur leider ist das nicht immer möglich, denn so merkwürdig es sich auch anhört, aber Münzgeld ist in diesem Land extrem rar, und wechseln können sie natürlich nicht! Man sollte immer darauf achten, genügend Münzen in den Hosentaschen zu haben. Es hat sich bewährt, den Bettlerinnen einen Dirham in die Hand zu legen.

Ich hatte ihn gewarnt: Plötzlich, wir sind schon im tiefsten Drittel der Medina, tauchen zwei Zivilpolizisten auf, packen Hassan von links und rechts unter den Armen, heben ihn hoch und schleppen meinen Führer davon. Ich rufe zwar noch hinterher, das wäre mein Freund, aber fünf Sekunden später waren sie schon im Trubel verschwunden. – Law and Order in Marokko! – Hoffentlich trifft es ihn nicht zu hart, und so stehe ich nun unter einer halben Million Arabern in der Medina von Fès mit seinen 9000 verwinkelten Gassen. Alleine hätte ich dort nie wieder herausgefunden und mich wahrscheinlich in einem so genannten *derb*, einem Netz von Sträßchen mit nur einem Ausgang, aber umso mehr Sackgassen, verlaufen. Doch die Ablösung steht in touristisch so schlechten Zeiten natürlich schon bereit:

Hassan und Hisham, zwei süße zehnjährige Steppkes, sollten meine nächsten Begleiter sein. Ich schimpfe sie, ob sie denn nicht gesehen hätten, was gerade passiert sei, dass ich hier von Zivilbullen beschattet werde, und sie sollten mir gefälligst nur die Richtung weisen, damit ihnen nicht dasselbe passiert! Worauf sie aber antworten, dass dies für Kinder ihres Alters kein Problem sei. Ich hoffe mal, dass dem wirklich so ist, und die cleveren Jungs sind mir sympathisch, zumal sie auch gleich zugeben, dass sie mich in eine recht weit entfernte Färberei im Andalusischen Viertel schleppen möchten. Ich sage, dass ich da nun wirklich nicht hin möchte, weil sie aber gegen die anderen Hustler wie wild um mich kämpfen, lasse ich mich schließlich breitschlagen. Natürlich kann ich dort keinen Teppich kaufen, aber ich glaube, sie wollten mir wirklich nur zeigen, wie ihre Eltern arbeiten, um dann ein ordentliches Trinkgeld abzukassieren.

Irgendwann, ich glaube in einem Disput mit einem Gewürzladenbesitzer, dessen Geschäft ich nicht besuchen wollte, da ich heute schon drei dieser Sorte kennen gelernt hatte, werde ich der beiden verlustig. Aber jetzt bin ich schon mal hier, und dann lasse ich mir meinetwegen von jemand anderem eine weitere Färberei zeigen. Als ich diese wieder verlasse, stehen Hassan, Hisham und dessen größerer Bruder vor der Tür. Hisham weint, und weil ich jetzt wirklich keine Lust mehr habe, seine Familie zu besuchen, sage ich den beiden, dass ich jedem zehn Dirham geben werde, wenn sie mir den Weg zurück zur Hauptstrasse zeigen. Außerdem soll Hisham endlich damit aufhören zu heulen, schließlich weine sein Namensvetter *Hisham El Guerrouj* (ein weltbekannter marokkanischer Langstreckenläufer) auch nicht! Das und ein paar Streicheleinheiten muntern die Jungen wieder auf, und 45 Minuten später habe ich es geschafft: Ich bin draußen, möchte nie wieder rein, und die beiden nehmen mit großen Augen ihr Geld entgegen. Ich knie mich vor sie hin und bedanke mich recht freundlich. Meine Geste löst bei den Umstehenden spontanen Applaus aus.

Ein paar Geheimnisse bleiben wohl immer: Bis heute habe ich keine Ahnung, warum die Taxifahrer dieser Stadt mich an diesem Tag nicht mitnehmen möchten. Sie flüchten regelrecht vor mir! Na gut, dann gehe ich zu Fuß. Der Heimweg ist weit, und im Hotel bin ich erst, als es schon lange dunkel ist. Was für ein Tag!

6. November: Fès/Marrakesch. Mein inzwischen dritter Wecker dieser Reise, den ich gestern für vier Euro gekauft hatte und dabei auch der festen Überzeugung war, etwas Besseres erstanden zu haben, zeigt beim ersten Blick des Tages 11.30 Uhr an. Gestellt hatte ich ihn auf Acht, tatsächlich ist es halb zehn. Ich meine verschlafen zu haben und fluche, was wiederum die sicherste Methode ist, schnell wach zu werden. Fragt mich nicht, wie ich den Zug um 9.45 Uhr doch noch erreichen konnte. Tatsächlich bekomme ich so etwas immer irgendwie auf die letzte Sekunde hin.

Um diese Tageszeit bin ich bekanntlich nicht sonderlich an Konversation interessiert, und daher freue ich mich sehr, als ich meine, ein Abteil für mich alleine ganz am Ende des Zuges gefunden zu haben. – Von wegen! Kurz vor der Abfahrt stürmen fünf zirka zwanzigjährige Mädchen gutgelaunt, schnatternd und kichernd herein, und nach weiteren zwei Minuten finde ich mich in einer lautstarken Runde arabischen Liedgutes inklusive Bauchtanz wieder. Ich denke mal, sie haben die Show extra gemacht, um mich aus der Fassung zu bringen, aber ganz im Gegenteil: So nach und nach fühle ich mich in ihrer Gesellschaft recht wohl, und wie immer, wenn man in Marokko jemanden kennen lernt, dann muss man zumindest Adressen austauschen. Das ist bei mir gar nicht so einfach, denn meine Wohnung in Deutschland habe ich aufgelöst. Aber immerhin kann ich mit einer Internetadresse dienen, und das reicht heutzutage eigentlich auch aus.

Erst gegen die Mittagsstunde verlassen mich die Fatimas in animiertem Zustand. Ich versuche zu schlafen, keine zwei Minuten, denn schon wieder werde ich mit der hiesigen Damenwelt konfrontiert. Der ganze Waggon ist leer, ich aber sitze grinsend und nun doch etwas übermüdet mit drei weiteren Schönheiten aus Tausendundeiner Nacht in einem Abteil.

Die Frauen: In meinem Koran-Kommentar von Murad Hofmann – übrigens ein zwar ideologisiertes, aber trotzdem gutes Buch, das mir als hervorragende Quelle dient – habe ich ein wunderbares Zitat des Mohammed-Biographen Virgil Gheorghiu gefunden. Es erklärt die Bedeutung der Frau in Arabien folgendermaßen: „In der Wüste ersetzen Frauen den Garten, die Blumen, die wohlriechenden Früchte, die blauen sich windenden Gewässer, die Sturzbäche und das Murmeln der Quellen. Die Frau in der Wüste, das ist all die Schönheit und all der Prunk des Universums, in einem Körper verdichtet." – *Wow!*

Mit dem weiblichen Teil der Bevölkerung kommt man als Tourist so gut wie nur in den öffentlichen Verkehrsmitteln in Kontakt. Tatsächlich ist es marokkanischen Frauen von ihren Männern verboten, sich mit Nicht-Muslimen aufzuhalten, hier lässt sich der Kontakt aber nicht verhindern, und so sind gerade die Züge für sie eine Enklave der Freiheit. Für mich bedeutet das einen guten Grund, auch weiterhin mit der Bahn zu reisen, denn die, die man hier trifft, sind nicht nur ausgesprochen hübsch, sondern allesamt gebildete Studentinnen aus Casablanca oder Rabat. Gekleidet und hergerichtet wie die Schönheiten zu Hause (Grüße!) ☺ sind sie Teil einer verschwindend kleinen Minderheit. Ihre Väter sind Diplomaten, Anwälte, Journalisten, Politiker und Großindustrielle. Sie orientieren sich am nahen spanischen Lebensstil, was keine schlechte Idee ist, und die eine oder andere hat sogar schon ein paar Semester im Ausland studiert. Stolz erzählen sie von ihren Freiheiten, die sie sich in Kleidung, Ausbildung, Beruf und Lifestyle nehmen, andererseits haben sie aber wohl auch keine Ahnung, welchen Einschränkungen sie trotzdem noch immer unterliegen. Alle besitzen sie Handys, deren Nummern sie bereitwillig verteilen, und alle wollten sie gleichzeitig privat mit mir ausgehen. Schüchtern sind sie nämlich nicht! Weitsichtigerweise habe ich es aber nie so weit kommen lassen, und eigentlich bot sich auch keine Situation so richtig an. Außerdem bin ich schon zu Hause diesbezüglich äußerst vorsichtig, und was weiß ich, in welche unheimlichen Situationen man erst recht in einem Muslim-Land mit Gesetz, Eltern, der jungen Dame selbst, ihren größeren Brüdern oder ähnlich feindlich gesinnten Individuen geraten kann: ☺

In diesen vielen Stunden in den Zügen kamen wir auch auf die Situation der Frauen im Islam zu sprechen: Der Koran hat dem richtigen Umgang mit ihnen eine lange Sure („Die Frauen") mit 176 Versen gewidmet und ehrlich gesagt ist die vierte meine absolute Lieblingssure. Auszüge gefällig?
Im Namen Allahs, des Gnädigen, des Barmherzigen:
— *„Und gebt den Frauen ihre Morgengabe gutwillig. Erlassen sie euch aber aus freien Stücken einen Teil davon, so genießt ihn als etwas Erfreuliches und Bekömmliches."* (4,4)
— *„Und gebt den Schwachsinnigen* (sic) *nicht euer Gut, das Allah euch zum Unterhalt anvertraut hat; sondern nährt sie damit und kleidet sie und sprecht Worte der Güte zu ihnen."* (4,5)

Um des lieben Friedens Willen: „Schwachsinnig" ist wohl nicht so gemeint, wie ihr jetzt denkt. Im nächsten Vers geht es dann um die „Weisen", die man heiraten soll, wenn man *„bei ihnen Verständigkeit wahrnehmet"*, aber natürlich auch nur dann, wenn man sich das leisten kann. Wir halten also fest: Mann soll im Idealfall nur verständnisvolle Frauen heiraten, Mann soll ihnen immer genug zu Essen geben (wobei dem Frühstück offenbar eine besondere Bedeutung zukommt), ihnen bloß kein Geld anvertrauen, Kleider kaufen und nett mit ihnen reden. – Ja, wie? – Ist doch ganz einfach und hört sich, in unsere aktuelle Jugendsprache übersetzt, ungefähr so an: „Wer ficken will, muss freundlich sein." (Zitat) ☺ – Weiter:
— *„Und heiratet nicht solche Frauen, die eure Väter geheiratet hatten, außer das sei bereits geschehen. Es war schändlich, zornerregend – ein übler Brauch!"* (4,22)

Außer es sei bereits geschehen! Egal? Die sind drauf! Spaß beiseite:
— *„... Sind aber zwei Schwestern da, dann sollen sie zwei Drittel von seiner Erbschaft haben. Und wenn sie Brüder und Schwestern sind, dann sollen die männlichen (Erben) den Anteil von zwei weiblichen erhalten. Allah macht euch das klar, damit ihr nicht irrt; und Allah weiß alle Dinge wohl."* (4,176)

So steht es im Koran. Er ist auch ein Gesetzbuch, und zwar kein schlechtes, denn offensichtlich schränkt er, entgegen einer weit verbreiteten Meinung, die Rechte der Frauen gar nicht ein, sondern schreibt sie vielmehr fest. Vorstehend zum Beispiel den erbrechtlichen Pflichtteilsanspruch, und dass dieser für Frauen geringer ausfällt, als für die männlichen Erben, mag daran liegen, dass ausschließlich Letztere für den Unterhalt der Familie zu sorgen haben.

Frauen werden vom Koran zwar dazu aufgefordert, sich unanstößig zu kleiden, *„ihre Scham zu bewahren und ihren Schmuck nicht zur Schau zu stellen"*

(24,31), von einem Schleier steht da aber nichts. Der Schleierzwang scheint also nicht mehr als ein Selbstschutzreflex des Patriarchats zu sein. Für die arabischen Männer also das Mittel zum Zweck, nicht selbst gegen die Regeln des heiligen Buches verstoßen zu müssen. Eigentlich eine Sauerei, oder? – Aber ich lasse mich auch gerne eines Besseren belehren: Ein zugestiegener Soldat erklärt, das liege vielmehr daran, dass Frauen von Natur aus willensschwache Wesen wären. Der Sinn des Schleiers sei, dass Männer gar nicht erst auf die Idee kommen, das auszunutzen, und auch wenn die Mädels heftig protestieren, muss ich insgeheim doch zugeben: Die Gefahr bestünde wirklich, wären sie nur halb so willensschwach wie hübsch.

Ab Casablanca geht es nur noch gen Süden. Die Landschaft beginnt in den ersten Ausläufern der Sahara zu versanden, und noch vor der großen Stadt, deren Name allein auf mich schon so exotisch wirkt – *Marrakesch!* – fahren wir durch das, was ich unter Wüste verstehe. Als ich sage, dass da draußen die Sahara ist, lachen mich die Einheimischen nur aus. Ich erfahre, dass Wüste nach hiesigem Verständnis erst dort beginnt, wo in einem Radius von 50 Kilometern keine Wasserquelle zu finden ist; und trotzdem steht in meinem Reiseführer, Marrakesch wäre die erste Oase am Rande der größten Wüste der Welt, was mir selbst aber unbegreiflich erscheint, weil zwischen Stadt und eigentlicher Sahara immerhin noch das langsam am Horizont immer größer werdende Hohe Atlas-Gebirge mit seinen über 4000 Meter hohen und schneebedeckten Gipfeln liegt. Um 17.45 Uhr erreiche ich nach acht Stunden schließlich Marrakesch. Zu Beginn meiner Reise hatte ich nicht ernsthaft daran geglaubt, dass es mich so weit nach Süden verschlägt.

Ohne dass mich der Fahrer vorgewarnt hätte, verlasse ich das Taxi auf dem Platz der Enthaupteten, dem legendären *Djema'a al-Fna* am Rand der Medina von Marrakesch. Was für ein Anblick! Hier tummeln sich 365 Tage im Jahr Schlangenbeschwörer, Boxer, Boxerinnen, ein trauriger Tanzbär, Hunderte Hustler, Wasserverkäufer, Geschichtenerzähler, Affen, Gaukler, Tänzer, Wahrsager, Artisten, blinde Taschendiebe, ihre Anwälte, die prächtigsten Kamele der Welt, Akrobaten, Prediger, Liliputaner, Bettler, Haschischdealer, Feuerschlucker, ein ohne Stromanschluss auskommender Zahnarzt, unzählige Musik-Combos und noch vieles mehr, von dem ich gar nicht weiß, ob es einen Namen hat.

Einige Schauspieler führen *Sindbad und die vierzig Räuber* auf, und wie sie einen Raben dressiert haben in den richtigen Momenten das Richtige zu tun, ist mir ein Rätsel. Straßenrestaurants, die jeden Abend aufs Neue auf- und abgebaut werden, haben keinen Namen, sondern tragen die Nummern 1 bis 167, und allein auf diesem Platz gibt es Orangensaftstände mit den Nummern 168 bis 222. Die Taxis fahren auf vier Spuren rund um den Platz, und jedes Mal, wenn man *Djema'a al-Fna* verlässt oder betritt, meint man nicht lebend über die Strasse gelangen zu können. Von hier aus webt sich die Medina in sechs Hauptstraßen wie ein Spinnennetz nach außen.

Einer davon folge ich und werfe wenig später meinen Rucksack auf das Bett eines kleinen Zimmers im Parterre des Hôtel Essaouiera. Es ist keine zwei Minuten vom *Djema'a al-Fna* entfernt, wird sowohl von *Lonely Planet: Africa* als auch in meinem Reiseführer *Let's Go: Spain and Portugal, incl. Morocco* empfohlen und ist somit der geniale Ort um andere Traveller kennen zu lernen.

So Gott will!
– in Marrakesch –

"In-Shaa-Allah" ist in ganz Arabien ein geflügeltes Wort. Neben seiner eigentlichen Bedeutung "So Gott will", wird es gleichbedeutend und davon unabtrennbar mit "morgen" im Sinne des nächsten Tages verstanden. In diesem Fall dient ein einziger Vers des Koran als unfehlbare Ausrede, als Rechtfertigung für die Anhänger einer ganzen Religion, alles auf den nächsten Tag zu verschieben. Hieran sieht man, wie humorvoll der Koran teilweise interpretiert wird und wie gut es Allah ("der Eine Gott", der Gnädige, der Barmherzige) mit den Leuten meint, die an ihn glauben:

"Du sollst nicht sagen, ich werde dies und jenes morgen tun, ohne zu sagen, so Gott will (In-Shaa-Allah). Wenn du dies vergisst, dann entschuldige dich und sage, möge mein Herr mich dahin führen, es nächstes Mal besser zu machen." (18,23)

Einige Probleme, die eine Leistungsgesellschaft wie etwa die unsrige mit sich bringt, sind somit von vornherein ausgeschlossen, und richtig ausgesprochen wirkt In-Shaa-Allah auch in jeder Berliner Dönerbude. Dies aber nur am Rande ...

7. November: Marrakesch. Die Geschichte Marrakeschs beginnt an dem Tag, als vor tausend Jahren wilde Wüstenmänner über den Atlas stiegen und eine Wasserquelle fanden. Sie stillten ihren Durst, gaben der Stadt ihren verführerischen Beinamen „Perle des Südens" und sind seitdem nicht mehr fortgegangen. Im Mittelalter gab es für die Handelskarawanen aus Timbuktu hier, nach einem 52-Tage-Marsch durch die Sahara, zum ersten Mal wieder frisches Wasser, und bis heute hat sich nichts daran geändert, dass Marrakesch eine blühende, von Palmenhainen umgebene Oase ist. Überall in Afrika und gentlich auf der ganzen Welt, ist Wasser gleichbedeutend mit Reichtum.

Ich möchte diese Stadt, deren Name sich aus *Marksch* (die Stadt) und *amara* (die Rote) zusammensetzt, genauer kennen lernen. Seit Granada bin ich viel gereist, will nun rasten und werde hier entscheiden, wie es mit mir und dieser Reise weitergehen soll. Um dies gleich grundlegend zu vereinfachen, schicke ich der Kanzlei, die mich zum 1. Dezember gerne in ihren Räumen gesehen hätte, eine freundliche Absage. Diesmal habe ich fünf bedrückende Minuten Zeit, dem E-Mail zuzusehen, wie es mehr und mehr aus meinem Postausgang verschwindet. Die werden sich auch ihren Teil ...

Ich will einfach nicht länger darüber nachdenken, gönne mir auf diesen Schock hin erst einmal ein ausgiebiges Frühstück am in den Mittagsstunden noch recht ruhigen *Djema'a al-Fna* und schlendere später in die Neustadt, wo gegenwärtig der Klimagipfel der Umweltminister abgehalten wird. Mit einer kleinen Demo (gegen was auch immer) hätte ich eigentlich schon gerechnet, und ich wäre auch sofort bereit gewesen, daran teilzunehmen, in Wahrheit ist da aber nichts: Das Kongresszentrum ist im Umkreis von einem Kilometer abgeriegelt, und eigentlich sollte man den betriebenen Aufwand auch irgendwie würdigen, an einer Ein-Mann-Demo ohne Hintergrundwissen verliere ich aber nach etwa 20 Sekunden die Lust. Zu schade, denn wenn ich es recht bedenke, wäre ich mit etwas Hartnäckigkeit hier leicht ins Fernsehen gekommen.

Eigentlich ist es ungerecht, die netten Menschen von Marrakesch mit dem Schimpfwort Hustler zu bezeichnen. Wenn sie merken, dass nichts zu holen ist, und man ihnen freundlich sagt, dass man eigentlich seine Ruhe haben möchte, gibt es in den südlicheren Regionen keinen Streit. Sie schauen nur etwas enttäuscht und zucken mit den Schultern: „No Problem, man, I just wanna walk with you, talk with you."

Ich gehe inzwischen ja mit einer vollkommen anderen Taktik an die Sache ran: Sobald ich sehe, dass einer auf mich zustürmt, bleibe ich stehen, anstatt die Flucht zu ergreifen. Dann schmettere ich ihm ein freundliches: „Hello, my friend! How are you? Fine?" entgegen. Bevor ihm etwas darauf einfällt, fahre ich fort: „Do you like Morocco? Where are you from? From Marrakesh?" Spätestens jetzt lachen sie sich halb tot, und wenn ich dann noch frage: „Wanna smoke?" und ihnen dabei eine Zigarette unter die Nase halte, dann ist ihnen der Schneid abgekauft. Sie spielen gerne mit und wollen selbst nur ihren Spaß.

Gestern Abend nahm ich ein kleines Zimmer im Hôtel Essaouira, aber eigentlich hätte ich mir das Geld sparen können, denn tatsächlich sollte in diesen Tagen die Dachterrasse des Hotels zu meinem Wohn- und teilweise auch Schlafzimmer werden: Sie misst sicherlich 150 Quadratmeter, ist auf gekacheltem Boden einladend bestuhlt, von schönen Balustern umgrenzt und am Rand durch kleine Zierdächer geschützt. Von hier hat man einen prächtigen Blick auf das beleuchtete Minarett der *Mouassin*-Moschee, deren identische Schwestern in Rabat und Sevilla stehen. Neben der Waschstelle befindet sich ein Schacht, durch den man drei Stockwerke tiefer eine frische Kanne Tee bestellen kann. Vom *Djema'a al-Fna* weht ein warmer Wind das monoton surrende Geräusch einer großen Menschenmasse herüber, und Tag wie Nacht läuft

Radio Marrakesch. Ein Grund mehr, spätestens um 1 Uhr morgens zu Hause zu sein, denn dann spielen sie ganze Live-Konzerte von Simon & Garfunkel oder Barclay James Harvest.

Hier wohnt die Jugend der Welt für 2,5 Euro die Nacht auf einem Dach, und es ist ratsam, nicht vor halb vier Uhr morgens einzuschlafen, denn die 114 Muezzine der Stadt haben mit dem nächtlichen Ausruf der Gebetszeiten schon so manchen Alptraum verursacht. Der Anstand gebietet es für diese Minuten kollektiv innezuhalten. Nach einer viel zu kurzen Nacht weckt einen der Duft des in offener Küche zubereiteten Frühstücks, man versammelt sich um die großen Tische, stärkt sich und sieht dabei den Tag ganz langsam immer besser werden. Die Sonne scheint, man geht seiner Wege und lässt solange die Ruck- und Schlafsäcke in der persönlich dafür eingerichteten Ecke liegen. Dies bedarf einer gehörigen Portion Vertrauen, schließlich geht es dabei regelmäßig um das ganze Hab und Gut der Leute unterwegs. Aber das gehört dazu, niemals würde jemand wagen, den Ehrencodex der Traveller zu verletzen.

Peter und Ralf waren schon mehrmals hier und machen jedes Mal in groben Zügen dieselbe Reise: Von Marrakesch aus eine Off-Road-Tour mit dem Allrad-Leihwagen zu einer befreundeten Berberfamilie in den Bergen und dann noch für ein paar Tage nach Essaouiera an den Atlantik. Gemeinsam mit Miwa, einer Japanerin, Eleonor aus Sevilla, Emilie aus Bordeaux und Vincent aus Perpignan verbringen wir diesen großartigen Abend bis tief in die Nacht auf der Terrasse. Wendy, eine bildhübsche Amerikanerin aus San Francisco, ist nur noch heute Abend hier, arbeitet zwei Jahre für ein Entwicklungshilfeprojekt weit in der südlichen Wüste und möchte auch nach dieser Zeit in ihrem kleinen Dorf bleiben, um weiterhin nach dem Rechten zu sehen. Meine Frage, ob sie dafür Geld bekäme, verneint sie, lediglich ein Beduinenzelt und die täglichen Mahlzeiten würden ihr gestellt. Der Rest ist Idealismus!

Oh Mann, mir wird bewusst: solche Frauen lassen sich nicht binden.

8. November: Marrakesch. Ich bleibe den ganzen Tag auf der Terrasse, und so nach und nach bildet sich aus den chronisch übermüdeten und verschnupften Travellern wieder ein nettes Grüppchen. Es herrscht ein ständiges Kommen und Gehen. Leute werden großartig verabschiedet, gleichzeitig kommen Neue hinzu.

Ganz automatisch wird genau die Sprache verwandt, in der sich die jeweiligen Gesprächspartner am besten verständigen können: Englisch, Spanisch, selten Deutsch. Wenn sich die Franzosen untereinander besprechen, findet sich zumeist jemand, der bereitwillig übersetzt, und eigentlich sind sie gar nicht so, die Franzosen. Mit ihnen dauert es zwar schon immer ein bisschen länger, andersherum geht es ihnen mit den Deutschen aber genauso. Woran das liegen mag, weiß niemand so genau, sicherlich nicht zuletzt an der Sprachbarriere, denn der Franzose spricht für gewöhnlich nur seine eigene Sprache und kein

Englisch. Es ist schon eine merkwürdige Begebenheit, dass gerade zwei Nachbarländer das größte Kommunikationsproblem im weltweiten Sprachen-Wirrwarr der Reisenden haben. Mit Menschen jeder anderen Nationalität fällt die Verständigung leichter.

Wichtigstes Thema der Leute unterwegs sind die jeweiligen Reisen an sich: die aktuelle sowie vergangene und geplante Reisen. Manchmal bilden sich Grüppchen, deren Mitglieder sich gegenseitig in ihren Sprachen unterrichten, und Musik verbindet immer: In diesen Tagen bilden neben *The best of Jacques Brel* folgende Lieder unsere unbestrittenen, von Radio Marrakesch inspirierten, Top Five. Diese Hitparade sagt alles über das nationenübergreifende Empfinden unter Rucksackreisenden aus: *Clandestino* von Manu Chao, *Rien, Rien* von Edith Piaf, *People are strange* von den sensationellen Doors, *Smooth Operator* von Jadé, und auf meine Übersetzung hin tatsächlich auch *Rückenwind* von den Fantastischen Vier. Ansonsten werden Tipps und Erfahrungen über den Alltag in Marokko ausgetauscht, und so gut wie jeder Traveller führt ein Reisetagebuch, was wiederum verbindet. Mit der Zeit kommt man immer mehr auf die jeweiligen Leben zu sprechen, die man zu Hause führt, und nicht zuletzt erzählt man sich jeden Abend, was man den ganzen Tag lang alles so erlebt hat. An diesem Tag war das in meinem Fall nicht viel, außer lesen, essen, in der Sonne liegen und viel reden.

9. November: Marrakesch. Marrakesch ist ein zentral gelegener und für Traveller strategisch wichtiger Punkt. Hier muss man sich zwangsläufig mehr Zeit nehmen, und wer im Süden einige wichtige Routen gehen möchte, der kommt im Rahmen des öffentlichen Verkehrssystems auch immer wieder nach Marrakesch zurück. Wer die Stadt nur als Station zur Durchreise versteht, bleibt zumeist auch etwas länger, denn viele Leute, die man hier trifft, kommen entweder gerade aus der Wüste oder sind im Begriff dort hin zu gehen.

Es war eine tolle Truppe, die wir irgendwann (wohl als Placebo) „La Famille" tauften. Unser Platz war die Dachterrasse des Hôtel Essaouiera. Was man besaß, wurde geteilt, wir kamen blendend miteinander aus, und so erscheint es auf den zweiten Blick auch gar nicht so verwunderlich, dass sich ein Großteil von *La Famille* später an anderen Orten suchte und wiederfand. Das vielleicht Auffälligste an all diesen Menschen war, dass sie allesamt, fast ausnahmslos, genauso wie ich, alleine ihres Weges zogen. Wir machten Witze über diese merkwürdige Begebenheit, und deswegen verstanden wir uns wohl auch so gut, schließlich wusste jeder vom anderen, dass er im Endeffekt dasselbe tat: Einsam durch die Gegend streifen, auf der Suche nach einem unbekannten Ziel, das gleichbedeutend mit dem Weg ist. Somit waren die Grenzen von Anfang an abgesteckt, und vielleicht haben wir diese auch ganz bewusst, kollektiv und wiederum zwangsläufig überschritten, da jeder einzelne Abschied mehr oder weniger schmerzhaft war. Ich möchte den harten Kern dieser Gruppe genauer vorstellen:

Als erstes lernte ich gestern Abend Eleonor aus Sevilla näher kennen. Ihr marokkanischer Name ist Nora. Es mutete mich fast heimisch an, *una chicka andaluz* zu treffen, denn nach den letzten Monaten verstehe ich mich ja blendend auf Siesta wie Fiesta und bin überhaupt hervorragend mit den andalusischen Umgangsformen vertraut. Obwohl sie gut Englisch spricht, unterhielten wir uns hauptsächlich auf Spanisch, und von ihr lernte ich mehr als in den Wochen zuvor. Das schmächtige Mädchen wohnt nun schon seit mehr als drei Wochen auf der Terrasse und wirkt dadurch etwas krank. Als sie sich an diesem Nachmittag die Seele aus dem Leib kotzt, mache ich mir echte Sorgen und weiß zeitweilig gar nicht mehr, was ich mit ihr anstellen soll. Zum Glück schlug dann eines meiner Medikamente an, und gegen Abend war sie wieder fit. Sie verstand die Dachterrasse als ihr perfektes großes Zuhause, und alle anderen waren ihre Gäste: „*Esa es mi casa!*" Nora brauchte immer etwas länger als alle anderen, um in den Tag zu kommen.

Gestern Abend kam irgendwann spät in der Nacht Mitja aus Slowenien an. Wenn man ihn mit seiner kahlrasierten Glatze zum ersten Mal sieht, hat man ein negatives Bild: Ungehobelter Skinhead, möchte man meinen, aber gerade Mitja hat mich darüber belehren können, dass sich der erste Eindruck oft regelrecht gegensätzlich zur Realität verhält. Er ist der vielleicht höflichste Mensch, der mir je begegnet ist, spricht Deutsch, studiert hat er Geschichte, und was er über sein Land zu erzählen weiß, begeistert mich. Ich entnehme seinen Ausführungen, dass Slowenien ein äußerst interessantes Reiseziel sein muss: Günstig, historisch und landschaftlich beeindruckend sowie gesegnet mit einem annähernd mediterranen Klima. Mitja schleppt eine marokkanische Bongotrommel mit sich herum, und das Einzige, was ihn auf seiner Reise wirklich interessiert, sind afrikanische Rhythmen. Deren Studium ist seine Aufgabe. Er sagt, mit Geschichte ließe sich kein Geld verdienen, aber Trommeln zu lernen, das mache Sinn.

Mitja hat eine Flasche Ballentines im Gepäck, die er in diesen Tagen brüderlich und in kleinen Schlucken unter uns aufteilt, und er ist einer der schätzungsweise insgesamt zwanzig Traveller in ganz Marokko, die den *Lonely Planet Africa* dabei haben. Sein Weg führt über die mauretanische Grenze, und sein Plan ist, so weit südlich zu gehen, wie es ihm sein Geld erlaubt.

Dann ist da Emilie aus Bordeaux: Ihr marokkanischer Name ist Leila. Eine wunderschöne Frau. Leilas Geschichte ist eine Geschichte über Armut. Nicht diese Art von Armut, an die man sich hier unten auf den Straßen recht schnell gewöhnt, vielmehr eine Art von stolzer, frei gewählter, künstlerischer Armut. Man könnte es auch als die „Armut junger Menschen auf Reisen" bezeichnen, man könnte es aber auch ganz einfach „Budget-Travel" nennen. Sie lebt seit fünf Wochen auf der Dachterrasse, macht dafür aber einen noch erstaunlich gesunden Eindruck. Zuvor war sie acht Wochen durch ganz Marokko bis tief in die Wüste und wieder zurück gezogen. Nie habe ich eine so bedingungslose Künstlerin kennen gelernt. Die 22-Jährige sagt, sie würde arbeiten; sie hätte kein Problem damit, tatsächlich aber einfach keine Zeit dafür! Sie bräuchte jede einzelne Minute für ihre Kunst, und ihr Rucksack, aus dem sie regelmäßig ein Kleidungsstück verkaufen muss, wird trotzdem nicht leichter. Ich habe ihre Bilder gesehen und würde Leila eine großartige Zukunft voraussagen, wenn sie nur ein bisschen Interesse daran hätte, populär zu werden. Ihre Aufgabe hier unten ist, das Handwerk des Teppichknüpfens zu erlernen. So arbeitet sie auf freiwilliger Basis in einem kleinen Betrieb ganz hinten in den *Souqs* (Märkte).

An diesem Nachmittag kam ich auf die Dachterrasse und sah sie traurig auf ihrer Liege sitzen. Ihr war wohl nach Reden, und ich darf den Inhalt unseres Gespräches hier wiedergeben: Den einen Teil ihres Einkommens bestreitet sie aus Wohngeld für eine schon längst gekündigte Wohnung in Bordeaux. Noch fließt das Geld, sagt sie, aber früher oder später, gäbe es gehörigen Ärger. Der größere Teil kommt aber über ein Stipendium, das sie nach einer landesweiten Ausschreibung von der Akademie der Schönen Künste für den ersten Platz gewonnen hat. Dort war sie aber nur einen Monat lang. Die Leute an der Akademie seien ihrer Meinung nach keine Künstler, sondern dekadent und nur reich. Sie hätte dort nichts verloren, und an französischen Kunsthochschulen scheint es nicht ungewöhnlich zu sein, dass die Professoren den hübschesten Studentinnen zur Plage werden. Bisher konnte sie ihre Phobie und die damit einhergehende notorische Abwesenheit noch durch hervorragende Werke kompensieren, aber in diesen Tagen geht auch das zu Ende. Sie schickt zwar regelmäßig Arbeiten nach Bordeaux, und via E-Mail erfuhr sie mehrmals, dass es die besten wären, die sie je abgeliefert hätte, tatsächlich solle sie aber endlich zurück an ihre Schule kommen! Zunächst, als sie noch in Zügen wohnte, gab sie an, mit ihrer Arbeit, dem Teppichknüpfen, noch nicht fertig zu sein und irgendwo tief in der Wüste festzustecken. Die Akademie räumte ihr immer wieder, wohl nur wegen ihres Talentes, weitere Wochen Urlaub ein, aber heute Morgen erfuhr sie im Chat, sie wäre zwar nicht der Schule verwiesen, das Stipendium würde aber zum 15. dieses Monats eingestellt, wenn sie bis dahin nicht zu Hause wäre. Mit dem Hotel ist sie 600 Dirham im Rückstand, und da neues Material für die Teppiche fehlt, kann sie auch nicht mehr arbeiten. Wir blicken frustriert in ihre geöffnete Hand: Übrig sind 30 Dirham.

So hatte sie sich im Laufe dieses Tages entschlossen, sich morgen in ihre beste Kleidung (viel war ja nicht mehr davon übrig) zu zwängen und das teuerste Hotel der Neustadt aufzusuchen, um dort an Delegierte des Klimagipfels eins oder zwei ihrer Gemälde zu verkaufen. Ihr Zertifikat hat sie ja dabei, sodass sie auf diese Art meint, einen annehmbaren Preis erzielen zu können. Nun habe ich aber auch mitbekommen, was es für einen bildenden Künstler bedeutet, ein Werk wegzugeben (da hat es ein Schreiber, der mit einem Mausklick alles vervielfachen kann, natürlich viel leichter), und dementsprechend unglücklich ist sie darüber. In ihrem Fall kommt ja noch dazu, dass sie ihre Arbeiten für die Schule braucht und nicht so problemlos einfach verkaufen kann! Ich wusste keinen Rat. Geld von ihren Eltern möchte sie nicht annehmen. – *Wow!* Ein weiblicher Rimbaud, und von der Akademie zu fliegen, das hat noch keinem Künstler auf seinem Weg geschadet.

Dann gibt es Brahim, einen in Marokko durchaus bekannten, vielleicht 50-jährigen einheimischen Maler, der die Dachterrasse des Essaouiera seinem Atelier vorzieht, da ihn die hier durchreisenden jungen Menschen aus aller Welt am meisten inspirieren, wie er sagt. Alle zwei Tage setzt er sich hin und malt in aller Ruhe ein neues, großes Bild. Ich stehe daneben, beiße in einen Apfel und bin gespannt, was sich entwickelt. Brahim erwartet Kritik! Tatsächlich sieht er seine Aufgabe aber wohl eher darin, auf seine Kollegin Leila aufzupassen. Brahim ist in sie verliebt. Welcher Mann im ganzen Hotel ist nicht in sie verliebt?

Weiterhin ist an diesem Abend Anna-Maria aus den Niederlanden zu uns gestoßen. Eine robuste Erscheinung mit einem ansteckenden, rotbackigen Lachen. Bisher hat sie ausschließlich auf den Dörfern gewohnt, und wenn sie gut drauf ist (und das ist sie eigentlich immer), dann ist sie ein Wunder und reißt mit ihrer guten Stimmung alle anderen mit. Anna-Maria ist seit zwei Monaten unterwegs, ebenfalls auf eigene Faust, wie Mitja mit dem *Lonely Planet Africa* und sie gibt sich zehn Monate oder mehr, um an der Westküste nach Südafrika hinunter und an der Ostküste wieder hoch bis nach Ägypten zu kommen. Wenn sie ihre geplante Route erklärt, dann hören alle gespannt zu, denn nördlich von Kamerun gibt es einen Landstrich, auf dessen ganzer Breite Afrika wegen Bürgerkriegen auf dem Landweg nicht zu durchqueren ist. Hier möchte sie sich mit Schiffen behelfen und diese Länder umfahren. Sie führt eine Strichliste, zählt an diesem Tag ihren 53. ernstgemeinten Heiratsantrag, und wenn sie lachend davon erzählt, dann sieht man ihr genau an, wie glücklich sie mit dem ist, was sie gerade tut.

Zuletzt möchte ich über Vincent berichten, der mir, obwohl wir uns kaum zu verständigen wissen, ein ganz besonderer Freund geworden ist. Der dreißigjährige Franzose, einer der bestaussehendsten Männer, die ich jemals gesehen habe, lebt im Sommer arbeitslos in Perpignan und verbringt seine Winter als Skilehrer in Grenoble. Wenn man sparsam ist, dann reicht das Geld, das man dabei verdient, für das ganze Jahr, sagt er. Seine Zeit hier in Marokko verbringt er mit reichlich extremen Treckingtouren auf eigene Faust. Eines Abends konnte ich ihm klar machen, dass ich das Leben in diesen Tagen ganz besonders schätzenswert fand. Seine Antwort war Philosophie: „C'est pas difficile", sagte er und grinste mich an. – „Es ist nicht schwer!" – Gemeinsam mit mir, Brahim und vor allem Mitja, versucht auch er die irren Mädels irgendwie auf dem

Boden zu halten. Vincent verlässt uns an diesem Abend. Ich verstehe nicht warum und wohin.

Tja, das war die Besetzung von *La Famille*, um nur einige der interessantesten Gestalten zu nennen, die mir in Marrakesch über den Weg gelaufen sind.

Gegen Nachmittag bricht Mitja mit zwei britischen Surfern in Richtung Atlas auf. Ich habe das zwar auch im Plan, möchte aber noch einen Tag abwarten und sehen, ob das Wetter besser wird. Heute hängen schwarze Wolken in dem nur 80 Kilometer entfernten Hochgebirge. Zwei weitere Franzosen denken genauso, und so müsste ich auch morgen nicht alleine los. Wir verabreden, uns übermorgen – *In-Shaa-Allah* – auf 3000 Metern Höhe im *Refuge Nelter*, dem letzten Basislager vor dem mit 4200 Metern höchsten Berg Nordafrikas, zu treffen: Dem *Djebel Toubkal!* – Kurz: Toubkal.

Der Abend endet wieder in der großen Runde. Da mich die Geschichten meiner Kameraden so sehr faszinieren, nehme ich entgegen meiner ursprünglichen Art in diesen Tagen selbst eher beobachtende Haltung ein. Wie jeden Tag stößt Leila als Letzte zu uns, da sie wieder die halbe Nacht damit zugebracht hat, an ihrem Teppich zu knüpfen. In Wahrheit hängen wir hier jeden Abend in ihrer Laube ab, sie mag das aber gerne und erholt sich in der Runde von ihrem anstrengenden Tag.

Zu einem Drama kommt es fast, als es zum ersten Mal in meiner Zeit in Marokko und laut Brahim zum ersten Mal seit Februar zu regnen beginnt. Erst ganz leicht, immer stärker, dann ein Wolkenbruch. Leilas und Brahims Bilder lagen auf einem Tisch am anderen Ende der Dachterrasse, haben aber, auf wundersame Weise kaum Schaden genommen, bis ihnen dies gerade noch rechtzeitig einfiel. Das hätte jetzt gerade noch gefehlt!

Diese Nacht wird kalt, und auch in Marokko zieht zumindest mit Einbruch der Dunkelheit so langsam der Winter ein. Ich hatte irgendwie gehofft, mich mit zwei spanischen Jungs zusammen zu tun und die Zimmer für heute Nacht gerecht auch unter den Mädels zu verteilen, aber schließlich sitze ich mit Brahim und den drei Damen alleine herum und kann da jetzt wirklich schlecht etwas machen, obwohl es mir zwar peinlich, aber doch ein Bedürfnis wäre. Andererseits würde es das Hotel aber nie erlauben, und in Wahrheit haben die toughen Mädels einfach nur Bock auf eine weitere kalte Nacht auf dem Dach. Das Einzige, was ich für sie tun kann, ist sie in Ruhe zu lassen und meine Schokoriegel an sie zu verfüttern. Wie ich sie aber kenne, reden sie die ganze Nacht.

Ich weiß nur: Ich muss weiter. Das Ganze überfordert mich! Wer sich unterwegs ans Alleinsein gewöhnt, der bekommt auch schnell mal eine Überdosis Zwischenmenschlichkeit ab.

10. November: Marrakesch/Imlil. Ich kann mich daran erinnern, im Mülleimer des Gemeinschaftsklos eine Schwangerschaftstest-Packung gesehen zu haben. Ein hässliches Bild, das mir vorübergehend den letzten Rest gibt. Ich selbst habe zwar nichts damit zu tun, aber eines der Mädchen sitzt hier gewaltig in der Scheiße!

Oder auch nicht. – Beim Frühstück sind auf jeden Fall alle gut, manche sogar besonders gut gelaunt, was mich die Sache recht schnell vergessen lässt. Es ist sonnig aber frisch, und im Atlas sieht es zumindest besser aus als gestern. Für mich bedeutet das Bergsteigerwetter! Die beiden Franzosen liegen bekifft in ihrer Ecke und mokieren auf krank. – Also auf eigene Faust, ist mir sowieso lieber! Ich packe mein Zeug, kaufe ein paar Vorräte (abgelaufene Schokoriegel sind schon fast das Beste, was man hier bekommen kann) und mache mich auf den Fußweg zum *Bab el Rob,* wo die *Grand Taxis* nach Asni fahren.

In dem geschäftigen Bergdorf angekommen, muss ich auf inzwischen 1100 Metern erst einmal Tee trinken: Von 1500 Dirham für einen schlangenförmigen Armreif einigen wir uns schließlich auf 180 Dirham und zwei meiner ausgewaschenen T-Shirts. Es wird sich dabei zwar nicht wirklich um Silber handeln, aber 20 Euro dürfte die schöne Arbeit jedenfalls wert sein, und wenn nicht, dann ist es auch egal!

Ihr werdet jetzt fragen: Für was braucht der Ray einen Silberarmreif, und die Antwort lautet wohl: *Baracca.* Auch dieses Wort hat nach westlicher Auffassung der Dinge mehrere Bedeutungen: Im engeren Sinne ist damit die „unfehlbare Segnung" gemeint, an die zum Beispiel die Mitglieder des Ordens der Schlangenbeschwörer glauben, obwohl sie in Wahrheit durch viele, über Generationen hinweg erlittene Bisse gegen das Gift immun geworden sind. Im Alltag hingegen wird *Baracca* merkwürdig ambivalent gebraucht: Einerseits für „Glück", man kann es aber auch genauso gut für „Schicksal" verwenden. Für ein glückliches Leben eben!

Des Rätsels Lösung ist, dass man in Situationen gerät, in denen man einfach nicht umhin kommt, etwas zu kaufen, und sei es nur irgendetwas. Dabei kommt mir der Armreif immer noch als das größte Schnäppchen vor, und natürlich trage ich das Ding nicht lange. Aber der Verkäufer hatte ein besonderes Talent, mich davon zu überzeugen, dass ich das brauche. Ich werde ihn meiner Mutter zu Weihnachten schenken. ☺

Mit einem Pickup-Truck geht es weiter die 13 Kilometer nach *Imlil* den Berg hinauf, und trotz der strahlenden Sonne wird es langsam bitterlich kalt. Hier hat Martin Scorsese auf 1900 Höhenmetern das Leben des Dalai Lama mit dem Tibetepos *Kundun* verfilmt. Wer den Film gesehen hat, der kann sich gut vorstellen, wie beeindruckend die Landschaft ist. Sie erschlägt einen; macht ganz ruhig und sprachlos.

Oben angekommen schneit und weihnachtet es so sehr wie vielleicht noch nie in meinem Leben: In einem offenen Stall sehe ich im flackernden Licht einer Öllampe zwei friedliche Eselchen, und ob Jesus Christus in Bethlehem nun auf arabischem oder jüdischem Territorium geboren wurde, scheint auch eine sehr wichtige Frage zu sein, sei in diesem Buch aber ausdrücklich dahin gestellt. Sollte es ihn aber tatsächlich gegeben haben, dann hat er unter Leuten wie diesen gelebt, und dann war der „Erste Schafhirte", den ich damals im Krippenspiel gegeben habe, jedenfalls vollkommen falsch interpretiert. Auf dem Lehmweg spielen Teenager Fußball. Sie tragen Anoraks, Schneehosen und Skibrillen der Marke UVEX.

Ich treffe Abdul, und wenn ich morgen früh los möchte, dann kann ich diesmal nicht wählerisch sein. Nachdem wir etwa 500 Meter in sein 60-Seelen-Dorf gelaufen sind, setze ich mich auf den aufwändig ausgelegten Boden seines Wohnzimmers. Die halbe Familie kommt dazu, ein Kätzchen nimmt schnurrend auf meinen im Schneidersitz übereinander geschlagenen Beinen Platz, und ich wollte doch eigentlich schnell zurück in mein Hotel. Es gibt wärmenden Tee, kein schlechtes Couscous, und nach Austausch der üblichen Höflichkeiten berichte ich auf Spanisch, Französisch und Englisch über die weltpolitische Lage nach meiner Einschätzung. An der Wand hängt ein Foto von Abdul mit Martin Scorsese auf seinem Muli, und endlich gelingt mir der Brückenschlag zum eigentlichen Thema:

Möglich wäre es schon, nicht leicht, aber ich sähe fit aus. Wenn das Wetter hält, könnte ich übermorgen ganz nach oben kommen. Von hier unten wäre es unmöglich zu sagen, wie es oben aussieht, und heute sei niemand vom Gipfel zurückgekommen, aber noch gestern wären einige normale Touristen erfolgreich gewesen. An sich wäre der Toubkal sehr einfach und im Sommer wirklich für jeden zu machen, in diesen Tagen hänge aber alles vom Wetter ab.

Bald spüre ich, dass sie sehr ehrlich zu mir sind. Diese Menschen wissen, dass, wenn sie einen Touristen mit den falschen Informationen in den Berg schicken, dies böse enden kann. Das Problem sind erst seit gestern Nacht, als es in Marrakesch geregnet hat, Matsch und Schnee. Bis zum *Refuge Nelter*, der letzten Station vor dem Toubkal auf 3000 Höhenmetern, wären es von hier aus fünf Stunden. Dort könne man übernachten und am nächsten Morgen, immer vorausgesetzt, dass das Wetter mitspielt, frühmorgens drei weitere Stunden zum Gipfel aufsteigen. Noch am selben Tag wäre es möglich – so Gott will – nach etwa sechsstündigem Abstieg zurück in Imlil zu sein. Das wäre die übliche Route und der beste Plan. Meine Lederhose würde es tun, aber einen dicken Anorak bräuchte ich bei Minustemperaturen natürlich schon. Außerdem benötige ich hohe Schuhe mit Spikes, da der Schnee tief wird, und einen Schlafsack für das *Refuge*. Meine Reisetasche kann ich zwar schultern, für diesen Weg ist sie ohne gepolsterte Gurte aber mit Sicherheit nicht geeignet. Ich brauche also einen bergtauglichen Rucksack. Letztlich ist meine Taschenlampe kaputt. Für all das zusammen verlangt er eine Leihgebühr von 50 Euro und ich bringe ihn bis auf 30 runter. Als Pfand möchte er meine Schuhe. Mir scheint das alles plausibel, er muss sich aber trotzdem bis morgen gedulden, da ich nicht weiß, wie viel Geld ich noch bei mir habe.

Abdul hat noch ein „Date" in Imlil. Also führt er mich durch die eisige Nacht über Stock und Stein zurück in mein Hotel. Dort bekomme ich eine Öllampe ausgehändigt, die Gauner verlangen pro Wolldecke doch tatsächlich einen Euro extra, und gerade hier geht der Reißverschluss meiner Jacke kaputt! Im Zimmer sehe meinen eigenen Atem, die Dirham reichen nicht, und der nächste Geldautomat dürfte eine Tagesreise von hier entfernt sein. Also entscheide ich, das Wetter des morgigen Tages abzuwarten. Sollte mich der Berg dann immer noch rufen, würde ich versuchen, Abdul mit alten T-Shirts oder dem Silberarmreif zu bezahlen.

Später am Abend kommen noch drei belgische Mitarbeiter des Umweltministeriums an, und ich erfahre, dass heute Morgen um 5 Uhr nach zweiwöchigem Verhandlungsmarathon auf der Klimakonferenz ein Ergebnis erzielt werden konnte. Sie werten den Ausgang als im Sinne der guten Sache. Weiterhin erfahre ich, dass Jürgen Trittin wegen einer von Kanzler Schröder gestellten Vertrauensfrage früher hat abreisen müssen. – „Sauber ..." – Ich frage sie nach dem Toubkal, sie haben aber nur einen Tag Zeit und möchten morgen lediglich ein bisschen trecken.

Gegen 20.30 Uhr lege ich mich hin. Mit Pulli, Hose und drei Wolldecken ist es in diesem unbeheizten Raum gerade so wenig kalt, dass ein sehr müder Körper seinen Schlaf finden kann.

11. November: Imlil/Toubkal/Marrakesch. Der Berg ruft! Von hier „unten" steht er mächtig und scheinbar unbezwingbar in der Landschaft. Ich besteche Abdul mit einem Frühstück, und schließlich nimmt er widerwillig und ohne den Kurs zu kennen, die Peseten an, die ich für Notfälle im Geheimfach meines Gürtels versteckt hatte.

Gegen 10 Uhr beginnt also mein Versuch, den Toubkal zu bezwingen. Rückblickend war ich damals natürlich nicht ganz dicht, aber je näher man einer solchen Herausforderung kommt und umso mehr man davon hört (und umso mehr man meine Anlagen hat ☺, desto verrückter wird man auch danach. Zuerst liest man davon, ist es nur eine fixe Idee, doch dann kommt man mit ausreichend Zeit im Gepäck dem Ziel wie von Zauberhand immer näher. Bis es nicht mehr weiter geht und jede Vernunft dagegen spricht.

Ich genieße die erste halbe Stunde, wandere durch malerische Landschaften, und es stimmt: Ebenso stelle ich mir Tibet vor, aber andererseits kenne ich Tibet auch nur aus den Filmen, die hier gedreht wurden. In der Mitte eines riesigen Tals sehe ich in der Ferne drei Gestalten absteigen, und als sie immer näher kommen, erkenne ich Mitja und die Briten. Meine Rechnung, dass sie den Gipfel nicht erreicht haben können, da sie ja exakt einen Tag vor mir aufgebrochen sind, bestätigt sich, als wir zusammentreffen:

Heute sei das Wetter gut, und bis auf 2800 käme man recht problemlos, sagt Mitja, die letzten 100 Höhenmeter zum *Refuge* müsse man aber schon durch tiefen Schnee laufen. Trotzdem, wenn kein Schneesturm aufzieht, wie es bei ihnen gestern der Fall war, sei das *Refuge* kein Problem. Einer der Briten hatte heute frühmorgens versucht weiter aufzusteigen, war aber letztendlich an seiner mangelhaften Ausrüstung gescheitert, wenn das Wetter aber hält, dann wäre der Gipfel trotz des Schnees machbar. – Na gut, mal sehen, wie weit ich komme. Mitja und die anderen befinden meine Ausrüstung für sehr gut, und dann kommt auch noch Abdul mit seinem prominenten Muli hinterher. Das möchte er mir vermieten, aber leider muss ich ablehnen, woher sollte ich auch wissen, wie man es bedient!?

Etwa eine Stunde später durchquere ich ein weiteres, noch größeres schneebedecktes Tal und befinde mich bald am endgültigen Einstieg. Nun steht „nur noch" der Berg zwischen mir und dem Gipfel. Die wenigen Leute, die mir entgegen kommen, meinen allesamt: Vergiss den Toubkal! Okay, ich bin kein John Krakauer, ich schreibe ihn ab, aber ein bisschen höher möchte ich schon noch, schließlich habe ich mir die teure Ausrüstung nicht umsonst geliehen, und es ist gerade mal 13 Uhr. Wir werden sehen, und ich bin topfit!

Die Landschaft ist malerisch. Je höher man kommt, desto schöner wird sie. Bald gelange ich in die Wolken, die angeblich erst kurz oberhalb des *Refuge* vorbei sind, also insgesamt über 500 Höhenmeter ausmachen. Eine letzte kleine Ortschaft im Toubkal, *Sidi Chamarouch,* liegt auf vielleicht 2600 Metern, und so etwas wie die Toiletten hier habe ich noch nie gesehen. In einem kleinen Streit verweigere ich dem Klo-Mann seinen Sold, lässt er doch nur alles so gefrieren, wie es zurückgelassen wird!

Ich gelange schätzungsweise noch 200 Meter höher, als mich ein Schneesturm überrascht. Meine Sonnenbrille schützt mich zunächst leidlich, und ich denke mir, weit kann es bis zum *Refuge* nicht mehr sein. Vielleicht noch 30 Minuten, und das will ich schaffen! Aber es liegen bereits 20 Zentimeter Neuschnee, und als ich schließlich die Lichter aus dem inzwischen stockdunklen Tag eines ausgewachsenen Blizzards doch noch sehr weit oben erkenne, stehe ich vor einem neuen Problem: Vor mir ist kein Weg mehr sichtbar und hinter mir lediglich noch meine Spuren, die beginnen zu verwehen.

Also packe ich die Gelegenheit beim Schopf und schließe mich einem Bergführer mit drei französischen Mädchen im Schlepptau an. Wäre er nicht gekommen, ich hätte den Toubkal irgendwie bezwungen! ☺ – Er meint zwar, es wäre jetzt kein großes Problem mehr hoch zum *Refuge* zu gelangen, 30 Minuten noch, aber den Abstieg sollte ich dann für heute vergessen.

Also ist allem Höhenrausch zum Trotz für mich hier und heute auf knapp 3000 Höhenmetern Schluss. Es ist der Klimax und gleichzeitig der südlichste Punkt meiner Reise. Was für ein Berg! Sage und schreibe 1200 Höhenmeter trennen mich in diesem Augenblick noch vom Gipfel, aber eines Tages werde ich im Sommer hierher zurückkehren, diesen vermaledeiten Berg besteigen und dann durch die Sahara nach Schwarzafrika gehen. Ich kann ungelöste Herausforderungen nicht leiden!

Der Bergführer musste in *Sidi Chamarouch* noch auf eine weitere Gruppe warten, aber dann sind wir dank unserer Taschenlampen bald aus dem Blizzard raus. Nach weiteren anderthalb Stunden Hochgeschwindigkeitsabstieg sind wir zurück in Imlil, und Abdul, den ich daran wiedererkenne, dass er begeistert meine Schuhe trägt, gibt mir zwar widerwillig, aber dann doch den halben Preis zurück, da ich die Ausrüstung nur einen Tag lang nutzen konnte.
Der Hotelmensch lügt, es wäre um diese Tageszeit unmöglich, zurück nach Marrakesch zu kommen. Ich versuche es aber trotzdem, und so tue ich mich mit Sam, einem Australier vom Klimagipfel, zusammen, der hier von den Einheimischen ausgenommen wird, dass einem schwindlig werden kann. Natürlich wurden ihm in seiner Woche keine Hustler vorgestellt, und er meinte wohl, auch das restliche Marokko außerhalb der Mauern des Kongresszentrums wäre immer ehrlich. Die Jungs, die zwei Tage lang mit ihm gelaufen waren, hatten genügend Zeit, ihn bis aufs letzte Hemd auszunehmen, es wird gestritten und geschrien, und er versucht hier oben in der Wildnis nun mit italienischer Lira ein Taxi zu bezahlen. Scheinbar hat er für wirklich alles den zehnfachen Preis bezahlt. Ich hingegen kenne mich inzwischen ja schon zu gut aus, als dass ich mich neppen lassen würde und kann selbst, mit meinen verbliebenen Dirham, natürlich nur den regulären Touristenpreis bezahlen. So gelingt es uns, indem wir dreimal das Sammeltaxi wechseln, für ganze acht Euro und 2000 Lira zurück nach Marrakesch zu kommen.
Sam ist ziemlich verzweifelt, und ich möchte vor diesem hochgebildeten Mann eigentlich nicht posen, aber auf einer zweistündigen Taxifahrt, die wir in unseren stinkenden Klamotten größtenteils mehr oder weniger ineinander verkeilt gemeinsam auf dem Vordersitz verbrachten, kommt man sich zwangsläufig näher. Also kläre ich ihn über die ganze Hustler-, Mentalitäts- und Armutsgeschichte auf, und irgendwie nervt mich, dass er hier 600 Euro für zwei Tage lässt, während Leila in Marrakesch mit nicht einmal der Hälfte einen ganzen Monat bestreiten muss. So kommen wir in eine fruchtbare Diskussion, die ich in ihren Grundzügen hier wiedergeben möchte:
Ich meine, Fünf-Sterne-Hotels oder luxuriöse Ferienclubs finden sich in jedem Land der Erde. Nur, wer dort wohnt, der sollte sich auch darüber im Klaren sein, dass er die eigene, die vermeintlich „erste Welt", gar nicht erst verlässt, sondern vielmehr sich für teures Geld einen Platz an der Sonne in einer ihrer Exklaven anmietet. Er sagt, ich hätte ja recht, im Grunde seines Herzens sei auch er ein Rucksackreisender, und in seiner Funktion als Umweltreferent ginge er sogar noch weiter. Um dies zu verdeutlichen benutzt er eine interessante Metapher: Das wären pure Fremdkörper, regelrechte Krebsgeschwüre der westlichen Zivilisation; eine tödliche, sich immer weiter und schneller aus-

breitende Krankheit des Erdballs. So weit möchte ich nicht gehen, denn wer einfach nur entspannen möchte und dafür gut bezahlt, dem sei das ohne weiteres gegönnt, egal wo er dies tut. Wer aber von sich behauptet, über Marokko Bescheid zu wissen und doch nur extra auf seinen Bedarf zugeschnittene Angebote des Massentourismus wahrnimmt, der begeht einen, meiner bescheidenen Meinung nach, nicht zu unterschätzenden Denkfehler. In den Cafés kam ich ja reihenweise mit solchen Leuten ins Gespräch, bei diesen Begegnungen blieb aber immer ein fader Beigeschmack. Ich konnte sie nicht ernst nehmen, wenn sie davon sprachen „Land und Leute zu lieben". Nur den allerwenigsten war aufgefallen, dass man als Pauschaltourist gerade in diesem Land nur unter Strafe die ausgetrampelten Massenpfade verlässt, und stattdessen ganz gezielt von 95 Prozent der Orte ferngehalten wird.

So vertrieben wir uns die Zeit auf unserer abenteuerlichen Fahrt zurück nach Marrakesch, und das Allererste, was wir beide, endlich am Djema al' Fna angekommen, nun wirklich noch vor einer Dusche brauchten, war ein Geldautomat, der Kreditkarten akzeptierte. *Have a nice Life, Sam!*

Grinsend betrete ich die Dachterrasse des ausgebuchten Hôtel Essaouiera. Dort ist es um 23 Uhr noch kälter als in den Nächten zuvor, und die Mädels haben aus Leilas Laube einen Zeltverschlag gebaut, in dem sie nun mit Mitja, Brahim – und wunder was: Vincent ist zurück! – die Nacht verbringen möchten. Für mich wäre auch noch Platz, aber ich bin nach meiner Bergtour jetzt schon halb erfroren, und so nahe geht mir die wiederzusammengeführte *Famille* dann doch wieder nicht, denn inzwischen weiß ich, dass man für nur einen Euro mehr ein Zimmer im Hôtel France beziehen kann. Dort checke ich ein und komme später nur unter Einsatz meiner ganzen Überzeugungskraft als Nicht-Bewohner des Hôtels Essaouiera an der Rezeption vorbei, zurück zu meinen Freunden aufs Dach.

Mitja hätte niemals damit gerechnet, mich schon so bald wieder zu sehen. Er ist enttäuscht, dass niemand von uns den Gipfel geschafft hat. Vincent hingegen ist vollends begeistert, als er erzählt, wie er gerade auf der anderen Seite des Hohen Atlas in den *Antiatlas* absteigen wollte, die Straße vor seinen Augen weggeschwemmt wurde und er es auf unsäglichen Umwegen zurück hierher geschafft hat. Übermorgen möchte er mit dem Bus zurück nach Grenoble, weil er dort nun als Skilehrer wieder Geld verdienen kann. Die Runde fügt hinzu: „*In-Shaa-Allah*" – Alle sind blendend aufgelegt, und wir Jungs haben ja auch unabhängig voneinander viel erlebt, während die Mädchen zufrieden darüber scheinen, dass wir alle wieder unbeschadet „zu Hause" angekommen sind. So soll es sein! ☺

Was für ein Tag! Ich schlafe wie ein Stein – nun doch auf der Terrasse.

12. November: Marrakesch

> „Marrakesch ist eine Blume, über den Atlas geworfen."
> - *unbekannter Autor* -

Jetzt sind die Hotelmenschen unfreundlich, und das Frühstück soll den dreifachen Preis kosten. – „Dann geh' ich halt ..." und lasse mir lieber in einem Lokal am *Djema'a al-Fna* die Sonne und ein gutes Mittagessen gefallen. In diesem Haus vermute ich übrigens die Nachtbar *Scheherezade*, welcher der Literaturnobelpreisträger Elias Canetti in seinem kleinen, aber feinen Buch *Die Stimmen von Marrakesch* ein spannendes Kapitel gewidmet hat. Und dazu passt folgende Szene ganz gut: Vor mir stellt ein kleiner Mann unaufgefordert einen Schemel auf, öffnet einen Koffer, holt eine alte Schreibmaschine der Marke „Adler" hervor, breitet seelenruhig Papier und Siegel aus, blickt durch eine dicke Hornbrille zu mir auf und fragt dann: „Wollen sie einen Brief nach Deutschland schreiben lassen? Ich kann auch Deutsch, wie sie merken!" – Ich bin baff, lehne kurzerhand ab und sollte dies die nächsten drei Tage lang bereuen. Wie stilvoll wäre es doch gewesen, auf diese Art und Weise dem Vergessen dieser Fülle an Material entgegenzuwirken? Mehr und mehr wird mir schmerzhaft bewusst, dass ich, zurück an meinem Notebook, all dem niemals Herr werden kann. – *Wenn ich das wirklich alles aufschreiben möchte, dann sollte ich umkehren!* – Oder ich hätte dem Straßenschreiber ein halbes Buch diktieren müssen; wir wären mehrere Tage damit beschäftigt gewesen!

Stattdessen schlendere ich weiter durch die *Souqs*, greife in einen Sack voll frischer Minze, begutachte einige Dolche und besichtige ein altes Haus, das mit „Alte Karawanserei" einen ins Deutsche übersetzt besonders schönen Namen hat, wie ich finde. Im Webcafé erfahre ich die Nachrichten über das neuerliche Flugzeugunglück in New York und glaube nicht an solche Zufälle. Außerdem schreibt mir Fabian, mein Auto ständ noch in Algeciras, er würde Marokko, nachdem seine Vorstellungsgespräche in Sevilla allesamt negativ verlaufen waren, finanziell aber leider nicht mehr schaffen. Schade, ich hätte mich gefreut, ihn wieder zu sehen!

Gegen Abend besuche ich wieder meine Freunde auf dem Dach: Nora hat Probleme mit ihrer Mutter, die darauf besteht, dass sie endlich nach Hause kommen soll, woran sie aber gar keinen Gedanken verschwendet. Zumal: Seit gestern ist sie mit Mitja zusammen. Die Lovestory meines Trips! Und glücklicherweise ist es ihm heute Nachmittag auf der Polizei gelungen, sein Visum um 14 Tage zu verlängern. Anna-Maria repariert meine Kamera, Vincent ist mit Packen beschäftigt, Brahim bereitet sich körperlich auf den Ramadan vor und hat dabei leichte Probleme den Rotwein abzusetzen, da seine Hand beim Malen zittert. Er sagt, das wäre jedes Jahr dasselbe! Wir lachen uns wieder einmal tot über ihn.

Dann gehe ich zurück ins Hôtel France, um einige Zeilen zu schreiben. Aber nicht lange, denn schon bald werde ich überraschend von Leila und Anna-Maria abgeholt. Wir besuchen Mitja, der sich endlich traut, auf dem Djema'a al Fna mit den einheimischen Combos zu spielen, nehmen später an unserem Stammstand 141 zwei duftende Teller *Harira*-Suppe, und erst heute Abend werde ich von den Mädels genötigt, auch meine Geschichte zu erzählen. Außer der Tatsache, dass ich ein Reisetagebuch schreibe, wussten sie nicht viel von dem, was ich zu Hause mache, und wenn ich mich erzählen höre, wie viele Sachen ich eigentlich gleichzeitig betreibe, dann ist mir das fast schon peinlich. – Ich muss wie ein Arbeitswütiger erscheinen! Aber ich bin kuriert. Zumindest vorübergehend! ☺

13. November: Marrakesch. Jeder Tag in dieser Stadt war ein Tag, an dem man interessante Leute kennen lernte. Andererseits war jeder Tag ein Tag des Abschieds, und auch ich wollte eigentlich schon längst verschwunden sein.

Heute verlässt uns zunächst Vincent. Ich sitze gerade bei strahlendem Sonnenschein in einem Straßencafé und wehre mich gegen einige jugendliche Schuhputzer, als er an mir vorüber in Richtung Busbahnhof wandert. Ich rufe ihm hinterher, wir trinken noch eine letzte gemeinsame Tasse Tee, und wieder heißt es: *„Have a nice life!" – C'est pas difficile!*

Dann läuft mir, wie sollte es anders sein, denn Marrakesch ist ein Dorf, die hübsche Leila über den Weg. Mit ihr verbringe ich einen meiner schönsten Nachmittage auf der sonnenüberfluteten Dachterrasse eines Lokals am Boulevard Mohammed V. Sie ist ganz aufgeregt vor Freude! Heute Morgen hat sie erfahren, dass ihre Mutter einen Dispo-Kredit besorgt hat; so wären es ihre eigenen Schulden, womit sie meint, leben zu können. Aber anstatt sich davon ein Ticket nach Hause zu kaufen oder das Hotel zu bezahlen, rannte sie sofort los und beschaffte sich lieber neues Material für die Teppiche. Sie ist erleichtert, weil sie nun wieder arbeiten kann, und rechnet sich aus, mit dem verbliebenen 300-Euro-Kredit noch ein Weilchen über die Runden zu kommen. Tatsächlich reicht das in Marokko für einen ganzen Monat, wenn man ein bisschen arbeitet und sich wie sie zum Beispiel für kostenloses Essen gelegentlich vor ein Lokal stellt, um Touristen hereinzulocken.

Sie erzählt von ihren Motiven, dieses Leben als freie Künstlerin zu führen, wohingegen andere Mädchen in ihrem Alter sich schon längst nach einem Mann fürs Leben umsehen, bestenfalls ihre Zeit im Hörsaal totschlagen. Das alles habe Zeit, zunächst denke sie an die Worte ihres Vaters, wenn sie in jungen Jahren weiter so intensiv leben würde, dann wäre das einerseits zwar schon riskant und sie könnte auf der Strecke bleiben, auf der anderen Seite könnte sie so aber auch „zu einer wunderbaren Frau werden." Sagt ihr Vater!

Später am Abend ziehe ich ferngesteuert und melancholisch zwei Stunden durch die Menschenmassen der Medina. Es ist mal wieder so weit: Wenn man unterwegs zu viel Zeit an einem Ort verbringt, dann wird man melancholisch. Ich muss weiter. Ich bin ein Traveller! – Der Vergleich zu *Don Quichotte*, der auszog das Fürchten zu lernen, und von dem ich inzwischen ja immerhin schon ein Drittel verinnerlicht habe, drängt sich auf: Rosinante ist der Benz, Sancho Pansa ist das Notebook, Windmühlen wie dem Toubkal begegnet man andauernd im fahrenden Rittertum, zu Hause verbrennen sie deine Bücher und Dulcinea von Troboso sei an dieser Stelle herzlichst gegrüßt! ☺

Jaja. Ich gehe auch nur zurück auf die Terrasse, um mich zu verabschieden, wobei mir Anna-Maria aber zuvor kommt. Gegen 23 Uhr erhebt sie sich, ich helfe ihr noch in den Rucksack, und schon 30 Minuten später sollte sie sich auf einer 25-stündigen Busfahrt durch den Sand befinden. Über Agadir, *Sidi Ifni* und die eigentliche Hauptstadt von Westsahara *El Aaquin* geht es für sie zunächst nach *Dakhla*. Von dort aus kommt sie erst am Freitag (Grenzübertritte sind nur dienstags und freitags möglich) mit dem obligatorischen Militärkonvoi weiter nach *Nouakchott*, der Hauptstadt einer vergessenen „islamischen Republik" namens Mauretanien. Dort leben 2 Millionen Menschen auf einer Fläche dreimal so groß wie Deutschland, Kreditkarten sind unbekannt, faktisch gibt es in diesem Land nichts außer Wüste. Wegen ihres ablaufenden Visums hat sie nur drei Tage Zeit weiter durchzureisen, und gestern hatte sie sich gegen den Senegal zugunsten von Mali entschieden. Wir scherzen, dort würde sie mit Sicherheit auf Manu Chao treffen und ihn heiraten, denn gestern hatte sie im Internet gelesen, er wäre dort mit Rucksack und Gitarre gesehen worden.

Ich bin beeindruckt und komme mir, da ich morgen – so Gott will – den *U-Turn* in Richtung Heimat vollziehen werde, eher mickrig vor. Viel Glück, kann ich da nur wünschen, „und pass bloß gut auf! Gerade im Ramadan. Der Weg ist gefährlich ..."

Westsahara: Aktuelle Landkarten führen den südlichen Teil Marokkos mit einer gestrichelten Linie umgrenzt und dem Zusatz „umstritten". Das kann natürlich nichts anderes bedeuten als Krieg in irgendeiner Form. Oberflächlich betrachtet haben die Spanier das Ganze angezettelt, aber zu der Zeit, als General Franco 1975 im Sterben lag, trat die von Algerien unterstützte „Polisario Front", welche Westsahara als einen unabhängigen Staat verstanden haben möchte, auf den Plan. Und wenn zwei sich streiten, freut sich bekanntlich der Dritte, denn es war der 1999 verstorbene König Hassan II. von Marokko, der mit seinen Truppen die allgemeine Verwirrung nutzte und diesen Landstrich, etwas größer als Deutschland, seinem Königreich einzuverleiben wusste. Die Vereinten Nationen prüfen seit 1989 den Sachverhalt, und man hat bis zu einer Entscheidung, die allerdings ganz bewusst und im Sinne des Friedens immer weiter verzögert wird, eine inoffizielle Feuerpause vereinbart. Momentan gehört die schwer verminte Westsahara also wohl zu Marokko. Jedenfalls stehen am Schlagbaum zu Mauretanien marokkanische Zöllner, und im Westen Afrikas gibt es keine andere Möglichkeit auf dem Landweg weiter südlich zu kommen.

Leila zeigt mir ihre Arbeit, und hätte ich nicht gewusst, dass sie nichts davon hergeben möchte, ich hätte gefragt, ob sie mir ein ganz bestimmtes Bild verkauft. Letztlich verabschiede auch ich mich unspektakulär. Mein Abschiedsgeschenk an die verbliebenen Mitglieder von *La Famille* ist eine Schachtel Kippen, und um gleich jeder Verwirrung vorzubeugen: Das Hotel in Marrakesch trug den Namen des Ortes, den ich als Nächstes bereisen sollte: Essaouira!

Jimmy Hendrix' House

– *in Essaouira* –

14. November: Marrakesch/Essaouira. Es wird kein Zeitlimit geben. Den Trip wegen eines speziellen Datums (wie zum Beispiel Weihnachten) künstlich abzubrechen und in einer Gewaltfahrt durch den Winter Mitteleuropas nach Hause zu hetzen, das werde ich mir nicht antun. Vielmehr gibt es noch einige Plätze auf der Landkarte, die ich auf meinem Rückweg sehen möchte.
– „Rückweg!" Das Wort ist für mich an diesem Tag etwas vollkommen Neues und geht mir nicht mehr aus dem Kopf. Es nimmt einem vorübergehend den Wind aus den Segeln. – Gegenwind!

Thema Wind und Segel: Essaouira ist „die Surferstadt Afrikas." 200 Kilometer nördlich von den Touristenbunkern Agadirs und 300 Kilometer südlich von Casablanca gelegen, wurde sie in ihrer Geschichte von einer Invasion nach der anderen geplagt: Portugiesen, Franzosen, Araber, Piraten, Spanier, Hippie-Surfer und heute sind es vor allem die Katzen ...

Aber fangen wir von vorne an. Der Geschichte erster Teil:

Die „wohl gezeichnete Stadt": Bereits im 7. Jahrhundert vor Christus gaben die Phönizier der Siedlung ihren ursprünglichen Namen *Tamusiga*, und vermutlich hatten es ihnen schon damals die hier in großen Mengen vorkommenden Purpurschnecken angetan. Um die Zeitenwende, so viel ist jedenfalls überliefert, färbte deren wertvoller Schleim die Prachtgewänder Roms. Eines Tages blieben dann die Großaufträge aus, Schnecken jeglicher Art verloren zunehmend an Bedeutung, und der abgelegene Ort, auf dem selben Breitengrad wie Marrakesch gelegen, geriet mehr und mehr in Vergessenheit. Erst als die Portugiesen zwischen den vorgelagerten Purpurinseln und der weit ins Meer hinausragenden Landzunge um 1500 einen sicheren Ankerplatz fanden, gewann die Gegend wieder an Bedeutung. Sie befestigten den Hafen *Mogador*, und über die folgenden Jahrhunderte kämpften Piratenfürsten und ganze Königreiche um diesen strategisch so wichtigen Punkt. Kanonendonner und Säbelrasseln waren an der Tagesordnung.

Erst im Jahr 1765 gelang es dem liberalen Sultan *Sidi Mohammed Ben Abdallah* die Stadt zu befrieden. Zur Feier des Tages gab er ihr nicht nur schon wieder einen neuen Namen, sondern legte gleich noch ein moderneres Gesicht mit drauf. Auf den Mauern des alten *Mogador* sollte nun *As Sawirah* (die kleine Festung) errichtet werden, und damit dies nicht allzu teuer wurde, ließ er seinen bevorzugten Stadtplaner Théodore Cornut kurzerhand aus Gibraltar entführen. Er richtete dem Franzosen eine eigene Gefängnisinsel ein, auf der er bei viel Ruhe seine Pläne zeichnen konnte, und schon wenig später war eine neue massive Burg mit zwei schnurgeraden, sich kreuzenden Hauptstrassen entstanden. Der Plan des Sultans war, aus *As Sawirah* mit Hilfe von Steuervergünstigungen und durch das Anwerben jüdischer Kaufmannsfamilien einen weltoffenen Handelshafen werden zu lassen, und die Rechnung, auf diese Art seine Feinde in Agadir wirtschaftlich zu ruinieren, ging auf: Die Stadt wurde zum „Hafen Timbuktus", Endstation für Karawanen aus dem inneren Afrika, die Sklaven, Gold und Straußenfedern mit sich führten.

As Sawirah sollte bis zum Beginn des französischen Protektorats im Jahr 1912 der alleinige Exporthafen an der marokkanischen Atlantikküste bleiben. In dieser Zeit hieß die Stadt wieder *Mogador*, was den Einheimischen nicht sonderlich gefiel. Was ihnen aber noch weniger passte, war, dass die Franzosen mit Casablanca in Konkurrenz zu ihnen den größten Hafen Afrikas etablierten. So wurde ein weiteres Erfolgskapitel in der Geschichte dieser Stadt zu Ende geschrieben, und hätte Orson Wells hier nicht um 1950 seinen *Othello* gedreht, wäre sie in diesen Jahren vollkommen in der Bedeutungslosigkeit versunken.

1956 war die Fremdherrschaft vorbei, und nun konnten sie sich zumindest wieder so nennen, wie sie wollten. Über die Jahre war im Volksmund aus *As Sawirah* zwischenzeitlich *Essaouira* (die wohl gezeichnete Stadt) geworden, und so kam es, dass der Architekt Théodore Cornut post mortem doch noch für seinen langen Aufenthalt auf den Purpurinseln ganz besonders entschädigt wurde.

Nun zu den Katzen: Das Weltkulturerbe Essaouira leidet unter einer Katzenepidemie. Hier kommen auf eine Mülltüte fünf Aristocats. Sie sind überall: Auf den Hausdächern, in den Geschäften, den Cafés, unter den Menschen auf der Straße, am Strand, des Nachts klopfend, fluchend, heulend und bettelnd vor dem Fenster des Hotelzimmers, welches ein kleines Loch hat, durch das sie ihre Tatzen stecken. Und alle sehen sie gut aus. Wie überall. Katzen eben! Sie haben die Kontrolle in der Stadt übernommen und sind vollkommen größenwahnsinnig. Auf offener Straße greifen sie Hunde an, ob es sich dabei nun um touristische Huskys oder einheimische Straßenköter handelt. Die Hunde hier sind übel zugerichtet! – Ich habe den „Don" der Katzenmafia persönlich auf dem Schoß gehabt. Er war etwa zehn Kilo schwer und maß vom Kopf bis zum Hintern sicherlich achtzig Zentimeter. Als ob er den Daumen gesenkt hätte, foltert vor einem Café, das laut Cool-Jazz spielt und in dem es natürlich kein Bier gibt, eine Bande junger Kater einen humpelnden alten Streuner. Für mich ist das natürlich ein Paradies (das mit den Katzen, nicht mit dem Bier!), und nachdem ich den „Don" kennen lernen durfte und er mich anscheinend mochte, hat mich auch keine mehr nach vorherigem Schmeicheln übel gekratzt. Nette Geste. Nette Geschichte.

Für Leute allerdings, die Katzen nicht mögen oder am Ende sogar allergisch auf sie reagieren: Haltet euch fern von Essaouiera! Aber ihr verpasst etwas, denn hier wird die coolste Musik gespielt: *Gnawa-Music* ist bereits auf diesen Breiten stark zentralafrikanisch beeinflusst, und die Stadt ist nicht nur ein Surfer-Dorado, sondern auch das Mekka für Trommel- und Perkussionsschüler. Ich glaube den Grund zu kennen, warum diese Musik bei uns absolut unbekannt ist: Es ist noch schlimmer als mit dem Reggae, den man ja bekanntlich in der Karibik hören sollte, will man ihn verstehen. Um *Gnawa-Music* zu verstehen, muss man wohl in Essaouira sein. Hier findet sich übrigens die Mutter der Karibik, denn deren Einwohner haben westafrikanische Wurzeln.

Jedes Jahr Mitte Juni veranstalten wohl die Katzen ein großes *Free Festival of Jazz and Gnawa-Music* zu dem 150.000 Menschen oder mehr kommen und die 45.000 Einwohner zählende Stadt für eine Woche in ein Tollhaus verwandeln. Dann machen die Einheimischen ihr Geschäft, und dementsprechend wenig haben sie es nötig über das restliche Jahr zu *hustlen*. Folglich: Ein unglaublich entspannter, kleiner Ort. Zu der Zeit, als ich dort war, erst recht, weil zur absoluten Off-Season!

15. November: Essaouira. Hier kann ich das tun, was ich neben Schreiben am liebsten mache: Am Strand entlanglaufen. So wandere ich an den verwaisten Nobelhotels vorbei und folge der Atlantikküste in Richtung Süden. Am Horizont: Kein Ende des menschenverlassenen Strandes, hohe Sanddünen und einige dunkle Flecke, die sich wenig später als Kamele oder vielmehr Dromedare herausstellen. Ein Beduine überredet mich aufzusteigen, und ich könnte mich auf dem riesigen Vieh kaputt lachen. Am Ende bezahle ich dafür 20 Dirham, was kein allzu guter Preis ist.

Handeln, oder „the best way to get a good price": Möchte man nicht negativ auffallen, sollte man in Marokko unbedingt und grundsätzlich um alles feilschen.

Es gehört einfach dazu. Wer nicht handelt, der wird nicht akzeptiert, und außerdem wäre es ein unbezahlbarer Trip. Es ist eine Kunst, bedarf viel Übung, und ich denke, dass ich es relativ weit darin gebracht habe: Sagen wir mal, er fängt bei 100 Dirham an. Wenn er dem mit ernster Miene hinzufügt: „which is a very good price, my friend", dann liegt der reelle Preis mit Sicherheit bei weniger als einem Zehntel davon, und am besten entgegnet man ganz sachlich, man könne das nicht bezahlen, schließlich wäre man „a very poor man" und auch keiner von den Touristen, die sich über den Tisch ziehen lassen. Das hört sich zumeist logisch an, er besteht zunächst aber immer noch auf dem selben Preis, inzwischen aber schon mit einer „Tut-mir-leid-aber-ich-muss-das-verlangen"-Miene. Unweigerlich fügt er hinzu, er sei „a very, *very* poor man", und wenn man selbst der allerärmste Hund auf Erden wäre (also dreimal very), dann würde er das niemals glauben! Ich bin Tourist, und bedeute somit kaum mehr als bares Geld für ihn.

Vielleicht zusätzlich noch einen netten Zeitvertreib:

„Very good price, very good price for you, my friend… come on! Ok … I make you a very special price: 50 Dirham. Last price! – Is good price!"

Nun ist es ratsam sich zu sammeln. Man überlegt kurz und tut so, als würde man rechnen. Erst jetzt kann man sich die Frage stellen, was der Mann einem da jetzt eigentlich andrehen möchte, und ob man es in irgendeiner Form brauchen könnte, oder nicht: „Ok … 30 Dirham – aber für das ganze Kamel!"

Das ist der sicherste Weg. Humor und Cleverness zu beweisen, indem man den Spieß umdreht. Das nötigt ihnen Respekt ab:

„Come on, my friend… look …you cannot buy the whole camel!"

„What is her name?"

„This is Bebeto. Bebeto is mother of Zidane. And this … This is Netzer!"

„Hehe! Netzer is nice! Netzer is good camel?"

„Do you love camel?"

„Netzer is really beautiful! 10 Dirham for photo with Netzer-Camel is good price… is a toutist price!"

Spätestens zu diesem Zeitpunkt sind auch schon seine Kollegen in das Gespräch involviert. Sie gestikulieren, schimpfen, palavern auf Arabisch, und einer spielt grundsätzlich den Vermittler:

„Sitting on Camel is always tourist price, my friend! Ok … last price: 23 Dirham. Do you love camel?"

„No, 15 Dirham. Last price!"

„Okay, 15 Dirham and 5 Dirham for Netzer eating!"

„Okay!" – Man sollte das Geschäft unbedingt erst dann mit einem Handschlag besiegeln, wenn man meint, den passenden Preis erreicht zu haben. Die Hand gilt hier unten als verbindlicher Vertragsabschluss.

So läuft das mit dem Handeln eigentlich überall, und wenn man etwas photographiert, sollte man damit rechnen, dass diejenigen, die gerade daneben gesessen oder zufällig daran vorbei gelaufen sind, jeweils fünf Euro dafür verlangen. Leider muss man das Spielchen mitmachen und gibt ihnen am Ende dann meistens zehn Cent oder eine Zigarette. Auch Nichtraucher sollten immer eine Schachtel am Mann haben, denn gar nichts zu bekommen ist für den gemeinen marokkanischen Händler (selbst wenn er gar nichts geleistet hat) unerträglich und eine Kränkung der Ehre gegenüber seinen Freunden.

Ein junger Mann kommt auf einem herrlichen andalusischen Pferd angeritten und fragt, ob er mich zu *Jimmy Hendrix' House* bringen soll. Aus dem Reiseführer weiß ich lediglich, dass Hendrix hier für eine Zeit lebte und komponierte, wo allerdings sein Haus ist und was es damit auf sich hat, weiß ich nicht. Aber eben dies will ich vor Ort in Erfahrung bringen, denn mein Gefühl besagt, dass sich eine gute Story dahinter verbirgt. Nur so einfach will ich es mir dann doch nicht machen. Ich möchte es selbst finden, und da kommt mir Stewart, ein Australier, der auch in meine Richtung zieht, gerade recht. Wir gehen also gemeinsam weiter, durchqueren einen großen Fluss und stehen schließlich in den Dünen, die hier, nur 50 Meter vom Meer entfernt, schon fünf Meter hoch sind. In den Tälern kann man in keine Himmelsrichtung mehr sehen, und ich glaube, das macht die Wüste aus: Außer Sand sieht man nur noch eines, und das ist die siedende Sonne am strahlend blauen Himmel. Wenn man eine Hand voll Sand der ersten Düne nimmt, kann man von sich behaupten, die westlichsten Körner der größten Wüste der Welt durch seine Finger rieseln zu lassen.

Nach einer Stunde treffen wir auf ein englisches Pärchen, das auch nichts Näheres über *Jimmy Hendrix' House* weiß: Jeder erzählt ihnen etwas anderes und inzwischen haben sie die Lust daran verloren. Sie glauben nicht mehr daran, dass die Einheimischen selbst wissen, wo genau es ist. Die kleine Ortschaft dort oben, etwa anderthalb Kilometer im Landesinneren, soll etwas damit zu tun haben. Hinter einem kleinen Wald, aus dem der Turm einer Ruine kaum hervorragt, kann man gerade noch einige Dächer erkennen. Die Sonne sinkt immer schneller gegen das Meer, in den kurzen Hosen wird es langsam frisch, und während Stewart am Strand weiterlaufen möchte, macht mich diese Geschichte mit Jimmy Hendrix wild. Ich muss herausfinden, was es damit auf sich hat, und entscheide, mich alleine durch das Gestrüpp zu kämpfen.

Nach etwa 50 Minuten erreiche ich das weltvergessene 200-Seelen-Dorf *Diabat* und nehme im ersten und einzigen Lokal meinen Willkommenstee zu mir. Ein Baby-Dromedar namens Pelé ist an einem Pfosten festgebunden, eine Katze setzt sich schnurrend auf meinen Schoß, drei gut gekleidete ältere Herren nehmen am zweiten Tisch Platz, und irgendwie kommen wir ins Gespräch. Einer von ihnen gibt mir die ersten Puzzlestücke:

Er selbst ist in den Sechzigern hier aufgewachsen, arbeitet inzwischen in Paris und verbringt hier nur noch seinen Jahresurlaub. An Jimmy Hendrix persönlich könne er sich nicht erinnern, es seien so viele Hippies gewesen, und damals hätte sich in Marokko niemand für deren Musik interessiert. Zudem war Hendrix 1966 noch nicht sonderlich bekannt, und lediglich einer unter Tausenden. Er könne sich aber an einige andere Sachen erinnern, das sei jedoch eine sehr lange Geschichte. Die Ruine dort unten im Wald wäre jedenfalls das von mir gesuchte Haus, und Hendrix hätte in seinem Song *Castles Made of Sand* eben diese Burg besungen.

Mann, ist das schön hier! In einer Stunde ist kein einziges Auto vorbeigekommen, und obwohl es jetzt um 18 Uhr schon dunkel ist, lasse ich mich gerne dazu überreden, ein Appartement zu besichtigen. Hier gäbe es doch tatsächlich ein ganzes Haus für mich alleine: Zwei große Schlafzimmer, ein Wohnzimmer, eine Diele, ein Bad mit kaltem Wasser und eine Küche. Alles voll möbliert, und der zweite Stock des Hauses besteht aus einer einzigen großen Dachterrasse. Acht Euro – ich bin beeindruckt und verspreche, es mir zu überlegen.

Die Marokkaner bieten an, mich in ihrem katastrophalen Citroën mit zurück zu nehmen, und es kam, wie es kommen musste: Natürlich geht das Benzin aus. Wir lachen uns tot, der Fahrer holt aus dem Kofferraum einen Kanister und macht sich wie in der Aral-Werbung auf den Weg zur nächsten Tankstelle: *I'm walking ...* – Also müssen wir warten, und es bleibt uns nichts anderes über, als Insiderwitze zu reißen: „A Jimmy Hendrix Experience."

Endlich zurück in Essaouira treffe ich Ralf und Peter wieder. Gemeinsam mit Yussuff, dem jungen Hotelmanager, sitzen wir im Salon des Hotels, und sie haben haarsträubende Geschichten von den Unwettern auf ihrer Off-Road-Tour zu berichten. Später stoßen auch noch Stewart, der Australier von heute Nachmittag, Hubertus, ein deutscher Gaukler, sowie mit Françoise und Delphine zwei durchaus ansehnliche Französinnen zu uns.

Ich werde morgen nicht nach *Diabat* ziehen. Wie ich erfahre, haben die dort nicht einmal Strom und zudem ein gestörtes Verhältnis zu Touristen.

16. November: Essaouiera. Wiedersehensfreude ist etwas Tolles! Als ich gegen 11 Uhr das Café im Erdgeschoss betrete, fällt mir Miwa um den Hals. Die kenne ich ja schon aus Marrakesch, und sie sollte bei zölibatär lebenden männlichen Travellern, wie ich einer bin, besser etwas rücksichtsvoller sein. Die kleine Japanerin, deren Name so viel wie „Frieden und Harmonie" bedeutet, wohnt seit heute Morgen im selben Hotel am *Place Moulay Hassan* und ist mir etwas suspekt: Sie schleppt ihren Super-Sony-Mini-Spitzen-Laptop mit sich durch die Gegend, spricht kaum ein Wort Englisch, auch keine andere Sprache, in der man sich mit ihr verständigen könnte, und arbeitet vermutlich für irgendeinen fernöstlichen Geheimdienst. Die 25-Jährige beginnt jeden ihrer unverständlichen Sätze mit einem langgezogenen „Oooooooh ...", behauptet von sich ein „Gipsy" zu sein, und angeblich ist sie schon seit drei Jahren von zu Hause fort. Ich glaube ihr das nicht so recht, denn wenn das stimmen würde, dann hätte sie in diesem Fall selbst in Malaysia, das sie als ihr Lieblingsland angibt, besseres Englisch gelernt. Miwa weiß zwar mit Sicherheit nicht, worum es geht, lässt sich aber umso leichter dazu überreden mit mir heute Nachmittag zu *Jimmy Hendrix' House* zu laufen.

Wir sind mit Stewart bei den Kamelen verabredet, und der Beduine ist begeistert. Er bietet ein Kamel. Ich sage, dass ich Miwa, die aus ihrem „Oooooh" gar nicht mehr heraus kommt, niemals verkaufen würde und wenn, dann keinesfalls unter vier Kamelen („last price"). Aber er lässt nicht locker: Sein letzter Preis ist ein Kamel meiner Wahl und zwei alte Klappergäule, und schließlich einigen wir uns auf *In-Shaa-Allah*. Wie gesagt: Hier verschiebt man alles auf morgen, und manche Geschäfte ziehen sich tatsächlich über zwei oder drei Tage, wobei der Preis beständig sinkt. ☺

Wir verkaufen Miwa vorerst also nicht, überqueren wieder den Fluss und folgen ihm auf der anderen Seite landeinwärts. Vom Strand aus sieht man nur einen Turm, aber wenn man sich die paar hundert Meter durch das Dickicht gekämpft hat, eröffnet sich eine Fabelwelt: Das *Castle made of Sand*, hier unten besser bekannt unter dem Namen *Jimmy Hendrix' House*.

Es hat eine Zeitlang gedauert, bis mir ein Licht aufging. Ich musste das Gelände ablaufen, aber als ich von meiner Erkundungstour zurück komme, kann ich meinen verblüfften Kameraden mitteilen, dass die verstreuten Steinhaufen Teile eines ehemaligen Ganzen sind. Wir befinden uns in einer alten Festung. Vier vom Sand angefressene Türme, vier teilweise eingestürzte Burgmauern und in der Mitte ein altes Herrschaftsgebäude, auf dessen Dach wir uns wegen des einmaligen Ausblicks breit gemacht haben. Langsam wendet sich die pralle Nachmittagssonne dem Horizont entgegen.

In den vergangenen Jahrhunderten hat sich der Sand wellenförmig durch das Gebäude gefressen, die ehemaligen Höfe sind teilweise bis obenhin voll damit, und eine komplette Mauer ist schon in den Dünen untergegangen. Noch vor wenigen hundert Jahren war die Strandlinie von hier aus gute 50 Meter weiter entfernt. Offensichtlich füllt die Sahara das Meer, aber meine Frage, ob die Wüste nur wandert oder ob der Sand mehr wird, hat keiner der Einheimischen verstanden. Sie interessieren sich auch nicht sonderlich für solche Sachen. So weiß auch keiner von ihnen die ganze Geschichte um die Hippies. Man bekommt immer nur Puzzleteile vorgesetzt, die zusammen mit den Informationen aus vier verschiedenen Reiseführern (einer davon auf Japanisch!) aber ein Gesamtbild ergeben:

Hippie-Shit: Mit dem Niedergang des Hafens wurde es ruhiger, und so konnte sich der Islam selbst an diesem ehemals so sündigen Ort verbreiten. Aber die beschauliche Zeit hielt nur wenige Jahre, denn schon 1965 kamen hier die ersten Hippies an. Sie erzählten weiter, wie toll es ist, wurden immer mehr, irgendwann eine ganze Kolonie und schließlich zu einem ernsthaften Problem.

Zunächst bewohnten sie nur die namenlose Ruine, in der wir gerade sitzen, aber schon bald wurde es dort zu eng. Also annektierten sie die Purpurinseln und zerstörten nach und nach das Vogelschutzgebiet.

Jimmy Hendrix lebte in den Ruinen, die zahlreichen Steininschriften „Jimmy, 1966" dürften gefälscht sein, aber vielleicht ist auch eine authentische dabei. Die Doors, Marianne Faithfull, Janis Joplin, Eric Clapton und die Rolling Stones verbrachten hier ihre Ferien. Cat Stevens blieb bis tief in die Siebziger und soll sich im Gegensatz zu den anderen sehr ordentlich benommen haben. Es gibt ein gutes Fischlokal, das zum Teil signierte Fotos von den ganzen Gestalten an den Wänden hängen hat, und der alte Besitzer gibt gerne darüber Auskunft, wie fürchterlich sie sich damals aufgeführt haben. Man kann sich gut vorstellen, wie das damals zuging, wenn Jim Morrison auf LSD dem bekifften Keith Richards über den Weg gelaufen ist, und sie sich dabei gegenseitig nicht erkannten.

Das alles war den Einheimischen wohl immer noch relativ egal, schließlich brachten die Hippies Geld, aber als sie sich dann auch noch in der kleinen Ortschaft *Diabat* breit machten, war es vorbei mit Love and Miwa (Peace and Harmony). ☺ Denn natürlich brachten sie auch den Alkohol zurück, und so kam es zum unvermeidlichen Streit, der über die Jahre in einen wahren Krieg ausarten sollte. Ein Krieg um Land und Süßwasser zwischen den frisch zum Islam bekehrten Einheimischen und den zu Höchstzeiten um die 15.000 Hippies.

Schließlich war es Jimmy Hendrix *himself,* inzwischen durch Woodstock zu Weltruhm gelangt, durch harte Drogen aber auch schon kurz vor seinem Ende, der um das Jahr 1970 auf die Idee kommen sollte, dem wenig friedlichen Treiben ein Ende zu setzen. So entschied er, den ganzen Landstrich einfach aufzukaufen. Wenn diese Geschichte erzählt wird, lautet der *running gag:* „I think Jimmy Hendrix was very stoned, when he decided to buy *Diabat* for a very good price." – Auf alle Fälle waren die Einheimischen wohl so entnervt, dass sie sich gerne hätten auszahlen lassen, und einer der Ladenbesitzer meinte sogar, den damals ausgehandelten Preis von 250.000 US-Dollar zu kennen. Man darf dabei aber nie vergessen, dass dies alles nur Überlieferungen sind und die Leute hier sich heute kaum noch darum kümmern. Es steht nur so viel fest, dass der ganze Deal daran scheiterte, dass die noch junge demokratische Regierung unter König Hassan II. überhaupt nichts davon hielt, aus Essaouiera eine Drogenkolonie für langsam dahinvegetierende Althippies werden zu lassen. Verhandlungen gestalteten sich als unmöglich, und somit entschieden sie kurzerhand, die ungebetenen Gäste aus dem Land zu werfen. Um 1970 begann Marokko mit der unmöglichen Mission 15.000 Drogenabhängige gewaltsam zu evakuieren. Es muss ein einziger Horror-Trip gewesen sein, und die Geschichte endet damit, dass 1975 drei der letzten verbliebenen Hippies, welche sich nicht gehen lassen wollten, von der Bevölkerung in *Diabat* ermordet wurden. In den neueren Reiseführern steht gar nichts mehr über das Dorf, aber der von Hubertus, welcher auf 1984 zurück geht, erzählt von den Morden und rät jedem Touristen davon ab, in *Diabat* zu wohnen.

Wir sitzen jedenfalls auf dem Dach dieser Burg, schauen aufs Meer und hätten so gerne einen Kassettenrekorder dabei, um der psychedelischen Musik von Herrn Hendrix zu lauschen. Jetzt könnten wir sie wirklich verstehen, von hier kommt sein unvergleichlicher Sound, und hier gehört er eigentlich auch hin. Es ist immer wieder dieselbe alte Frage: Woher kommt der Blues? Aus Afrika natürlich.

Irgendwann, als der Nachhauseweg noch weit ist und es in den kurzen Hosen zu kalt wird, nehmen wir uns zwei Kamele. Nach dem Sonnenuntergang färbt sich alles in ein unfassbares Dunkelblau, wie es nur die Natur mischen kann. Ich versuche das erst gar nicht weiter zu beschreiben, und ein Farbfoto, das auch nur andeuten könnte, was ich in diesen Minuten gesehen habe, lässt dieses Buch nicht zu.

Zwischen den Höckern des Kamels, die schlafende Miwa in meinem Rücken, versuche ich mir ein Bild zu machen, wie es hier vor 35 Jahren ausgesehen haben muss. Sicherlich war es für zwei, drei Jahre das wahre Aussteigerparadies, aber andererseits bin ich mir sicher, dass genau an diesem Strand ein dunkles Kapitel Menschheitsgeschichte geschrieben wurde. Vermutlich gäbe ein wenig Recherche genügend Stoff für einen großen historischen Roman, der längst geschrieben sein sollte: Die großartig angedachte Bewegung der Hippies disqualifizierte sich nach wenigen Jahren selbst in Gier, Gewalt, Wahnsinn und Chaos. Wer die alten Videos der letzen großen Konzerte zum Beispiel auf der *Isle of White* kennt, der kann sich denken, was ich meine.

Essaouiera ist trotzdem irgendwie Hip geblieben, und das hiesige Festival, mit dem das Ganze jedes Jahr aufs Neue wieder auflebt, ist zweifelsohne ein Überbleibsel aus der alten Zeit.

Am Abend lasse ich mir den Bart stutzen und finde mich sehr cool dabei, einen Araber in diesen Tagen freiwillig mit einer Rasierklinge an meine Kehle zu lassen. Und wenn ich schon mal dort bin, so denke ich mir, kann er in meinen Haaren auch etwas aufräumen. Tatsächlich hört er aber gar nicht mehr damit auf und ruft seine Schüler zusammen, um ihnen zu demonstrieren, was man bei einem Dünnhaarigen an einer Frisur noch retten kann. Ich habe jetzt wohl kürzere Haare als bei meiner Abfahrt, sehe also wieder brav und anständig aus. Ich bin zufrieden!

17. November: Essaouiera. Fast den gesamten Nachmittag bringe ich damit zu, auf der Dachterrasse per Hand an meinem Reisetagebuch zu schreiben. Ralf übt mit Hubertus am Diabolo, Yussuff sitzt wie immer verschmitzt grinsend in einer sonnigen Ecke und stellt Françoise und Delphine nach, die aber eher am Garnichtstun interessiert sind. Miwa kommt, tippt japanische Schriftzeichen von oben nach unten in ihr Notebook, langweilt sich, geht wieder. Und Claude, ein dunkelhäutiger französischer Rasta, der eine mobile Stereoanlage mit sich herumschleppt, stellt sein DJ-Programm für den heutigen Abend zusammen. Das kommt uns akustisch sehr zugute. Nur seine namenlose Freundin ist wie immer schlecht gelaunt.

Der Ramadan: Heute beginnt der Fastenmonat Ramadan, in dem der Muslim seinem Körper von Sonnenaufgang bis Sonnenuntergang keinerlei Fremdstoffe zuführt. Sprich: Sie essen nicht, sie trinken nicht einmal Wasser, sie rauchen nicht, und als ob das nicht schon reichen würde, verzichten sie in dieser Zeit auch noch auf körperliche Liebe. Der Ramadan wird ausgerufen, wenn die Sichel im neunten Monat des muslimischen Mondkalenders erstmals wieder mit bloßem Auge sichtbar ist.

Wer gegen die Regeln verstößt, der muss ein 60-tägiges Sühnefasten ableisten, oder, wenn er sich das leisten kann und wenn er noch einen findet, einen Sklaven freikaufen. Natürlich ist der Ramadan für Kranke, Alte, kleine Kinder, schwangere Frauen, stillende Mütter und auch für Reisende wie mich nicht zwingend. Für uns gibt es zumindest in den Städten eine Art „Tageslicht-Notdienst." So haben hier zwei Cafés und ein Sandwichstand auch tagsüber geöffnet, wer den Ramadan allerdings nicht mitmacht, dem wird vom Koran angeraten, in dieser Zeit täglich einen Armen zu speisen.

An diesem Abend, kurz vor Sonnenuntergang, habe ich mich in einem gut besuchten Strandcafé platziert, trinke einen Tee und möchte beobachten, was nun passiert. Etwa fünfzehn Minuten vor sechs, es dämmert bereits, brechen sie am Basketballplatz ein Spiel ab, die Strandfußballer schleppen ihre Tore nach Hause, die Surfer und Fischer kommen herein, die Ladenbesitzer sperren ihre Geschäfte zu, und selbst mein Café leert sich bis auf drei weitere Touristen. Offensichtlich sind alle auf dem Nachhauseweg, und just in dem Moment, als die Sonne untergeht, ertönt in der Stadt eine Sirene.

Schlagartig ist es nun wirklich leer. Während die Einheimischen bei ihren Familien die ersten Zigaretten des Tages anzünden, meint man nun mit den Katzen alleine zu sein. Es ist eine gespenstische Szene, wenn die mit übersinnlichen Fähigkeiten (in der Wissenschaft: „Psi") ausgestatteten Wesen in diesen Minuten keinen Laut von sich geben und starren, wie wenn sie jeden Augenblick kollektiv über einen herfallen wollten. Ich erinnere mich dankbar, nie etwas über einen kollektiven Massenmord von Hauskatzen an einem Menschen gelesen zu haben.

Erst jetzt wird mir klar, wie wenig Touristen hier um diese Jahreszeit wirklich unterwegs sind. Auf der langen Einkaufsstraße schlendern vielleicht zehn von ihnen und genießen die Ruhe des Ramadans. Es ist eine ganz besondere und eigenartige Stimmung, wenn man die sonst so belebte Stadt in dieser ersten Stunde der Dunkelheit erlebt. Die ganze Szenerie ist vielleicht am ehesten mit dem Heiligen Abend bei uns zu Hause zu vergleichen: Gegen 19 Uhr hat nichts mehr geöffnet. Nur eine einzige kleine Suppenküche hat für diejenigen ohne Familie aufgesperrt

Die Muslime essen nach Sonnenuntergang zunächst zwei große Teller einer äußerst nahrhaften und wohlschmeckenden Suppe namens *Harira*. Gegen 23 Uhr folgt die Hauptmahlzeit: Traditionellerweise der Eintopf *Tajine* mit unterschiedlichen Einlagen, und zumeist stehen sie gegen 5 Uhr morgens noch einmal auf, um ein starkes Frühstück zu sich zu nehmen. Es ist nicht nur üblich, sondern von der Höflichkeit gegenüber den Gastgebern geboten, dass man tagsüber nur an den dafür vorgesehen Plätzen isst und auch nicht in den Straßen raucht. Allein der Anblick könnte das Verlangen für sie noch stärker machen.

Nun ist es natürlich jedem Touristen vollkommen selbst überlassen, ob er den Ramadan mitmacht oder nicht. Jedenfalls wird es von den Einheimischen sehr gerne gesehen, wenn man dabei ist. Von meinen reisenden Zeitgenossen war etwa die Hälfte dabei, und auch ich habe mich für meine verbleibenden Tage in diesem Land daran gehalten. Auf Essen und Trinken lässt sich wirklich sehr leicht verzichten, und wenn man am späten Abend noch eine gute Mahlzeit zu sich nimmt, dann sind nur die letzten drei Stunden des Tages ein Problem. Insgesamt ist es ein tolles Gefühl: Zunächst ist man einfach glücklich, sich selbst beherrschen zu können, und dann fühlt man sich körperlich schon mit dem ersten Tag irgendwie gesünder. Mit dem Nikotin ist es eine andere Sache, aber es macht natürlich durchaus auch Sinn, sein Pensum auf zwei Zigaretten herunterzuschrauben.

Und im Koran steht, dass die Muslime den Ramadan deswegen machen sollen, damit sie nicht vergessen, wie gut es ihnen eigentlich geht, und damit sie zu schätzen lernen, dass sie nicht hungern müssen. Aber genauso sieht der Ramadan auch vor, dass all jenes, auf das man tagsüber hat verzichten müssen, abends intensiv nachgeholt wird. So verlagert sich der natürliche Rhythmus der Menschen ganz automatisch in die Nachtstunden, und nach fünf Tagen Ramadan sieht das Ganze dann ungefähr so aus: Der Muslim steht spät auf und leidet die letzten drei Stunden vor Sonnenuntergang Hunger. In dieser Zeit ist er gerädert, und ich habe mir sagen lassen, dass die Menschen immer gereizter werden, je länger der Fastenmonat dauert. Am Anfang herrscht noch pure Freude allerorten, dass es endlich los geht, gegen Ende wird es dann aber wohl doch sehr hart. Vor allem die armen Kellner und Köche der wenigen Touristenlokale haben es tagsüber schwer. Hier fällt schon mal etwas schneller ein Glas um, oder der Fisch ist versalzen. Der Tag geht vorbei, und während das ganze Jahr über um spätestens 22 Uhr die Bürgersteige hochgeklappt werden, findet in den Nachtstunden des Ramadan eine Art kollektive Fiesta statt. Vor 2 Uhr morgens geht niemand ins Bett. Die Leute lieben diese Zeit, und muslimische Gastarbeiter in Europa legen oft ihren Jahresurlaub gerade in den Ramadan, um ihn in der heimischen Kultur mitleben zu können. So gesehen ist der Ramadan eine perfekte Zeit um Marokko zu bereisen, tatsächlich schrecken die meisten aber davor zurück. Warum, ist mir ein Rätsel.

Dieser erste Abend des Ramadan wird somit etwas Besonderes. Wo bisher auf den Plätzen nichts los war, sind nun alle Cafés bis auf den letzten Platz gefüllt. Wie wir zunächst im Café Mustafa und später von der Dachterrasse aus hören können, läuft DJ Claude zu Höchstform auf. *Jazz!*

18. November: Essaouiera. Ich werde recht spät wach, und da es nur noch fünf Stunden hell ist, entschließe ich mich, heute den Ramadan zu machen. Die Mädchen kümmern sich nicht darum, aber Claude und Hubertus haben sich ebenfalls dazu entschieden.

Françoise und Delphine haben heute Morgen ihren Bungalow geräumt, sind in Richtung *Sidi Kaouki* weitergezogen, und Claude hat seine hochnäsige Freundin, die irgendwie alles, aber vor allem den Urlaub und ihn zu hassen schien, kurzerhand an die beiden abgeschoben. Das ist in zweifacher Hinsicht genial: Einerseits kehrt nun endlich Ruhe im Hotel ein, und andererseits kann ich den freien Bungalow auf dem Dach beziehen. Ich frage Yussuff, ob das in Ordnung geht, und er meint von sich aus: Klar, und ich müsse auch nicht mehr bezahlen. – Perfekt! Nun lebe ich also mit Claude in einer 150 Quadratmeter-Open-Air-WG, und er gehört zwar wiederum zu jener Sorte Franzose, mit der ich mich nicht sonderlich gut verständigen kann, das macht aber nichts, weil wir nicht viel reden und Yussuff oder Hubertus notfalls gerne übersetzen.

Irgendwie kommen wir vier zu dem Schluss, in letzter Zeit allesamt eine Überdosis einvernehmende Damenwelt erlitten zu haben, sodass nun ein äußerst entspannter Nachmittag auf der Dachterrasse folgt, den wir hauptsächlich damit zubringen, auf den Sonnenuntergang zu warten. Ein paar Minuten vor sechs gehen in ganz Marokko und vermutlich in der gesamten arabischen Welt die Feuerzeuge an, und dann bringt Yussuff, der vollkommen davon begeistert ist, dass wir ihn unterstützen, auch schon eine große Terrine *Harira*. – Ah, tut das gut!

Wir finden uns cool, weil wir den Ramadan machen. Männer unter sich, das gab es lange nicht. Irgendwann zieht Claude zum allgemeinen Wohlgefallen aus seiner Mini-Disc-Sammlung den guten alten James Brown („It's not easy to be James Brown") und *This is a man's world* erfüllt die Plaza von Essaouiera. Genial! Wir überlegen uns, ob wir morgen nicht einen langen Strandspaziergang unternehmen sollten und werden es abwarten. *In-Shaa-Allah.*

19. November: Essaouiera. Gegen Zehn klopft mich Hubertus aus dem Bett, Claude ist auch dabei, und fünfzehn Minuten später sind wir startbereit.

Miwa läuft uns über den Weg, wir können sie dazu überreden mitzukommen, um elf sind wir alle am Strand, und auf geht's:

Unser Ziel heißt *Sidi Kaouki*, ist ein kleiner hauptsächlich von Surfern bewohnter Strand und liegt auf der Landkarte etwa daumenbreit von hier entfernt. Wir schätzen also 20 Kilometer, und eigentlich kommen wir auch zügig voran. Miwa hängt mit ihren kurzen Beinen zwar immer ein paar Meter zurück, hält insgesamt aber hervorragend mit. Wir reden nicht viel. Die Kilometer ziehen an uns vorbei, und verlaufen kann man sich ja nicht, wenn man weiß, dass das Ziel wiederum an der Küste liegt.

Trotzdem kommt zwischenzeitlich immer mal wieder Panik auf. Hubertus streut Gerüchte, wir würden uns gar nicht in Richtung Süden bewegen, aber irgendwann ist der *Point of no Return* jedenfalls überschritten, und entweder sehen wir bald *Sidi Kaouki* oder verdursten auf dem Weg nach Casablanca.

Auf halbem Weg stehen wir vor einer gewaltigen Felswand und müssen deshalb ins Landesinnere ausweichen, was mir mittelstarke Probleme bereitet. Ich war ja in den letzten Tagen wirklich viel auf den Beinen, und nun zeigt mein linker Fuß irgendwelche schmerzhaften Ermüdungserscheinungen, sobald es auch nur minimal bergauf geht. Das lässt sich aber nicht vermeiden, schließlich müssen wir durch die Dünen und später einen kleinen Berg besteigen. Somit werde ich notgedrungen zu Miwas Begleitkommando (sie schreibt in ihrem Reisetagebuch vermutlich gerade umgekehrt), während die beiden anderen weit vorne verschwinden und wieder auftauchen. In der Wüste kommt man nur sehr langsam voran, sodass es ganze sieben Stunden dauert, bis wir Hubertus am Horizont freudig winken sehen: *Sidi Kaouki!* Zwischenzeitlich hatten wir wirklich Angst einen uns unerklärlichen Fehler gemacht zu haben.

Die *Harira*, zu der uns einige Einheimische einladen, schmeckt nun, Punkt genau zum Sonnenuntergang erst so richtig gut, und hätte Claude nicht heute Abend in Essaouiera auflegen müssen, dann wären wir wohl über die Nacht bei zwei jungen Schweizern untergekommen. Aber schließlich ist es Hubertus, der es in der Strandkneipe nicht aushält, weil dort ein TV-Gerät eingeschaltet ist (?!) und der diese Zeit insofern nutzt, einen Berber davon zu überzeugen uns zurück nach Essaouiera zu fahren. Bis dahin hatte ich beim Poolbillard gegen die Einheimischen auf einem Allwettertisch ohne Filzbelag nur knapp mit drei zu vier verloren.

Zu Hause geht nach diesem anstrengenden Tag nicht mehr viel. Eigentlich schade, denn zu meiner großen Überraschung sind nun auch noch Nora und Mitja in Essaouira aufgetaucht. Womit *La Famille* fast schon wieder komplett wäre, denn sie erzählen, Leila würde sich überlegen, in den nächsten Tagen auch hierher zu kommen. Wege kreuzen und trennen sich wieder; den ganzen Tag, die ganze Zeit.

Mitja ist todtraurig, weil er wegen des Visums langsam wirklich weiter in Richtung Mauretanien muss, und ich spiele ein letztes Mal mit dem Gedanken, dass es jetzt eigentlich erst richtig losgehen sollte. Ich könnte Fabian in Algeciras anrufen, ihn mit dem Verkauf meines Autos betrauen, mir das Geld überweisen lassen und mit Mitja in die Wüste gehen, um Anna-Maria zu suchen. *Nur wer schreibt dann dieses Buch?*

Tote Helden
– über Rabat nach Tanger –

20. November: Essaouiera/Casablanca/Rabat. Es ist mal wieder an der Zeit sich zu verändern. So verabschiede ich mich recht wortkarg von meinen Kameraden und schreibe dem Hôtel Beau Rivage etwas Nettes ins Gästebuch.

Im Bus nach Rabat treffe ich Luke, einen ausgewachsenen australischen Globetrotter, und irgendwann auf der Fahrt kommt heraus, dass heute sein dreißigster Geburtstag ist. Er steht darauf, auf diese Art und Weise seinen Dreißigsten zu begehen.

Jeder, der „Marokko" hört, denkt wegen des gleichnamigen Films von Michael Curtiz sofort an Casablanca, für Touristen hat die Stadt allerdings kaum etwas zu bieten. Um 1900 lebten hier erst 20.000 Einwohner, inzwischen sind es drei Millionen oder mehr, und die Stadt expandiert wie nie zuvor. Mit ihren Bank-Hochhäusern sieht sie ein bisschen aus wie die Frankfurter City, Frauen nehmen am öffentlichen Leben teil, nur die Medina soll eng, hässlich und sehr unsicher sein. Was man über Casablanca wissen sollte, ist, dass der Film mit Ingrid Bergman und Humphrey Bogart außer dem Titel nichts mit der Stadt zu tun hat. Er wurde nicht hier, sondern ausschließlich in Hollywoods Studios gedreht, und das Ambiente war auch nicht Casablanca, sondern vielmehr Tanger nachempfunden. *Rick's Café Americain* hat es nie gegeben, und außer den Hustlern am Busbahnhof schaut dir auch niemand in die Augen, Kleines. ☺

21. November: Rabat. Zwei weibliche Teenager beschatten mich, und da sie nicht abzuschütteln sind, mache ich aus der Not eine Tugend und lasse sie die Fremdenführer spielen: Wir laufen am Parlament vorbei, besichtigen eine große Moschee, welcher der *Dritte Zwilling* derer von Marrakesch und Sevilla ist, und werfen wenig später einen Blick über den Fluss auf das historische *Salé*, in dem König Mohammed VI. residiert. Naja, die beiden sind mir zwar ans Herz gewachsen, aber man hat es nicht immer leicht mit pubertierenden Mädchen, und letztlich werde ich sie doch noch los. Dies natürlich nicht, ohne ihre Handynummern anzunehmen, aber das mit unserem Date hätte mich dann wohl doch überfordert.

In der *Kashba* gibt es Ärger mit einem Führer, der kein Geld von mir bekommt, ich entwickle wieder einen ganzen Stapel Fotos (der einzige Luxus, den ich mir leiste) und kaufe am Abend noch so ein paar Sachen ein. Rabat ist ein guter Platz zum Einkaufen, und es ist eine Stadt, in der man selbst im Ramadan ein Bier bekommt. Aber nur eines, es schmeckt einfach nicht. Es ist aber auch eine sehr große Stadt. Ich bin an diesem Tag mit Sicherheit zehn Kilometer gelaufen und deshalb gegen 21 Uhr schon wieder im Bett. Gegenwärtig lese ich wieder in den *Briefen in die chinesische Vergangenheit.*

Der *Don Quichotte* liegt bis auf weiteres auf Eis. Ich brauche Urlaub vom *Don Quichotte!*

22. November: Rabat/Tanger

> „Verglichen mit Tanger, ist Sodom ein Gemeindepicknick und Gomorra ein Versammlungsort von Pfadfinderinnen."
> – *Robert Ruark*

In Marokko 13 Euro für ein Hotelzimmer zu bezahlen, wenn alle Unterkünfte in der gleichen Lage und zum Teil mit besserem Service nur fünf Euro nehmen, grenzt schon an Dekadenz. Aber ich habe nicht wohl abgewogen, sondern wollte unbedingt in diese Pension Muniria, besser bekannt als Tanger-Inn, und dort sogar in ein ganz spezielles Zimmer mit der Nummer 4. Warum, wollt ihr wissen?

Der Reihe nach. Ein aberwitziger Tag: Als der Manager meines Hotels an die Türe klopft, liege ich schon seit Stunden wach und starre an die Decke. Die Araber bauen unter meinem Fenster lautstark ihren Basar auf, meine Handwäsche ist glücklicherweise endlich trocken, und als ich vorhin aus dem Fenster sah, hatte doch tatsächlich einer versucht, mit einem langen Stock ein Paar meiner verlebten Socken vom Fensterbrett zu klauen. Manchmal wundert man sich schon sehr über dieses Volk.

Nachdem auch mein vierter in diesem Land gekaufter Wecker keine zwei Tage durchgehalten hat, habe ich es mir nun zur Gewohnheit gemacht, abends bei der Rezeption anzugeben, wann ich geweckt werden möchte. Jedenfalls weiß ich genau, dass es eben zum ersten Mal geklopft hat, und so gehe ich davon aus, dass es 9 Uhr ist. Ich habe also noch gemütlich Zeit, gehe mein morgendliches Geschäft verrichten, unterhalte mich mit zwei reisenden Mönchen aus Sri Lanka, packe mein Zeug zusammen und wasche mir die Haare über dem Becken. Eine Dusche hat es hier nicht, nur in der Nachbarschaft ein öffentliches Bad. Aber das spare ich mir guten Gewissens, immerhin fährt in zwei Stunden mein Zug nach Tanger, und dort rechne ich mit erhöhtem Komfort.

Schließlich betrete ich voll bepackt die Lounge des Hotels und frage entspannt nach der genauen Uhrzeit. – 11.25 Uhr. – Mir fällt die Kinnlade runter: In acht Minuten geht mein Zug, und wenn ich den nicht erreiche, fährt der nächste erst um 17.15 Uhr. Was gleichbedeutend damit wäre, am berüchtigten Bahnhof von Tanger erst gegen Mitternacht anzukommen. Unterwegs bekommt man ein Gespür dafür, was wirklich gefährlich ist, und ich stehe somit augenblicklich vor der Entscheidung, entweder den Versuch zu starten den Zug um 11.33 Uhr doch noch zu erreichen, oder eine weitere Nacht hier in Rabat zu verbringen, wo es mir nicht sonderlich gut gefällt. Während der Hotelmanager mit einem Ausdruck schlechten Gewissens in den Augen herumlügt, er hätte bereits dreimal versucht mich wach zu bekommen, verlasse ich also schleunigst die Lounge, haste über den Boulevard Muhammed V., entere ein *Petit Taxi* und überzeuge den Fahrer erst unterwegs, dass er das Meter einzuschalten hat. Sonst nähme ich ein anderes Taxi, sage ich. Natürlich ein Bluff, denn seine Uhr zeigt 11.21 Uhr.

Nach sieben weiteren Minuten sind wir am *Gare de Ville Rabat*, und ich habe, wie mir schon vorher klar war, nur eine letzte 200-Dirham-Note am Mann. Ebenso klar war mir aber auch, dass er nicht auf vier Dirham würde rausgeben können, und so prelle ich meinen ersten Marokkaner. Wie?

Improvisation: Die Uhr des Bahnhofsgebäudes zeigt 11.35 Uhr, ich gebe also an, schnell wechseln zu gehen, um dann mit dem Kleingeld zurück zu kommen. Sie vertrauen dir da völlig. Es kommt nicht vor, dass ein Tourist bescheißt. Viel zu gefährlich. *Big problems!* – Stattdessen kaufe ich mir an dem gottlob leeren Schalter ein Ticket, rase die Treppe nach unten und frage am Bahnsteig nach meinem Zug. Jemand deutet auf den, der sich gerade langsam in Gang setzt, und zu Hause hätte ich es aufgegeben. Hier hingegen ruft mir der Schaffner zu, ich solle aufspringen, und so zwänge mich durch die sich schließenden Türen.

Habe ich es doch noch geschafft: Jetzt bin ich also auf dem Weg zurück an die Straße von Gibraltar, nach Tanger, diesem geschichtsträchtigen Piratennest, das die Mauren „die ungläubige Stadt" nannten, in dem angeblich 25 Prozent der Einwohner bis heute keinen Pass besitzen und von dem ich mir schon allein durch das Straßenleben eine tiefgehende, intensive Zeit erwarte.

Truman Capote warnt: „Bevor du nach Tanger kommst, solltest du drei Dinge tun: Dich gegen Typhus impfen lassen, deine Ersparnisse von der Bank abheben und deinen Freunden Lebewohl sagen. Der Himmel weiß, ob man dich jemals wiedersieht." – Nach vier Wochen Marokko weiß ich, dass es ein Alptraum wird, über die Grenze nach Spanien zu gehen, aber es wird eine gute Geschichte geben. Auch dafür entwickelt man ein Gespür. Ich sehe mich als eine Art Kriegsreporter auf dem Weg nach Babylon.

Puh, das war knapp! Ich werfe meinen Rucksack in ein Abteil und frage: „This is the train to Tanger?" – Ein nett aussehender Junge meint trocken:

„No." – „Hä?" Ich bekomme fast die Krise! Wenn man in diesem Land in den falschen Zug steigt, dann ist man schnell 300 Kilometer weiter südlich in der Wüste, statt nördlich an der Grenze zu Spanien. Was macht man also in so einer Situation? Man sucht den Schaffner.

Auf meinem Weg durch den Zug spricht mich jemand an: „Sind sie Deutsch?" – Ich zucke zusammen: Sogar hier und jetzt, denke ich mir, einer dieser verdammten Hustler! Bei genauerem Hinsehen stellt sich aber heraus, dass es sich um einen jungen Gelehrten handelt. Man erkennt den Unterschied sofort: Hustler tragen dreckige Jeansjacken, stinken und haben kaum noch Zähne, dieser Marokkaner hingegen ist mit einem sauberen Pullunder bekleidet und trägt eine Brille. Hektisch erkläre ich ihm mein Problem, und auch er meint zunächst, ich befände mich im falschen Zug. Nach einer längeren Rücksprache mit seinem Freund, die sie freundlicherweise in perfektem Englisch abhalten, stellt sich dann aber doch noch heraus, dass es sich um den richtigen handelt und ich lediglich in etwa zwei Stunden umsteigen muss. Mir fällt ein ganzer Berg vom Herzen!

Ich lade die zwei also in mein Abteil ein, in dem zwischenzeitlich auch noch Miss Marokko Platz genommen hat; modisch ihrer Zeit voraus spielt sie mit dem Handy. Meine neuen Bekannten sind studierte Literaten, und nach wenigen Minuten stellt sich heraus, dass einer von ihnen seine Diplomarbeit über *The Catcher in the Rye (Der Fänger im Roggen)* von J. D. Salinger im Zusammenhang mit dem Mord an John Lennon im Speziellen und der Vita Salingers im Allgemeinen geschrieben hat. Das ist natürlich vollkommen mein Gebiet, und anscheinend führen sich zwei „Spezialisten" in kürzester Zeit gegenseitig blind in die gemeinsame Thematik, sei diese auch noch so exotisch. Sie bieten mir, besser: betteln mich an, ihre Gastfreundschaft in Anspruch zu nehmen, um an ihrem Sprachinstitut zu unterrichten und stellen dabei sogar eine Summe in US-Dollar in den Raum, mit der ich entschädigt werden soll. Aber natürlich muss ich ablehnen, wechsle den Zug in *Sidi Hacem*, Miss Marokko winkt mir hinterher, und die verbleibenden vier Stunden verbringe ich mit Lesen.

Es herrscht ein unsäglicher Wind, als ich den Bahnhof von Tanger erreiche, der etwa sechs Kilometer außerhalb der Stadt irgendwo in der Pampa steht. Irgendwann ist ihnen wohl das Geld ausgegangen. Von hier sieht Tanger aus, wie eine einzige Baustelle aus überdimensionalen roten und grauen Legosteinen. Nun, ich raffe meine ganze Entschlossenheit zusammen und wehre bereits in der Tür des Zuges vier Zahnlose ab, die sich darum streiten, wer meinen Rucksack tragen darf. Mein Gepäck zu berühren, das hat sich in ganz Marokko bisher noch niemand getraut. Der Reiseführer hat also recht: Hier bekommt das Problem mit den Hustlern noch einmal eine ganz neue Dimension; hier hängt das übelste Gesindel ab, das man sich nur vorstellen kann. Aber glücklicherweise kann ich auf eine inzwischen fast vierwöchige Erfahrung im Umgang mit diesen Menschen zurückblicken, und somit steht meine Einstellung felsenfest: Ich lasse mich nicht neppen! Keinen einzigen überflüssigen Dirham werde ich in dieser Stadt lassen! Die Hustler, von denen es nirgendwo auf der Welt so viele gibt wie hier, sind meine Feinde, und ich befinde mich im Krieg mit ihnen. William Burroughs schrieb 1955 über Tanger: „Noch nie habe ich auf einem Haufen so viele Leute ohne Geld und ohne Aussicht auf Geld gesehen." Seitdem hat sich die Situation wohl noch einmal erheblich verschlechtert.

Auf meinem Weg durch den Bahnhof werde ich übelst beschimpft. Wo sie an anderen Stellen mit einem freundlichen „Welcome to Morocco! Where are you from?" versuchen den Nepp zu eröffnen, heißt es hier: „America? Fuck you!" – Ich bedanke mich bei allen mit einem freundlichen und lauten „Shukran, Tanger!" (Danke, Tanger!).

Ein Taxifahrer, der scheinbar schon auf mich gewartet hat, raunzt zurück: „We call it Tangier, Gringo! Not Tanger.", und auch wenn er mich ganz wo anders hinbringen möchte, um seine Provision zu kassieren, so ist mein Ziel doch klar: das Tanger-Inn.

Für Leute, die an moderner amerikanischer Literatur, insbesondere an *Beat*-Poetik interessiert sind, ist dieses Hotel so eine Art spiritueller Ort, und auf der Marmortreppe des alten Hauses, ein bisschen im Stile spanischer Kolonialisten erbaut, frage ich nach Zimmer Nummer 4. So ein Glück, so ein Zufall! Tatsächlich: Als ob ich reserviert hätte, was ich eigentlich schon seit Tagen hätte machen wollen, ist der Besitzer gerade dabei, mir eben dieses Zimmer zu zeigen. Das Hotel ist mit mir komplett belegt, und nur noch dieses eine Doppelzimmer ist frei. Aber solche Sachen klappen immer irgendwie. Genau das meint das arabische Wort *Baracca*, und tatsächlich trage ich an diesem Tag den schlangenförmigen Armreif aus Imlil. Nun aber zum Eigentlichen. An dieser Stelle sollte ich erklären, was mich an diesem Zimmer so begeistert. Nur, wie fange ich das am besten an? – Ich weiß:

Fiesta, Ramadan und tote Helden: Ursprünglich wollte ich Jack Kerouacs Titel *On the Road* (*Unterwegs*) auch für dieses Buch verwenden. Dies in einer Art Hommage, denn hätte ich sein „literarisches Manifest einer Jugend" nicht gelesen, das laut Klappentext „inmitten der schlechtesten der Welten ein leidenschaftliches Bekenntnis zum glückseligen Leben ablegt", wäre ich wohl nie auf diese Reise gegangen und hätte somit dieses Buch nicht schreiben können. Etwa zeitgleich zur Lektüre von *On the Road* ereilte mich damals die Nachricht, dass die Grenzen Europas offen sind, dass es nur noch eine Währung geben soll, dass der ganze Kontinent unter Schmerzen zu einem politischen Ganzen zusammenwachsen wird, und von da an war mir klar, dass ich eine solche Reise machen würde. Der Gedanke von den „Vereinigten Staaten", der auch Kerouac begeisterte, war von nun an *mein* Gedanke.

Ich hatte mich bereits kundig gemacht, ob das urheberrechtlich möglich sei, und es wäre schon gegangen. Im Laufe der Überarbeitung dieses Buches kam ich aber aus verschiedenen Gründen davon ab, mir einen Titel „auszuleihen": Einerseits, weil man sich mit seinen Vorbildern niemals auf eine Stufe stellen, geschweige denn sich in ihrem Ruf sonnen sollte, und andererseits, weil mir erst gesagt und dann auch selbst bewusst wurde, dass dieses Buch einfach kein *On the Road* ist. Zwar handelt es sich in beiden Fällen um Reiseliteratur, und die Thematik, für das „unterwegs sein" als besonders schätzenswerten Zustand zu werben, ist nach meiner Intension schon deckungsgleich. Der Unterschied liegt aber neben meinen im Vergleich zu Kerouac nur begrenzten schriftstellerischen Möglichkeiten hauptsächlich darin, dass seine Bücher zu 98 Prozent aus Fiktion und zwei Prozent Realität bestehen, während es sich bei meinem Buch gerade andersrum verhält. Es ist und bleibt „nur" ein Reisetagebuch. Ein Reisebuch, das eines eigenen Titels bedurfte. – Lange Rede: Wie der Eingeweihte an dessen Rhythmik hoffentlich schon erkannt hat, blieb es dann doch bei einer Hommage: *Gammler, Zen und hohe Berge* hätte auch gepasst. Weitere Titel Kerouacs lauten *Be-Bop, Bars und weißes Pulver* oder *Engel, Kif und ferne Länder* – Kurzer Sinn: Es war mir ein Bedürfnis!

Auf dem Flur des Tanger-Inn funktioniert keine einzige Lampe, und die Türschlösser sind ausgefranst. Heute gibt es noch acht große Zimmer, jeweils mit kalter Dusche und ein Gemeinschaftsklo. Die Fenster schließen nicht, das Bad ist zwar sauber geputzt, aber ein gelber Belag im Waschbecken deutet auf Urinstein hin. Die Leute scheinen kein Interesse daran zu haben, etwas auszubessern, schließlich verdanken sie dem glücklichen Zufall, dass der Kult-Autor William Burroughs hier sein Meisterwerk *Naked Lunch* niedergeschrieben hat, die Tatsache, dass sie diesen Preis wohl verlangen können. Die Erklärung, was nun Kerouac damit zu tun hat, folgt ...

Tote Helden: Burroughs und Kerouac waren mit Allen Ginsberg die bekanntesten Vertreter der so genannten *Beat-Generation*, einer unorganisierten Gruppe junger amerikanischer Autoren, die in den späten Fünfzigern die Konservativität der hergebrachten Literaturwelt komplett in Frage stellten. Gregory Corso definiert den *Beat* in der Literatur folgendermaßen: „Indem man der Gesellschaft aus dem Weg geht, stellt man sich außerhalb der Gesellschaft, und außerhalb der Gesellschaft zu stehen, ist das Wesen des Beat."

Ein Markenzeichen der *Beat-Generation* war, dass sie übereinander schrieben, und wenn man anhand der wiederkehrenden Charakterzüge ihrer nur auf den ersten Blick fiktiven Helden nach und nach jedes Pseudonym durchschaut, dann wird die Lektüre ob des biographischen Hintergrundes noch einmal zusätzlich interessant. Am Beispiel *On the Road* sieht das folgendermaßen aus: Kerouac selbst ist *Sal Paradise*, Ginsberg heißt *Carlo Marx*, Burroughs ist der opiumsüchtige *Old Bull Lee* und Cassidy wird standesgemäß vom heimlichen Helden der Geschichte *Dean Moriaty* vertreten. Sie verteufelten sich gegenseitig für die Darstellungen ihrer Personen, aber auch dieser, nur auf dem Papier schonungslose Umgang miteinander ist typisch. Ginsberg stellte hierzu die Regeln auf: „Es soll keinen Unterschied geben zwischen dem, was wir niederschreiben und dem, was wir wirklich wissen, so wie wir es jeden Tag miteinander erfahren." – Ein gewaltiger Anspruch!

Es gäbe so viel über diese Clique zu erzählen, und wer sich tiefergehend mit der ergiebigen Materie beschäftigen möchte, der kommt um die beste Variante nicht umhin. Meine gute Freundin und hochgeschätzte Autorin „Mardou" betreibt unter der gleichnamigen Domain das größte deutschsprachige Internetportal zu diesem Thema.

Man kann aber auch noch ein bisschen abwarten, denn schon bald soll es einen biographischen Film *Beats* geben, in dem die Cobain-Muse Courtney Love die weibliche Hauptrolle spielen soll, und auch von *On the Road* wird immer mal wieder berichtet, die filmische Umsetzung befände sich bereits in Arbeit.

Die Beats in Tanger: Burroughs hatte einige Werke von Paul Bowles gelesen, einem der seinerzeit berühmtesten amerikanischen Autoren und seit den späten Dreißigern ständiger Einwohner von Tanger, gelesen. Er entnahm den Büchern, dass Tanger für ihn ein perfekter Platz zum Leben und Schreiben sein müsste, aber vor allem war er auf der Flucht vor den Behörden und brauchte ein sicheres Versteck. Was war passiert? Einige Jahre später erinnert er sich selbst an die Geschehnisse des 6. September 1951 in Mexiko-City:

„Ich nehme an, es ist Zeit für unsere Wilhelm-Tell-Nummer." In Wahrheit hatten er und seine Frau noch nie etwas in dieser Art versucht, Joan setzte sich aber trotzdem kichernd ein Wasserglas auf den Kopf. „Ich zielte ganz genau aus einer Entfernung von zwei Metern auf den oberen Rand des Glases", und es dauerte einen Augenblick, bis alle Anwesenden begriffen hatten. Sein Freund sagte in die Stille: „Bill, ich glaube, du hast sie getroffen", und Burroughs selbst schreibt: „... was mir durch den Kopf ging, war: Ich habe meine Frau erschossen; das ist furchtbar; aber ich werde über mich nachdenken müssen. Es war ein Unfall."

Was folgte, war eine Odyssee, die 1953 eben hier in Tanger in der Stadt enden sollte, die Burroughs in seinen Werken die „Interzone" nennt. 1954 schrieb er an Ginsberg: „Lieber Allen, (...) und fall bloß nicht auf den Scheiß vom angeblich abgeklärten Orient rein, wie ihn Bowles auftischt. Sie sind nichts weiter als eine Bande von tratschenden, geschwätzigen, einfältigen, stinkfaulen Erdenbürgern." – Er begann damit, sich Heroin zu spritzen, war bald restlos abhängig, und selbst seine Reiseschreibmaschine fiel der Sucht zum Opfer. „Ich tat absolut nichts. Acht Stunden konnte ich die Spitzen meiner Schuhe betrachten ..." Eines Tages, erst im März 1956, „... wurde mir plötzlich klar, dass ich nichts tat. Ich starb."

Burroughs ließ sich in eine Londoner Klinik einweisen, schaffte den Entzug, wusste nicht wohin, ging zurück nach Tanger und bezog dort das Zimmer Nummer 9 des Tanger-Inn, heute unglücklicherweise der Aufenthaltsraum des Hotelmanagers. „Ich hatte ein Zimmer, für das ich – mein Gott – 15 Dollar pro Monat zahlte, für ein hübsches Zimmer mit Blick auf den Garten der Villa Muniria mit einem großen bequemen Bett und einer Wäschekommode und einem Waschbecken und allem drum und dran und mit einer Toilette gleich auf dem Flur." Hier begann er damit, seine abgelegte Drogensucht schriftstellerisch zu verarbeiten, schrieb nun jeden Tag, trieb Sport und verbesserte die Beziehung zu seinem Schriftstellerkollegen Paul Bowles. Der erinnert sich: „In seinem Zimmer lagen Hunderte von gelben Blättern auf dem Boden verstreut, mit Fußabdrücken darauf, Rattenkot, Brocken alter Sandwiches, Sardinen, völlig verdreckt." Wenn eine Seite fertig war, warf er sie über die Schulter und begann eine neue.

Am 15. Februar 1957 traf Jack Kerouac ein. Burroughs: „In den vierziger Jahren war es Kerouac, der immer wieder davon anfing, ich solle doch schreiben und dem Buch, das ich schreiben würde, den Titel Naked Lunch verpassen (...) Als Jack 1957 nach Tanger kam, hatte ich beschlossen, seinen Titel zu verwenden und das meiste von dem Buch war bereits geschrieben." Kerouac war begeistert von dem was er da las, aber andererseits schockierte ihn der Zustand des Manuskripts. Während Burroughs wie ein Manischer weiter schrieb, sammelte er also die Seiten ein, nahm sie mit in sein Zimmer mit der Nummer 4, legte sie vermutlich auf genau diesen alten Tisch, an dem ich im Augenblick sitze, ordnete sie, tippte sie neu ab und brachte sie letztlich in die Form eines annehmbaren Manuskripts. Darüber hinaus gefiel es ihm aber nicht sonderlich gut in Tanger: „Ich habe nicht einmal genug Geld in der Tasche, um mir eine anständige Hure zu kaufen." Er trug sich mit dem Gedanken abzureisen.

Burroughs rief Allen Ginsberg zu sich: „Ich brauche dringend Rat, Lektorat, Mitarbeit ...", und der kam gerade recht, als Kerouac die Faxen endgültig dicke hatte. Jetzt war ihm auch noch sein geliebter Regenmantel gestohlen worden, und er entschloss sich, die Stadt unter Protest zu verlassen, während nun Ginsberg *mein* Zimmer bezog und an Kerouacs Stelle bei der Sortierung und Überarbeitung des Textes half. Als das Manuskript Ende Mai 1957 endlich fertig war, schrieb Ginsberg: „Es ist ein prächtiges Stück Schreibe. Die ganze Energie und Prosakunst Bills plus unsere Organisation, Säuberung und Struktur, jetzt hat es Kontinuität, ist entzifferbar und leserlich."

Schrieb es und blicke zweifelsohne durch genau dieses Fenster. Eine alte Palme versperrt nur spärlich den Blick. Europa ist ganz deutlich zu sehen, und zurück an der Meerenge, komme ich auch von dieser Seite nicht umhin, für einige Augenblicke innezuhalten und an meine Heimat zu denken. Mitte der Neunziger verbrachte ich mit meinen Freunden ganze Nächte am Westufer des Ammersees, und wir taten kaum mehr, als auf die andere Seite zu starren. Heute sind es die Lichter von Tarifa, und als ich vor einem Monat von dort aus Tangers Straßenbeleuchtung sehen konnte, hatte ich ja keine Vorstellung von dem, was sich auf der anderen Seite abspielt. Lange aufhalten kann ich mich auf diesem literaturhistorisch so wertvollen Boden zunächst aber nicht. Die Dunkelheit ist schon längst hereingebrochen, und mein Magen knurrt vom Ramadan.

Über zwei Treppen komme ich hoch zur menschenleeren Rue Pasteur. Nur die verlassenen Stühle der stilvollsten Straßencafés, die ich je gesehen habe, zeugen in diesem Moment davon, dass es sich hierbei um die Hauptstraße von Tanger handelt. Dort nehme ich, wie jeder Marokkaner, vielleicht sogar wie jeder Araber auf der ganzen Welt, in diesen Minuten, meine *Harira* ein, zahle mit 15 Cent den Preis der Einheimischen, und man fragt mich, ob ich nicht Lust hätte, dem lustigen Bingo-Abend heute beizuwohnen. – Bingo? Ist eher nicht so mein Ding. Aber einen Tee müsste ich mindestens mittrinken, meint ein vollkommen durchgeknallter, vielleicht fünfundvierzigjähriger Franzose mit albinoweißem Haar. Mir kommt eine der abenteuerlichsten Geschichten zu Ohren, die ich jemals gehört habe, und dann, mit gefülltem Magen: Nichts wie auf weitere Erkundungstour! Langsam füllen sich die Straßen wieder. Ich verabschiede mich höflich und ohne ein konkretes Ziel.

Nach etwa 50 Metern tritt mir ein glasklarer *faux guide* an die Seite. Ich mache ihm auf die sarkastische Art und Weise, welche man sich im Umgang mit ihnen angewöhnt, klar, dass ich mir vorgenommen habe, solchen Leuten wie ihm keinen einzigen Dirham mehr zu geben. Als er meint, er würde das voll und ganz verstehen und es genauso machen, füge ich auch noch gutgelaunt hinzu, dass ich mich auf den Streit am Ende unserer Führung jetzt schon freue: „No problems! No money!", sagt er. Weiterhin kläre ich ihn einmal mehr über die hiesige Rechtslage auf und frage ihn, warum er mich nervt und dabei Gefängnis riskiert, wo er doch angeblich gar kein Geld haben möchte. Zum Trotz sagt er, ich solle jetzt genau aufpassen und führt mich mit voller Absicht knapp an einem Polizisten vorbei. In jeder anderen Stadt Marokkos wäre er dafür sofort weggesperrt worden. Hier aber – tja, ich kann es nur so sagen – hier scheint die Polizei die Kontrolle weitestgehend aufgegeben zu haben. Dieser Teil der Touristen-Gesetze wird jedenfalls nicht mehr durchgesetzt, was nicht weniger bedeutet, als dass man für die Hustler zum Abschuss freigegeben ist.

Aber er scheint irgendwo auch nett zu sein, und zu diesem Zeitpunkt meinte ich, nur diesen einen Abend in Tanger zu haben. Also vertreibe ich ihn nicht, sondern lasse mir die Stadt zeigen und denke mir, wenn ich ihm dann, nach einigem Verhandeln, doch noch etwas gebe, dann wird er schon zufrieden sein. Auf diese Art bin ich jedenfalls vor anderen Führern sicher und erfahre die Details. Wir drehen eine Runde durch die sagenhafte Medina von Tanger, und ich rate wirklich niemandem dazu, bei Dunkelheit alleine dort reinzugehen.

Was Tanger aber ausmacht, ist die Vielfalt an Architektur, die sich über die letzten 600 Jahre hier angesammelt hat. Portugiesen, Spanier, Franzosen, Italiener, Afrikaner und Deutsche waren am Werk. Alles nur vom Feinsten: Jugendstil, Bauhaus, Art Deco. Aber alles auch unfassbar dreckig!

Um aber zu begreifen, was Tanger zu dem gemacht hat, was es heute ist, kommt man nicht umhin, etwas über seine Geschichte zu hören, wie sie mir ein wohlhabender, älterer Herr etwas später an diesem Abend im legendären *Grand Café de Paris* erzählt:

Die Interzone: Die auf die Steinzeit zurückgehende Hafenmetropole war zu allen Zeiten heiß umkämpft: Zunächst phönizisch, später karthagisch, um die Zeitenwende Teil der römischen Provinz Hispania, ab 682 arabisch, im Zeitalter der Seefahrer immer mal wieder Portugiesisch, Spanisch, Englisch oder Marokkanisch, einigte man sich schließlich im Marokko-Vertrag von 1912 auf eine gemeinsame „Internationale Zone". Spanien, Frankreich, England und Italien schwangen das Zepter, aber auch Deutschland, Holland, Portugal, USA, Marokko, Mauretanien und Algerien hatten irgendetwas zu melden. Wem dabei welche Kompetenzen zufielen, wussten sie damals wohl selbst nicht so genau, und deswegen erspare ich mir an dieser Stelle mit gutem Gewissen weitergehende Recherche.

Schmuggel wurde jedenfalls geduldet. Piraterie war üblich. Es war das Mekka für Agenten und Doppelagenten. Da es sich um keinen Staat handelte, brauchte man auch keinen Pass, um dort zu leben. Hier gab es mehr Gold als in der Schweiz, wer einen falschen Namen kaufen wollte, der war in Tanger richtig. Der alte Mann, der diese Zeit miterlebt hat, spricht hierbei von der „guten alten Zeit" und weiß auch davon zu berichten, dass die verschiedenen Länder in dieser Freihandelszone allesamt eigene feudale Botschaften unterhielten. Um all die Waren, die hier umgesetzt wurden, abfertigen zu können, musste der Flughafen mehrmals ausgebaut werden. Zu dieser Zeit gab es nur das Beste vom Besten, was die jeweiligen Nationen zu bieten hatten: Stoffe aus Afrika, Blumen aus den Niederlanden, nur die Delikatessen aus den jeweiligen Ländern, die feinsten Mäntel aus England. Ein annähernd deutsches Verwaltungssystem und die spanische Guardia Civil sorgten für Ordnung, ohne dass großartige, einheitliche Gesetze bestanden hätten. In dieser Zeit erkoren die Reichsten der Reichen und Weltstars Tanger zu ihrem Traumdomizil und bauten ihre großartigen Villen mitten in der Stadt. Jede in einem vollkommen anderen Stil! Billige Maurer, um die Pläne weltberühmter Architekten kostengünstig umzusetzen, gab es in Marokko zur Genüge. Es gibt ein schönes

Wort, das Tanger zu dieser Zeit vielleicht am besten beschreibt: „mondän", und wie schon erwähnt: Eigentlich müsste der Film „Tanger" heißen, und was wäre wohl passiert, wenn ... Ich sag' mal: alles wäre ganz anders gekommen.

Eines dieser Häuser baute auf den Rat von Gertrude Stein der schon angesprochene Schriftsteller Paul Bowles. Er kam Ende der dreißiger Jahre hier an und galt zeitlebens als Ur-Prominenter und Auslöser des ganzen Booms, denn er war es, der die Stadt in seinen Büchern so reizvoll schilderte. Seinen größten Berühmtheitsschub erlebte er, als kein Geringerer als Bernardo Bertolucci um 1990 seinen bekanntesten Roman *The Sheltering Sky* für Hollywood verfilmte. In den Hauptrollen damals: John Malkovich und Deborah Winger. Paul Bowles verstarb erst im November 1999 im Alter von 93 Jahren in Tanger. Obwohl er der bekannteste Mensch dieser Stadt war, nahm er bis zu seinem Ende vollkommen unbehelligt am Straßenleben teil. Mein alter Freund erzählt, eines Tages habe ihn der berühmte Autor zur Seite genommen und gesagt, ein großer Film käme in die Stadt. Bowles besorgte ihm einen wichtigen und gut bezahlten Job am Set. Er wäre dafür verantwortlich gewesen, die Dekoration der 20er-Jahre einzukaufen. So sei er angeblich mit Bertolucci und Malkovich, dessen Augen er niemals vergessen wird, oft eben in diesem Café gesessen, um alles zu besprechen.

Eine weitere Mega-Reiche, auf die man hier sehr stolz ist, war die ebenfalls noch gar nicht so lang verstorbene Barbara Hutton, eine Woolworth-Erbin. Des Jet-Sets müde, schiffte sie sich mit ihrem spektakulären silbernen Rolls Royce nach Tanger ein. Ihre Villa mitten in der Medina wird noch heute von den Überlebenden der ursprünglich neun Cockerspaniels bewohnt (für jeden Ex-Mann einen). Mrs. Hutton muss sehr beliebt gewesen sein, da sie zeitlebens immerzu gegeben hat. Sie baute Schulen, Krankenhäuser und Kindergärten. Als sie starb, hatte sie gerade noch 3000 Dollar auf ihrem Konto. Es gibt eine Fernsehserie mit dem Namen *Rich poor girl*, die in Tanger gedreht wurde und ihr Leben dokumentiert.

Es ist also wahr: Nichts ist anziehender als ein schlechter Ruf, denn auch die weitere Liste an illustren Namen, die Tanger in dieser Zeit schmückten, ist beeindruckend. Den Anfang machten Mark Twain, Rudolfo Valentino und Josephine Baker in ihrem Lendenschurz aus Bananen. Dann kamen Bowles, in seinem Sog die *Beats* und noch viele weitere Künstler, die es hier krachen ließen: Ein Foto zeigt Marc Genet neben Basquiat am Tresen von *Guitta's Restaurant*, Tennessee Williams schnupfte bei Truman Capote zu Hause Kokain...

Aber ich kann hier unmöglich all das wiedergeben, was mir der alte Mann dazu erzählt hat, zumal dies nur der erste Teil unseres Gespräches war. „Wir waren bestimmt die schlechtesten Menschen der Welt, und vielleicht sind wir es immer noch, aber wir können nichts dafür, ... stell dir nur mal vor: Schon der heilige Franz von Assisi hat mit uns geschimpft: O Tangis, o dementa Tangis!" – Tanger, oh geistesschwaches Tanger!

1956, mit dem Ende des französischen Protektorats und dem Beginn der damit einhergehenden Unabhängigkeit Marokkos, war es schließlich auch mit Burroughs' Interzone zu Ende. Und natürlich hatte die neue Regierung eigentlich schon ein Interesse daran, das Großkapital zu halten. Dieses vertrug sich aber noch nie wirklich gut mit Zöllen, festgeschriebenen Wechselkursen und überhaupt Gesetzen jeder Art, und so ging es schnell bergab. Der Spaß war vorbei! Es hatte sich ausgefeiert.

Wir waren an der Stelle stehen geblieben, als ich und mein falscher Führer in den engen Gassen der Medina untergetaucht sind. Auf unserem Weg lasse ich mich wie immer ausfragen. Inzwischen habe ich mir aber, sollte ich überhaupt mit diesen Leuten reden und nicht auf taubstumm machen, eine Legende zugelegt. Hier gibt es keine Regeln, was Ehrlichkeit betrifft, und irgendjemand zu Hause hat mich mit den Worten verabschiedet: „Mach immer das, was die anderen machen." – Also lüge ich hier unten die Balken vom Himmel und habe inzwischen Übung darin: Nachdem ich aber schon zweimal aufgeflogen bin, halte ich nun an einer Legende fest, die auch an diesem Abend nun schon zum dritten Mal halten sollte: Ich bin Pjotr aus der lettischen Hauptstadt Riga, „which is a part of the former Sowjet Union and a very, very, very poor and cold country. Even more poor than Morocco. And very cold!", studiere Literaturgeschichte, bin verheiratet, habe unglücklicherweise schon zwei Kinder und kann mir kein anderes Urlaubsland als Marokko leisten. So hat man entscheidende Vorteile: Wenn sie von Anfang an glauben, dass man kein Mitteleuropäer ist, dann wollen sie zwar immer noch so viel Geld wie möglich aus einem herausholen, geben sich aber zumindest schneller mit etwas zufrieden.

Man muss nur aufpassen, dass man sich nicht verplappert, wie es mir schon zweimal zuvor passiert ist. Einmal hat mich einer auf Deutsch getestet, und ich hatte ihn dummerweise verstanden und kam aus der Nummer nur insofern wieder raus, dass „wir aus der Ukraine alle deutsch können." Ein zweites Mal wusste ich die Hauptstadt von Litauen nicht, mein Führer aber schon: Vilnius. Blöd sind sie nämlich nicht, die Jungs. Jede Information, die sie von den Touristen bekommen und die sie unter Umständen irgendwann einmal brauchen können, wird gespeichert. Die Jungs sind so ausgefuchst! Über die Balkanstaaten allerdings wissen sie genauso wenig wie wir. Durch Improvisation kommt man aus solchen Situationen aber immer wieder heraus, und wie schon einmal ausgeführt: Angelogen zu werden, ist für den Marokkaner keine Beleidigung, sondern vollkommen normal. Sie meinen dann eher anerkennend: „Sehr clever, du bist also wirklich schon länger in diesem Land", was wiederum äußerst ehrlich ist.

Zunächst zeigt mir mein „kostenloser Führer" Mrs. Huttons Haus, erzählt stolz, dass sein Vater damals mitgeholfen hat, ein paar Torbögen und Straßen einzureißen, als sich das Problem mit ihrem Royce stellte. Als wertvollster

Gegenstand der Stadt wurde er von allen geschützt. Um eine Ecke befindet sich das *Rolling Stones Café* in dem vor etwa 30 Jahren die gleichnamige Band ihr Unwesen trieb. Wir treten ein, mein Führer erlaubt mir einen Tee zu bestellen und holt den Wirt an unseren Tisch. Der Siebzigjährige hat die Ruhe weg und deutet auf einige Fotos an der Wand, die ihn mit den Stones, aber auch John Lennon, Burroughs, Ginsberg, Bertolucci und Jon Malkovich zeigen. Kinski wäre noch hier gewesen, von dem hätte er aber erst später erfahren, dass er berühmt gewesen wäre. Er hätte ihn rausgeworfen, weil er sich mit dem ganzen Lokal laut schreiend angelegt hätte, spult er seine Standard-Rede für Touristen runter.

Der Wirt möchte zwar kein Geld für seine kurze Rede, teilt mir aber reichlich deutlich mit, dass mein Führer zwar ein guter, aber „very, very poor man" wäre. Er hätte drei Kinder! Also geht es langsam los. Ich warte schon ein paar Minuten darauf, dass die gute Stimmung allmählich umschlägt. Wir gehen weiter. Langsam wird er ungeduldig und meint wohl schon zu viel Zeit mit einem Menschen aus Litauen verbracht zu haben. Ich hingegen sage ihm immer wieder, wie toll ich das fände, dass er diese Führung kostenlos veranstaltet und dass gerade die armen Menschen der Welt zusammenhalten müssen. Eigentlich sollte man sich dafür schämen, aber damals hatte ich einen fürchterlichen Spaß dabei. Hierbei zu grinsen ist kein Problem, schließlich grinsen sie auch die ganze Zeit. Meinen Abschluss in Schauspiel habe ich nach Tanger jedenfalls hinter mir, und mein nächstes Berufsziel lautet Doppel-Agent! ☺

Er schleppt mich noch schnell an einigen Kanonen und der Villa des Milliardärs Malcolm Forbes vorbei, und als wir tatsächlich wieder am Ausgangspunkt angekommen sind, bedeutet dies, dass unsere Führung beendet ist und gleichzeitig die Preisverhandlungen eröffnet sind. Er möchte für die zugegeben hochwertige Führung zunächst 100 und später 50 Dirham. Aber mein Standpunkt steht weiterhin fest: Ich lasse mich nicht verarschen! Ich hätte ihm 20 gegeben, aber als wir uns nicht einigen können, artet das Ganze in einen lautstarken Streit auf offener und, wie ich es hindrehen konnte, hellbeleuchteter und belebter Straße aus. Stark komprimiert lief unsere Meinungsverschiedenheit so ab:

„And now, Mister Pjotr, my friend, the tour is finished and my children are hungry."

„Yes, very nice, Mister Sahid, my friend. You were very friendly. Can I ve you a little bit? "

„A little bit !?!?" – schon jetzt wird er laut. Wie schon gehabt, wirft er das Geld auf den Boden und spuckt darauf, bevor er es wieder aufhebt und mir demonstrativ unter die Nase hält:

„This is no money! Hey man, what is better? To guide people, help them, look for them, or wait for them after the next corner with a knife! This is my job, man!!! And my children are hungry. Give me 100 Dirham!"

„Come on, I thought you were one of the fair ones. But you're a liar like all the other ones. And I told you, that I don't want your illegal guiding, like I told it 100 illegal guides before. And I, I don't have so much money, like you want. In my country 10 Dirham is a lot of money, but you, you throw this coin away… you must be a very rich man, my friend! For 10 Dirham I can buy here a whole meal in a restaurant… think about you! What is the problem in your brain, my friend? Shame!"

„Fuck you! Gimme 50 Dirham! Last price!"

„Gimme my 10 Dirham back!"

So geht das eine Zeit lang, und ich sollte auch diesmal die Nerven behalten. Ein Polizist steht etwa 100 Meter entfernt und beobachtet uns aufmerksam. Burroughs schrieb hierzu: „Bei einer Auseinandersetzung mit einem Araber ist man als Amerikaner automatisch im Recht. Das gefällt mir, und ich nutze es nicht aus (...). Es ist schön zu wissen, dass die Polizei auf deiner Seite ist, wenn du Ärger hast." Ich gehe mal davon aus, dass dem prinzipiell noch immer so ist, und dass ich nur zu dem Polizisten hätte gehen oder mit ihm drohen müssen. In jeder anderen Stadt hätten sie diesen Freak jedenfalls schon längst weggesperrt. Dies ist einer der vielen Unterschiede zwischen Tanger und dem restlichen Marokko. Tanger ist vollkommen anders.

Schließlich ist es der Besitzer des Obstladens, vor dem wir streiten, der zwischen uns geht, dem Kerl nochmals zehn Dirham in die Hand drückt und meint, er würde mir den Hustler vom Halse halten. Zunächst noch streitend und zu dritt und irgendwann nur noch ich und der Obstladenbesitzer verlassen wir die Medina von Tanger. Kurzzeitig meine ich fast, dass der jetzt mein nächster falscher Führer ist, aber er entschuldigt sich nur tausendmal für seine Landsleute und ist abgrundtief traurig, dass alle Touristen durch sie einen so schlechten Eindruck bekommen. Ich beruhige ihn und meine, dass ich gar kein so schlechtes Bild hätte. Ich wäre zwar erst fünf Stunden hier und hätte mich trotz Ramadan schon mit einigen von dieser Sorte gestritten, ansonsten fände ich Tanger aber äußerst beeindruckend und bin ja auch schon einiges gewohnt. Außerdem wohne ich in diesem ganz speziellen Hotel, er solle sich keine Sorgen um meine Gemütsverfassung machen, ich hätte hier schon eine gute Zeit. Darauf meint er freudestrahlend, er würde mir jetzt den Weg zum Grand Café de Paris zeigen. Das wäre das Beste, was Tanger heute noch zu bieten hätte, und dort verbrachte ich ja wirklich ein paar herrliche Stunden. Eigentlich wollte ich an meinem Reisetagebuch schreiben. Der noble alte Mann, der mir die schon ausgeführte Geschichte von Tanger erklären sollte, lässt mich aber nicht. Er ist begierig, mir sein Wissen mitzuteilen, und ich höre ihm mehr als gerne zu, da er meine bewussten Wissenslücken über Marokko zu füllen versteht und darüber hinaus noch viel mehr zu erzählen hat.

Und ich würde lügen, wenn dieser Tag damit zu Ende wäre. Kurz vor Mitternacht komme ich auf den ehemaligen Prachtboulevard an der Hafenstraße.

Was sich Tanger bewahrt hat, ist das hervorragende Essen rund um die Uhr, und so gibt es ein letztes Mal leckeres Seafood für wenig Geld. Diesmal aber nicht eher lustlos zubereitet, sondern in leckersten französischen Soßen und reichlich garniert. Ein Teller mit verschiedenem Fisch, Hummer, Krabben, Langusten und Tintenfisch, auf einem herrlichem Salatbett. Ich glaube, noch nie in meinem Leben so gut gegessen zu haben, und dabei hatte ich bei dem Preis nur mit einer Kleinigkeit gerechnet. Zwei Hustler stehen mit toten Augen auf der Straße und warten, dass ich heraus komme. Ich aber bleibe lange in dem Restaurant und komme nun endlich dazu, zumindest stichwortartig die Ereignisse dieses Tages aufzuschreiben. Die Ober lesen mir jeden Wunsch von den Lippen ab. Zigaretten darf man sich hier nicht selbst anzünden. Das wäre fast schon eine Beleidigung, und dieses Lokal ist nur eines von vielen auf diesem Niveau. Schlechtere findet man kaum. Die Einheimischen lächeln mich an und sehen in mir vielleicht einen zweiten Paul Bowles, ich weiß es nicht; weiß nur, dass ich nichts weiß und irgendwie passt es hervorragend, dass ich an diesem letzen Abend hier meinen Koran liegen lasse.

Im Fernsehen verbreitet der arabische Nachrichtensender *al-Jazira* sicherlich Propaganda in der umgekehrten Richtung, ist aber deutlich gegen die Taliban eingestellt. Sie zeigen Bilder und nennen Fakten, wie ich sie auf *CNN* oder bei *Spiegel-Online* nie erfahren habe. Bin Laden ruft in der wohl zweihundertsten Wiederholung zum Heiligen Krieg gegen mich auf, doch der Ober reicht mir einen kleinen Teller mit Honigmelonenstückchen.

Irgendwann verlasse ich das scheinbar rund um die Uhr geöffnete Lokal, aber noch immer warten einige der lebenden Toten auf mich. Sie pfeifen auf dem letzten Loch, und mit normalem Gang ist es überhaupt kein Problem, sie auf den vielen zusammengefallenen Treppen dieser Stadt abzuschütteln. Ein beklemmendes Gefühl bleibt trotzdem, und schließlich „begleiten" mich noch drei kerngesunde Jugendliche und möchten viel Geld dafür. Die Tür des Hotels fällt vor ihren Nasen ins Schloss, ich schleppe mich die Treppe hoch, betrete mein Zimmer mit der Nummer 4 und schlafe tief und fest. Das war ein guter Tag, ob ihr mir das nun glaubt oder nicht.

23. November: Tanger. Heute dürfte es leichter werden. Ich werde die Stadt bei Tageslicht erkunden, und es gibt ja auch ein paar Dinge, die zu erledigen sind. So muss ich das Ticket für die morgige Überfahrt nach Spanien besorgen, und natürlich möchte ich nicht ohne Fotos aus Tanger zurückkommen. Meinen fünftägigen Ramadan beende ich. Da ich hier mit der Bevölkerung in eher unangenehmem Kontakt stehe, brauche ich auch nicht künstlich auf sie Rücksicht nehmen.

Es wird zur Routine: Ich stelle mich taubstumm, lasse mich ohne Kommentar als Gringo beschimpfen, weiche ihnen aus, wo es geht; und wo nicht, drehe ich versteinerten Blickes vor ihnen um. Ein 15-jähriger Schuhputzer sitzt eine Zeitlang vor mir, bettelt mich an, für 20 Cent meine Schuhe putzen zu dürfen, und will nicht mehr gehen. Weil keine Reaktion kommt und ich ganz cool weiterschreibe, nimmt er schließlich mein leeres Feuerzeug vom Tisch und fragt, ob er wenigstens das haben könnte. Ich zeige ihm den „Wischiwaschi", und er verabschiedet sich untertänig. Es ist zum Verzweifeln.

Und trotzdem habe ich einen guten Tag, denn ich bin kaum auf der Straße, sondern halte mich in den Cafés auf, die jedes für sich eine Legende und ein Wunder an Stil sind. Ich sage nur: Klavier live 24 Stunden am Tag im *Café Central*. An dessen Wänden hängen viele Fotos, unter anderem mit Thelonious Monk. Dort lasse ich mich verwöhnen, versuche zumindest Bruchstücke von dem, was ich in Marokko erlebt habe, handschriftlich zu Papier zu bringen und beschäftige mich auch mit der Frage, was gerade diesen Ort so lebenswert machen soll, dass so viele Stars hier wohnten und zum Teil immer noch wohnen.

Und ich bin zu dem Schluss gekommen, dass sich Tanger verändert hat. Damals war die Stadt reich, seit sie aber wieder zu Marokko gehört, ist sie auf einem fürchterlich absteigenden Ast. Die Reichen sind tot oder weggezogen. Defakto lebt seit Bowles Tod keine einzige Berühmtheit mehr in dieser Stadt. In den Cafés ist kaum noch etwas los, alles verfault und verdreckt, und bald wird auch der Mythos verloren gehen und Tanger einfach nur noch als ein Rattennest gelten. Wenn ich meinen aktuellen Reiseführer mit dem alten von Hubertus vergleiche, dann lässt sich diese Tendenz mehr als deutlich erkennen. Die Europäer, die heute noch hier leben und die ich gesehen habe: *Noch nie habe ich auf einem Haufen so viele Leute ohne Geld und ohne Aussicht auf Geld gesehen.* Ein Spanier kann es hier machen, weil er nicht besonders auffällt. Vielleicht auch noch ein Franzose, aber ein Blonder mit blauen Augen, wie ich: Nein, das ist definitiv kein Platz zum Leben.

Erst nach der Dämmerung mache ich meinen Frieden mit Tanger, und an meinem letzten Abend in diesem Land kommt es zu der ganz am Anfang dieses Kapitels angesprochenen Begegnung mit dem Hustler, der gar keiner war. Der etwa 50-Jährige, den ich auf den ersten Blick nicht einordnen konnte, der aber die Hustler-Merkmale „auf der Straße ansprechen" und „begleiten" erfüllte, stellte sich später als Englisch-Dozent an der Universität von Casablanca heraus. Leider habe ich ihm die Lettland-Legende reingedrückt, wir konnten im Folgenden also nicht vollkommen frei kommunizieren.

Jedenfalls sitzen wir in den ersten beiden Stunden nach Sonnenuntergang auf einer Mauer, schauen in Richtung Europa und philosophieren über das Land und seine großen Probleme. Die letzten Fragen, die ich noch habe, kann er mir beantworten, gehen nun aber wirklich zu sehr ins Detail. Im Endeffekt geht es hierbei um die Verfassung dieser konstitutionellen Monarchie und um Probleme, die nur Juristen und höchstens noch Politologen interessieren. Mein Bild von diesem Land fügt sich nun zusammen, und mit dem letzten Abend meine ich, es nach fast einem Monat nun verstanden zu haben. Ich erfahre vieles über die Sicht gebildeter und gemäßigter Moslems zum 11. September, und letztlich meint er, dass es der 11. September war, der Tanger verändert, den letzten Mythos zerstört und für mich so brutal gemacht hat: Es wären nur einige wenige Jungs in der Stadt, die Probleme machen, vielleicht 200 unter 700.000. Im Normalfall würden hier um diese Zeit 100.000 Amerikaner und Europäer überwintern, nach dem 11. September allerdings hätten viele ihre Häuser bereits verkauft, und der Tourismus ist die einzige Einnahmequelle dieser nun sterbenden Stadt. Es gäbe keine Industrie oder ähnliches, die Ladenbesitzer gingen Bankrott, der Stadt fehle es bereits jetzt am Geld die Straßen zu reinigen, die Polizisten zu bezahlen und Kläranlagen weiter zu betreiben. Tanger würde langsam aufgegeben. Sämtliche Bauprojekte sind gestoppt.

Und der König hätte hundertmal mehr Geld als nötig wäre, um Tanger zu sanieren, aber genau das wäre der Unterschied zwischen einer echten Demokratie und einer echten Monarchie. Dort, wo in Deutschland groß das Coca-Cola-Emblem hängt oder wo noch vor wenigen Jahren der Marlboro-Man herunter grüßte, da winkt in Marokko König Mohammed VI. von jeder Plakatwand. An jeder großen Straße: Mal im Militärlook, mal im Fußballdress und dann wieder in Anzug und Krawatte. Der König wird nächstes Jahr die schönste Frau Marokkos heiraten, aber Hilfe sei von ihm für diese Stadt mit Sicherheit nicht zu erwarten! Er mag Tanger nicht.

Und die eigentlich nur 200 illegalen Führer, die sich hier rumtreiben, sind inzwischen fünfmal mehr, und sie leiden wirklich Hunger. Momentan käme ein Führer auf einen Touristen, von denen sich aber die meisten deswegen auf ihren Zimmern versteckten und somit auch nicht kaufen würden. Das wäre ganz genau mein Problem in dieser Stadt. In der Tageszeitung seien Statistiken abgedruckt gewesen, welche die illegalen Führer mit den Touristen ins Verhältnis setzen. Noch am 11. September hätte es ein Hustler nötig gehabt, sich mit 5000 Touristen zu messen. Heute seien es 1000, die sich so weit herunterlassen müssen und das Verhältnis wäre ex equo, wobei sich die Zahlen allerdings ganz langsam schon wieder verbessern. Tatsächlich wüsste die Stadt nicht, wie es weitergehen soll. Wenn sich das Verhältnis zwischen der westlichen Welt und Marokko nicht bald wieder verbessert, dann geht Tanger unter. Er vertritt die Ansicht, dass Mohammed VI. Marokkos letzter König sein wird: „Sie werden ihn vertreiben; sie haben genug von der Monarchie."

Auf dem Nachhauseweg treffe ich zwei amerikanische Frauen. Sie bitten mich, sie zu begleiten und natürlich tue ich ihnen diesen Gefallen, schließlich bin ich ja selbst froh darüber. Zu dritt gelingt es uns, die Hustler, die ich nun mit ganz anderen Augen sehe, leidlich abzuwehren. Sie erzählen, heute von Algeciras angekommen zu sein und dass sie morgen auch schon wieder zurück nach Europa wollten, weil sie hier keinen Fuß auf den Boden brächten. Ich glaube, ich konnte sie davon überzeugen, das sein zu lassen und stattdessen weiter in den Süden zu fahren. Denn so kann es nun wirklich nicht gehen. Warum ich das erzähle? Weil ich es als eine Pflicht erachte, zu sagen, dass Frauen (alleine) meiner Meinung nach wirklich alles machen können, aber Tanger? Überlegt euch das gut!

Meine letzte Nacht in Marokko beginne ich damit, das Zimmer nach Spuren der toten Helden zu durchsuchen. Außer relativ aktuellen Notizen von Fans auf den Rückseiten der Bilder, findet sich aber nichts. Ich bin müde. Marokko hat mir alles abgefordert.

Mann, alles geht den Bach runter!

Spielende Kinder in der Medina von Tanger

Oben: Die letzte Ortschaft vor dem Gipfel des Toubkal, Sidi Camharouch, mit Ortsschild (2600 m).

Links: Das Baby-Dromedar „Pele" in der Ortschaft Diabat bei Essaouira

Unten: Auf dem Weg von Essaouira nach Sidi Kaouki. Im Vordergrund Miwa und Hubertus. Am Horizont: Claude

Teil III
Richtung Norden

„Wer ununterbrochen fortschreitet,
steht sein halbes Leben auf einem Bein."

Altchinesische Weisheit
Herbert Rosendorfer („Briefe in die chinesische Vergangenheit")

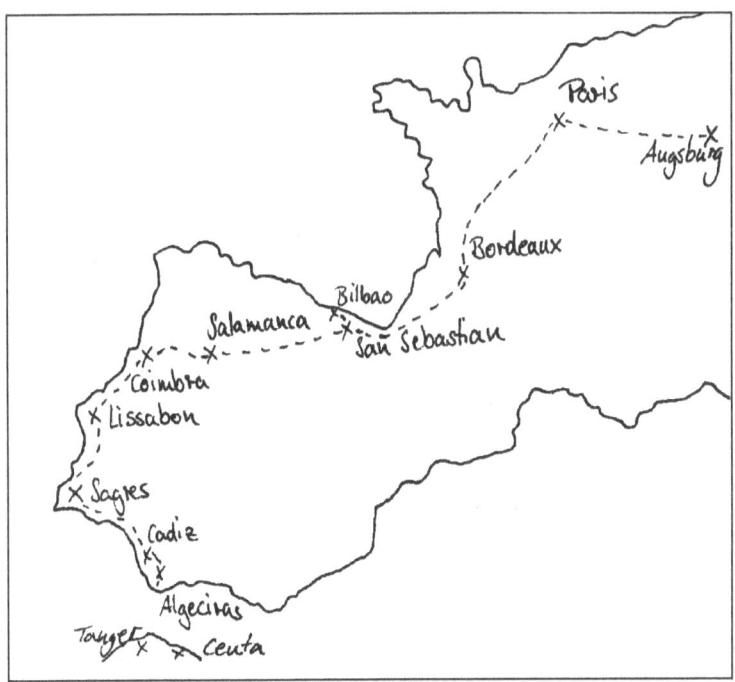

Oben: Cadiz – Die Andalusier in ihrem sonnigen Winter

Links: Ein Grab auf dem Prominenten-Friedhof Père-Lachaise in Paris

Unten: „El Astronauta" – eingearbeitet in das Portal der Uni von Salamanca

Ein guter Platz zum Schreiben
– *von Tanger nach Cadiz* –

Um mich selbst zu zitieren:
„Zum ersten Mal überkommt mich ein Anflug „afrikanischer Gefühle". Ich kann das noch nicht näher bestimmen, weiß aber genau, dass auf der anderen Seite der Straße von Gibraltar noch viel mehr davon ist."

So findet es sich in diesem Tagebuch am 31. Oktober. Damals stand ich auf den Mauern des El Castillo, ließ meinen Blick über das nahe Rif-Gebirge auf der anderen Seite des Meeres schweifen, und spätestens in diesem Moment war klar, dass ich dort drüben mein Glück versuchen würde. Also fuhr ich zurück in mein Hotel, beugte mich ein vorerst letztes Mal über meinen Schreibtisch, der in diesem Fall ein Nachtkästchen war und reimte mir etwas von „afrikanischen Gefühlen" zusammen. – Aber war das wirklich Afrika? So ganz sicher bin ich mir da ehrlich gesagt nicht ...

In einem Plattenladen in Essaouira hängt ein beeindruckendes Poster mit dem Titel „Lichtverschmutzung – Die Welt bei Nacht". Es handelt sich hierbei um eine hochauflösende Satellitenaufnahme, auf der man die nächtliche Beleuchtung des gesamten Erdballs bestaunen kann: Vor allem die komplette Ostküste der USA stellt sich als größte zusammenhängende Lichtquelle heraus. Die Leuchtkraft Japans ist stark komprimiert, und bereits an dritter Stelle folgt Europa. Immer noch derart hell, dass man schon genauer hinsehen muss, möchte man in diesem Lichtermeer Städte wie London, Paris, Madrid oder Berlin erkennen. Bemerkenswert ist auch noch Moskau, das offensichtlich über drei große Zufahrtsstraßen (oder vielleicht besser: Handelswege) verfügt, die sternförmig davon abgehen und durch die Randbebauung als zusammenhängende Linien sichtbar werden. Eine dieser Straßen führt nach Istanbul, die zweite nach Berlin und eine dritte durch ganz Asien, also um die halbe Welt, bis ins tiefste Sibirien. Auch Skandinavien und Indien sowie die Küsten Südamerikas strahlen bei Nacht noch gut beleuchtet in den Weltraum hinaus.

In Afrika hingegen gibt es nur an drei, eigentlich gar nicht ins Gewicht fallenden Stellen Licht: Ganz im Süden um Johannisburg, am Suez-Kanal und genau dort, wo ich war: im äußersten Norden des Kontinents. Der Plattenverkäufer in Essaouira zeigte stolz auf diesen allerletzten hellen Flecken nördlich der Sahara und erklärte mir, dass Marokko ein für afrikanische Verhältnisse absolut hochentwickeltes Ausnahmeland darstellt. Sein ursprünglicher arabischer Name „el maghreb el aqsa" bedeute so viel wie „das Land, das am weitesten im Westen liegt".

Damit wollte er zum Ausdruck bringen, dass er an einem Ort lebt, der den letzten Außenposten der Zivilisation darstellt. Und wenn ich mir das Foto noch einmal anschaue (der entsprechende Internet-Link findet sich im Anhang), dann komme ich nicht umhin festzustellen, dass er mit dieser Beobachtung voll und ganz recht hatte: Alles weiter unten, die komplette südliche Halbkugel Afrikas und die halbe nördliche noch dazu, befinden sich in einem riesigen schwarzen Loch. So groß, dass ganz Europa schätzungsweise zwanzig mal hineinpassen würde.

Wenn man die Sache also im wahrsten Sinne des Wortes global betrachtet, dann ist dort, wo ich war, nicht wirklich Afrika, und dementsprechend ist auch der Tagebucheintrag von den „afrikanischen Gefühlen" zu relativieren. Es war aber auch nicht nur eine Floskel, und damit es keine sinnfreie Worthülse bleibt, versuche ich, wie am 31. Oktober versprochen, es nun nach meinem kurzen Aufenthalt doch noch in Worte zu fassen: Afrika fühlt sich tiefgehend, schmerzhaft und schwer an. Aber auch hellwach, rhythmisch, pur, gesund und unverfälscht. – Mir ist von meinem kleinen Eckchen Afrika schon einiges geblieben. Es hat auch viel mit der Musik zu tun, und wer versuchen möchte, es zu verstehen, dem gebe ich einen der bekanntesten Künstler des gesamten schwarzen Kontinentes an die Hand: Salif Keita aus Mali. Eines seiner schönsten Lieder heißt „Tomorrow".

24. November: Tanger/Algeciras. So schwer, wie ich dachte, ist es dann doch nicht, durch den Hafen von Tanger auf die Fähre zu gelangen. Die wenigen Hustler, die so früh schon auf den Beinen sind, versuchen zwar ihr Bestes, stellen sich wie Slalomstangen vor mir auf, als ich sie aber mit einer winkenden Handbewegung zusammenrufe und ganz freiwillig meine letzten Dirham gerecht unter ihnen verteile, gestaltet sich der Abschied fast schon versöhnlich. Einer wünscht mir sogar viel Glück für mein weiteres Leben ...

Das sich folgendermaßen anlässt: Auf der Fähre versinke ich sofort in tiefen Schlaf. Marokko hat mich offensichtlich ausgelaugt. Erstmalig träume ich in englischer Sprache. Von einem Wüstenstamm, der plötzlich aus der Ferne ein wimmerndes Geräusch sehr schnell lauter werden hört und im nächsten Augenblick von einer Rakete mit automatischer Zielerfassung zu einem Haufen Knochen zusammengeschmolzen ist. Von zwei Überlebenden: einem kleinen Mädchen mit verbranntem Gesicht und einem schreienden Kamel, dem die Vorderbeine weggesprengt wurden. Von wahnsinnigen Mächtigen, die sich auf der anderen Seite des Erdballs freudig auf die Schenkel klopfen – und dann von der wunderbaren Landschaft eines weiten Landes irgendwo in Idaho, Nebraska oder Wyoming.

Geweckt werde ich schweißüberströmt erst drei Stunden später im Hafen von Algeciras. Es folgen die obligatorischen Drogenkontrollen, ein letztes Mal schneiden sich die ungepolsterten Griffe der zu einem Rucksack zweckentfremdeten Reisetasche schmerzhaft in meine Schultern, weiter geht es über zwei Straßenzüge durchs Araberviertel dieser Stadt, und der große Spannungsmoment fällt unspektakulär aus: Alle Heiligen vom Himmel herunter betend, biege ich in die Straße meines Hotels – und da steht er: Mein Benz! Unbeschadet, vollkommen verdreckt, samt Wackel-Elvis und schöner denn je! Mir ist schlecht.

Rückblickend war es also die richtige Entscheidung, das Auto hier stehen zu lassen. Allein die Passage hätte schon 150 Euro gekostet, und wenn ich das marokkanische Benzin zu deutschen Preisen und alles weitere mit einberechne, dann kann ich nun sagen, dass ich mir viel Geld und vor allem jede Menge Nerven gespart habe. Das öffentliche Verkehrssystem lässt in Marokko schließlich nichts zu wünschen übrig, und mit dem Wagen ist es wohl gefährlicher. Jede Art von Eigentum oder Wohlstand ist dort unten gleichbedeutend mit Stress, und andererseits sollte man die Leute auch nicht provozieren. Wenn jemand sein Auto also für längere Zeit an der Straße von Gibraltar abstellen möchte, dann sollte er das prinzipiell aber nicht in Algeciras, sondern besser in Tarifa tun. In meinem Fall scheiterte das nur daran – wir erinnern uns dunkel – dass dort wohl bis heute irgendjemand mit meinem Schlüssel durch die Gegend läuft und nach dem passenden Auto dazu sucht.

Der alte Hotelmanager freut sich sichtlich, mich wiederzusehen. Er klopft mir laut lachend auf die Schulter, begrüßt mich wie einen alten Bekannten und ist schon wieder dabei, zwei Stühle vor der Türe aufzustellen. Er drückt mir ein kühles Bier in die Hand – „*Cerveza! Cerveza!*" – und möchte ganz genau wissen, was ich erlebt habe. Gleichzeitig versorgt er mich mit den Fußballergebnissen aller europäischen Ligen der letzten Wochen, und ich verstehe kein Wort! Jetzt hat das Französische das Spanische verdrängt. Für beide Sprachen scheint gleichzeitig kein Platz in meinem Gehirn zu sein. Aber trotzdem ist es ein Gefühl, als ob man nach Hause kommt: Daheim in Europa!

An diesem Abend mache ich all das, von dem mir in den letzten dreieinhalb Wochen gar nicht aufgefallen ist, dass es mir fehlte: Das Notebook auspacken und verliebt anstarren, ins Webcafé gehen und mit Hochgeschwindigkeit surfen, im Supermarkt einkaufen (Auswahl ist etwas Wunderbares) und ganz automatisch noch ein wenig *Fiesta* mit einigen *Tapas* und *Cervezas* und *Chickas*, die ich noch aus der Zeit vor meiner Exkursion kannte. Gegen 1 Uhr schaffe ich es vom Tresen gerade noch so in mein Bett und träume nun vom *Don Quichotte* in der Zeichentrickversion.

25. November: Algeciras/Cadiz. Eigentlich wollte ich nach Sevilla, hätte dort bei einem Freund von Nora aus Marrakesch schlafen können, aber auf der Fahrt dorthin wird mir klar, dass ich zunächst ein ruhigeres Plätzchen brauche, um die Marokko-Tage aufzuschreiben. Erst sehr langsam begreife ich, wie viel ich eigentlich zu erzählen habe, und in diesem Moment weiß ich nicht einmal, ob ich es überhaupt noch auf die Reihe bringen werde. Aber es wäre zu schade!

So halte ich auf dem Standstreifen einer Autobahnbrücke, steige aus, drehe mir ein Zigarette, überblicke die Stadt aus der Vogelperspektive – und tatsächlich: hier steht die dritte Schwester der Moscheen von Rabat und Marrakesch. Womit der nächste Kreis geschlossen wäre. Ich sinniere eine gute halbe Stunde, ob ich es vielleicht nicht doch riskieren sollte, die nächste Ausfahrt zu nehmen, um dort unten einzutauchen. Der Reiseführer schwärmt, es wäre der ideale Platz für Traveller, die größte Fiesta überhaupt, und es ist gut möglich, dass Sevilla tatsächlich die schönste Stadt Spaniens oder ganz Europas ist. Eigentlich ein Frevel, nur daran vorbei zu fahren! Aber es gibt noch so viele Orte auf der Landkarte, die ich auf meiner Reise eigentlich noch sehen möchte. Nicht einmal ein Zehntel davon werde ich schaffen! Es ist zum Verrücktwerden! *Was also tun!?* – Von hier oben sieht die Stadt so spannend aus ...

Wenn ich ehrlich bin, dann plagt mich doch nur der Gedanke an die Rückkehr in den Alltagsstress. So schlimm wird es nicht werden – ich halte mich für relativ flexibel, und meine Leute sind in Ordnung – aber aus vielen Gesprächen in den letzten Monaten weiß ich, dass es sich hierbei um das klassische Symptom der Traveller auf dem Nach-Hause-Weg handelt: Ein Phantomschmerz, eine gewisse und vielleicht nicht unbegründete Angst vor dieser ganz anderen Geschwindigkeit. Vor Minus-Temperaturen, Pünktlichkeit und Fremdbestimmung. Vor dem Anspruch der Leistungsgesellschaft, dass man zu jedem Zeitpunkt funktionieren muss. Vor einem Rückschritt in die alten Leiden: Schwellenangst, Stress, Übelkeit. Insgesamt vor der Tatsache, dass das Überschreiten der ersten heimischen Türschwelle gleichbedeutend damit ist, das erprobte, aber nur bedingt bewährte Leben einer immerwährenden *To-Do*-Liste nahtlos wieder aufzunehmen.

Und es ist auch ein bisschen Wut auf sich selbst dabei. Wenn ich mich mit meinen Freunden in Marokko über diese Problematik unterhielt, dann hätten wir uns ohrfeigen können. Weil wir schon von vornherein resignierten. Weil es keinen Sinn macht, überhaupt darüber nachzudenken, sich des Ganzen zu erwehren oder auch nur zu versuchen, denen zu Hause etwas von den eigenen Erfahrungen aufzudrängen. Freundin, Freunde, Eltern. Wer nach Hause kommt und sagt, das Ganze ginge auch besser, alles wäre zu schnell, der hat auf seiner Reise nichts gelernt. Es liegt ja auch nicht daran, dass es Deutschland ist oder Arabien oder von mir aus auch die USA – welches Land auch immer! Die Tatsache, dass ich eine Zeitlang auf einer ganz besonderen Welle des Hochgefühls surfen durfte, hat nichts mit einem bestimmten Ort zu tun, sondern einzig und allein damit, dass ich *unterwegs* war. – Beziehungsweise immer noch bin ...

Mit dem beklemmenden Gedanken, dass ich *In-Shaa-Allah* damit zu Grabe trage, steige ich wieder ins Auto und lasse Sevilla hinter mir. Ich werde mich dem, was da kommt, stellen müssen, der *Point of no Return* ist ein weiteres Mal überschritten, ich habe meine Rückkehr angekündigt, und irgendein Traveller meinte in den letzten Monaten: „Wer noch eine *Base* hat und sie schätzt, der sollte an Weihnachten zu Hause sein." – So einfach ist das! Basta! Nicht einmal ein Monat bleibt, in dem ich Neuland, Portugal, betreten und vor allem eine lange Geschichte niederschreiben möchte. Mächtige Landschaften rauschen an mir vorbei. Im CD-Player AC/DC: – „It's a long way to the top, if you wanna Rock'n'Roll…"

Bin ich nicht auch und vor allem deswegen umgekehrt, um die Geschichte meiner Reise weiter zu erzählen? Wie viele Seiten liegen wohl vor mir? 30, 50, 250? Wie lange werde ich dafür brauchen? Eine Woche? Bis Weihnachten? Noch länger?! Werde ich es überhaupt schaffen? Niemals! Vielleicht sollte ich dieses Reisetagebuch doch besser aufgeben und an anderen Projekten weiter machen? Oder das Schreiben ganz sein lassen? Vielleicht wäre es das Beste. Weg mit dem Pathos, weg mit dem selbstinszenierten Drama um die eigene Person! Wird das, was ich über diese Reise schon geschrieben habe und noch schreiben werde, jetzt nicht schon wieder genau zu dem, was ich eigentlich nie wollte? Etwas über mich selbst, in dem das am häufigsten vorkommende Wort „ich" ist? Vor vielen Jahren habe ich einen Romananfang mit knapp 100 Seiten genau aus diesem Grund dem sprichwörtlichen Feuer übergeben und mir dabei geschworen, nie wieder die Ich-Form zu wählen! Ich hasse die Ich-Form – Ich, Ich, Egozentrik, Ich – Ein Teufelskreis! Das hört sich alles viel autobiographischer an, als es sein sollte. Ich könnte den ersten Teil umschreiben und mir selbst einen coolen amerikanischen Namen wie Holden oder Sal verpassen. Niemand nimmt mir einen Amerikaner ab! Oder etwas Tschechisches? Milan oder Jaromil vielleicht?! Ach was, ich werde es so halten wie gehabt, werde einfach über Marokko schreiben, weil es mir ein Bedürfnis ist; kann eh' nicht anders. Und danach entscheiden, ob es jemand zu lesen bekommt. Und bitte: Woher nehme ich den Hochmut, über etwas nachzudenken, das es noch gar nicht gibt! Mir wird schon eine Lösung vor die Füße fallen. Let it flow …

Im CD-Player B. B. King mit Zucchero: „Let the good times roll!"

An diesem Nachmittag versuche ich in einigen kleineren Ortschaften an der Costa del Luz unterzukommen. Das will aber nicht so recht klappen, und letztlich mache ich mir einen Spaß daraus, noch einmal gen Süden zu fahren. So komme ich nach Cadiz. Was ich jetzt möchte, ist ein Zimmer mit einem Bett, einem Stuhl und einem Tisch. Dazu ein Balkon. Das wäre schön!

26. November bis 1. Dezember: Cadiz. Andalusien ist zweifelsohne ein guter Ort zum Leben, und ich persönlich habe mir aus seinen vielen wunderbaren Städten Cadiz als meinen Lieblingsplatz herausgepickt. Es ist nicht gerade günstig, aber ganz groß im Stil. In dieser Stadt gibt es die besten Restaurants, die elegantesten Boutiquen, die geschmackvollsten Bars und vor allem schöne Menschen. Genau hier sollte man seine Winter verbringen! Keine

Ahnung, ob ich das je bewerkstelligen werde, aber an sich ist es eine hervorragende Idee.

Eines Nachmittags sehe ich einige Jungen ins Meer springen. Das Wasser hat 18 Grad, und eigentlich sollte ich diese vermutlich letzte Gelegenheit nutzen; tatsächlich möchte ich es dann aber doch nicht mehr riskieren, denn den größten Teil meiner Zeit in Cadiz werde ich von einer schmerzhaften Magenverstimmung begleitet. Schreiben ist hierbei aber die beste Medizin. Die Jalousie fährt runter, wie in Trance spüre ich keine Schmerzen und wache erst vier bis zehn Stunden später wieder auf.

Die Andalusier in ihrem Winter beobachten zu können ist ein großes Geschenk. Jeder Tag ist sonnenüberflutet. Es hat tatsächlich bis zu zwanzig Grad, in der Sonne kommt es einem noch wärmer vor, und ich habe mir sagen lassen, dass es den Winter über nicht mehr kälter wird. Manchmal scheint es, als ob sie die nun gemäßigten „winterlichen" Temperaturen wie eine willkommene Abwechslung in punkto Kleidung nehmen. Vor allem junge Mütter in langen Ledermänteln sind mir hierbei im Gedächtnis geblieben.

Cadiz ist mit seinen 170.000 Einwohnen die älteste Stadt Europas. 1100 vor Christus wurde sie noch von den Phöniziern gegründet, und die werden gewusst haben, warum sie sich gerade hier niederließen. Auch ich würde in der Computersimulation *Sim City* eine Stadt genau an dieser Stelle bauen, wo eine dünne Landzunge bis tief in den Atlantik reicht. Vom Festland aus verläuft sie über eine Länge von schätzungsweise anderthalb Kilometern und bei einer Breite von nur 500 Metern zunächst schnurgerade. Dann macht das Kap einen kleinen Knick in Richtung Süden, und dahinter wird es für einen weiteren Kilometer etwa doppelt so breit. Je weiter die Landzunge ins Meer hinausreicht, desto älter ist die Besiedlung, desto klassischer sind die Häuser, und irgendwo in der Nähe des Festlandes beginnt dann Neu-Cadiz.

Ich wohne in Alt-Cadiz. Gleich gegenüber ist das Rathaus, dahinter befindet sich eine dieses Mal wirklich *sehr* große Kathedrale, und Strandnähe ist bei dieser von Stränden umgebenen Stadt eine Selbstverständlichkeit. Für mich ist Cadiz aber vor allem ein guter Platz zum Schreiben, und in diesen Tagen geschieht etwas vollkommen Untypisches mit mir: Vielleicht in Anbetracht der großen Herausforderung, die ich hier zu bewältigen habe, vermutlich aber auch wegen der Magenverstimmung, gewöhne ich mich an einen relativ fixen Tagesrhythmus und verzichte sogar auf Nikotin.

So erhebe ich mich gegen 11 Uhr von meinem Nachtlager, nehme eine ausgiebige Dusche, gehe auf die Plaza frühstücken und tauche im Anschluss daran zumeist direkt in die Siesta ein. Für gewöhnlich sitze ich dann am Strand oder in einem Park und habe zwei bis drei Bücher dabei, aus denen ich Hintergrundinformationen über den Islam oder die Beat-Generation recherchiere. Offene Fragen werden umgehend im Webcafé geklärt, und bei diesen Gelegenheiten wird mir peinlich bewusst, wie viel Arbeit im Verlauf des letzten

Monats liegen geblieben ist. Zum Glück habe ich hier aber Zugriff auf einen Computer mit FTP-Programm, und so gelingt es mir, zumindest die wichtigsten Sachen recht unkompliziert und schnell zu erledigen.

An meinem ersten Tag in Cadiz lerne ich Juan, einen sehr gepflegten Obdachlosen, ursprünglich aus Heidelberg, kennen. Er freut sich, dass er mal wieder jemanden gefunden hat, mit dem er Deutsch sprechen kann, ich auch, und so treffen wir uns – mehr oder weniger zufällig – bald jede Siesta zu einer Art Stammtisch in unterschiedlichen Parks. Sein Schicksal ist fürchterlich, die autodidaktische Art, wie er damit zu leben gelernt hat, vorbildlich. Nun schon seit vier Jahren in der Stadt, ist er begeistert von den Menschen. Wenn man halbwegs gepflegt auftritt, immer freundlich grüßt, sich sozial engagiert, alten Frauen die Einkaufstüten nach Hause bringt, bei der Müllabfuhr hilft und sich vor allem nichts zu Schulden kommen lässt, könne man hier unten als Penner gutes Geld verdienen, ohne sich – wie in Deutschland – neben der Angst vor dem Erfrierungstod, ständig mit einem schlechten Gewissen plagen zu müssen. Er behauptet von sich, keinem Staat der Welt auf der Tasche zu liegen, und seit Gründung der EU gäbe es kaum noch Schwierigkeiten mit den Behörden. Tatsächlich scheint er die eine oder andere Regelungslücke im Zusammenspiel der Mitgliedsstaaten erfolgreich für sich auszunutzen. Eine Krankenversicherung, so sagt er mit ziemlich logischen Argumenten, brauche man bei seinem Lebensentwurf zum Beispiel nicht. Er macht seinen Ärzten den Garten oder gibt für ihre Kinder den Weihnachtsmann. In extremen Fällen – bisher sei es noch nie so weit gekommen – würde das deutsche Konsulat, bei dem er gelegentlich als Übersetzer einspringt, unbürokratisch aushelfen. Die wären nämlich froh, dass er alleine zurecht kommt und gar nicht erst zurück nach Hause möchte. Nach eigener Angabe verdient Juan täglich in etwa so viel, wie auch ich durchschnittlich benötige. Mit dem Unterschied, dass ich davon noch eine Unterkunft zu bezahlen habe. Das spart er aber ein und pennt dafür im Eingang einer Boutique, um seiner geschiedenen Frau in Deutschland regelmäßig etwas für die Kinder schicken zu können. Juan scheint ein adäquates Leben zu führen!

Regelmäßig um 16 Uhr gehe ich zurück in meine kleine Privatpension Quatro Naciones, tue ein Viertelstündchen so, als ob ich die Señora verstehen würde und schreibe dann bis etwa 20 Uhr. Mein Zimmer hat einen kleinen Balkon, auf dem gerade mal ein halber Tisch Platz hat. Von hier aus habe ich in der Nachmittagssonne Blick auf die Plaza und muss wohl ein ganz besonderes Bild abgeben, wie ich da zwischen meinen kreuz und quer hängenden Wäscheteilen sitze. Manchmal lasse ich Gott einen guten Mann sein, lehne mich über das Geländer, folge dem regen Treiben nach der Siesta und denke darüber nach, wie es in der Geschichte weitergehen soll.

Um 20 Uhr benötige ich eine Pause, mache einen ausgiebigen Strandspaziergang rund um die Altstadt und nehme dann in immer derselben Bar um die Ecke mein Abendessen zu mir. Bevorzugt *Pulpo* (Tintenfisch) oder Schwertfischfilet, jedenfalls Meeresfrüchte. Die sind zwar vergleichsweise teuer, aber ich wollte schon immer das Leben eines Bohemien führen – und wann, wenn nicht jetzt!?

Zurück ans Werk! Für mich ist das Fiesta! Schreiben, schreiben, schreiben. Bis tief in die Nacht! Gegen drei Uhr morgens zeigt das Thermometer zehn Grad Celsius, und mir kommt es in diesem unbeheizten Zimmer trotz einiger Wolldecken sogar noch kälter vor. Was das anbelangt, ist es aber selbst in den Morgenstunden egal, ob ich drinnen oder draußen sitze. Letzteres ist wohl noch besser, denn von hier oben kann ich mir den einen oder anderen herzerwärmenden Blick auf alkoholisierte *Chickas* gönnen, die zur Fiesta jene Hosen tragen, die für gewöhnlich im nächsten Sommer auch bei uns zur Mode werden. Für Spanier scheint es keinen verrückteren Anblick zu geben als jemanden, der um diese Uhrzeit, zu der man doch eigentlich ausgelassen feiern sollte, vor dem Computer sitzt. Die, die mich sehen, fordern lautstark, dass ich herunter kommen soll. Meine Ausrede ist, ich wäre krank, tatsächlich gilt aber nur eines: *I got work to do ...*

Heute. Jetzt: Am frühen Morgen des 2. Dezember 2001 um 4.07 Uhr kann ich es selbst nicht glauben. Innerhalb von nur sechs Nächten habe ich meine Erlebnisse des letzten Monats niedergelegt und schreibe nun, just in diesem Moment, über den Augenblick. Das ist ein Wunder!

Wenn ich all das nun noch einmal Korrektur gelesen habe und jetzt ganz sicher bin, dass sich die vorstehenden 35.000 Wörter morgen Abend zur allgemeinen Verblüffung einiger Freunde in deren Posteingängen wiederfinden werden, dann kann ich diese noch nie da gewesene Ausdauer selbst nicht begreifen. Mir wäre wohler, wenn ich wüsste, was ich da geschrieben habe.

Leergeschrieben bin ich. Ein wahrer Schreibstau hat sich entladen, und erst als ich mich unter Schmerzen erhebe, bemerke ich, dass mein Rückgrat die Form eines Fragezeichens angenommen hat. Dafür lassen andere Gebrechen nach. Ich war sicherlich nicht richtig krank, sonst hätte ich kaum schreiben können – schreibkrank vielleicht – jedenfalls bin ich mit der Vollendung dieser Zeilen nun auch körperlich wieder gesundet!

Während ich mir in den letzten Tagen oft so vorkam, als wäre ich noch immer in Marokko, kann ich nun in jeder Hinsicht zu neuen Ufern aufbrechen. Ich habe wirklich alles aufgeschrieben, was ich sagen wollte, und sicherlich auch manches, was ich gar nicht sagen wollte. – Gut. Punkt! So weit: danke für die Aufmerksamkeit. ☺

2. Dezember: Cadiz. Mir ist danach, eine Party zu geben! Da kommt mir mein Zimmernachbar, ein Amerikaner namens Brian aus Portland, Oregon, gerade recht. Auch ihn hat die Fiesta bisher wenig gekümmert.

Sag mir, was du liest, und ich sage dir, wer du bist. Seit zwei Tagen sitzt er auf dem Balkon neben mir und starrt in Bücher wie *Driving over Lemons. An optimist in Andalucia (Unter den Zitronenbäumen)* des Genesis-Ur-Drummers Chris Stewart oder *The Drifters (Die Kinder von Torremolinos)* von James A. Michener. Er war heute Morgen live dabei, als ich das letzte Wort getippt hatte, aufsprang um meinen Rücken zu entlasten und dabei in die Hände klatschte. „Ready?!", fragte er begeistert, „Hey, man! Congratulations! Cool!" – Amerikaner sprechen cool wie *kwel* aus.

Wir sitzen an einem gut besuchten Tresen, trinken Tequila und unterhalten uns zunächst über Genesis und später selbstredend über Politik. Genau genommen nicht über Politik an sich, nicht über ein aktuelles Thema, sondern darüber, dass unterwegs annähernd jedes Gespräch ein politisches ist: Links neben uns diskutieren zwei junge farbige Juristen über den ruandischen Völkermord von 1994 und wie die Zukunft eines solchen Landes aussehen kann, in dem die eine Hälfte der Bevölkerung Mörder und die andere Opfer ist. Zwei dänische Mädchen zu unserer Rechten versuchen ihrem japanischen Verehrer das chinesische Protektorat Tibets anzuhängen. Und die beiden Bardamen, die ihren Arbeitsschwerpunkt an unseren Teil des Tresens verlegt haben, wollen ungefragt nichts davon wissen, dass die Emanzipation der Frau in direktem Zusammenhang mit dem abzusehenden Bevölkerungsrückgang in Europa stehen soll. Irgendwann kommen Brian und ich zu dem Schluss, dass Politik die Gesamtheit des menschlichen Zusammenlebens meint, dass akademische Definitionen Worte entzaubern können und die Achtundsechziger recht hatten: dass offensichtlich selbst Sex politisch ist.

Später, in einem Park, geht es dann doch noch um Greifbares. Brian tut mir aufrichtig leid, wenn er sich vor den Barmädchen darüber echauffiert, dass er seit einem halben Jahr in Europa unterwegs ist und sich andauernd von wildfremden Menschen anhören muss, er persönlich wäre als US-Amerikaner an irgendetwas schuld. In seinem Rausch steigert er sich in einen bemerkenswerten Monolog. Manchmal scheint er dem Nervenzusammenbruch nahe. Einmal kommen ihm sogar die Tränen. Über sicherlich anderthalb Stunden schlägt er einmal rundum, kommt von einem ungelösten Problem der Gegenwart zum nächsten und verleiht unserer Parkbank mehr und mehr einen Hauch von *Speakers Corner*. In etwa so: Er wäre ja nicht blöd! Gewählt hätte er noch nie, und das Volk, dem er angehört, sei selbst das größte Opfer, weil es seit Jahrzehnten einer Regierung unterstehe, die einerseits private Interessen verfolge und sich andererseits die Demokratie durch einen geschickten Propaganda-Apparat so hingedreht hätte, dass sie *bis auf weiteres* nicht mehr abwählbar wäre. Und er sagt, dass er nicht daran glaubt, dass das noch lange so bleibt, denn auch in Amerika kenne man das Sprichwort: Hochmut kommt vor dem Fall. In der Geschichte würde sich alles so schnell ändern, und gerade heutzutage rase die Zeit nicht mehr, sondern sie laufe bereits Amok ...

Eine Australierin und zwei Sizilianer gesellen sich mit einem Ghetto-Blaster zu uns. Wir hören harten Rock. *The Best of Credence Clearwater Revival* und Black Sabbath: *Paranoid.*

... Zum Beispiel auch der Börsenkapitalismus ist Brians Meinung nach nichts weiter, als ein minimaler Abschnitt auf der Zeitachse menschlicher Geschichte. Er glaube daran, dass die neuen Märkte und ihr Zusammenbruch der am größten angelegte Betrug aller Zeiten war, und dass es nur eine Frage der Zeit sei, bis die Leute ihr Gottvertrauen ablegen und fragen, wer ihre vom Mund abgesparten Billionen nun in den Taschen hat. Wir leben in einer verdammt bewegten und deswegen gefährlichen Zeit, aber in unseren Ländern – „unsere Länder" sagt er – ginge es heutzutage oft auch friedlich über die Bühne, die machtgeilen Verbrecher abzusetzen. Ich solle nur an meine eigene Wiedervereinigung denken, die in den Schulen seines Landes als Musterbeispiel einer *fucking* friedlichen Revolution gelehrt wird. Sogar das Ende der Sowjetunion sei nach nur siebzig Jahren glimpflich über die Bühne gegangen, wo wenige Monate zuvor niemand auch nur daran gedacht hätte. Die Zeit sei vermutlich noch nicht reif, die Rüstungskonzerne aus dem Weißen Haus zu verjagen, aber er hätte keinen Zweifel daran, dass wir es alle noch erleben würden. Es könnte schneller gehen, als wir denken! Irgendwann würde es ein guter Mann zur Präsidentschaft bringen, und der zweite oder dritte gute Mann in Folge könnte dann auch alles nachhaltig umkrempeln ...

Jetzt steht Juan vor uns. Von seinem Schlafplatz hat er Brian zetern hören, bittet darum, wegen der Anwohner die Musik leiser zu machen und reicht nun Pistazien in die Runde. Als Rocco Bobby Marley auflegt, klopfe ich ihm freudig auf die Schulter: – *Buffalo Soldier, dreadlock Rasta. Stolen from Africa, brought to America.* Wir können es nicht fassen: Die Australierin hat dieses Lied noch nie gehört!

... Am Ende – in 200 oder 500 Jahren – würde sich dann doch der Sozialismus durchsetzen. Schon alleine, weil sich ein System, das auf Neid und persönlicher Vorteilnahme basiert, langfristig nicht mit zunehmender Aufklärung und Demokratisierung vertragen kann. Und was Brian am allermeisten aufregt, ist, dass die Leute die Worte nicht verstehen! So wären zum Beispiel Demonstrationen in ganz Amerika – selbst unter den jungen Leuten – inzwischen als undemokratisch verpönt, wo das doch derselbe Wortstamm ist. Ich sage, das kenne ich aus Bayern. Die Mädels sagen, sie kennen das aus Andalusien. Rocco sagt, in Sizilien wäre das ganz besonders schlimm, und Brian ist inzwischen wieder besser gelaunt: er grinst und sagt, das läge mit Sicherheit an den jeweiligen Südstaatlermentalitäten. – Aber in Berlin, da habe ein hübsches Mädchen zu ihm gesagt, sie ginge doch nicht mit einem Amerikaner ins Bett! Und überhaupt, er wollte eigentlich nach Marokko, aber er traue sich wirklich nicht runter, wenn der Amerikahass im angeblich ach so aufgeklärten Europa schon derart schlimm sei:

„Europe sucks! In Europe obviously it's *en vogue* to hate fucking America. And the Americans! I mean, all these guys love our fucking Seventies. But they tell me that my country is cultural poor!? Damn! This sucks!"

Well, da hat er's uns echt besorgt, der gute Brian! Er geht weg, kotzt hinter einen Baum und kommt wieder. Die Sizilianer stieren betroffen auf den Boden, sind scheinbar damit beschäftigt, ihr Leben zu überdenken. Die Barmädchen tun gelangweilt, vermutlich weil sie bisher nicht wussten, dass Männer manchmal auch noch anderes als Frauen im Kopf haben. Nur die Australierin wird damit auf ihre eigene Art fertig. Offensichtlich hat sie wegen der Sache, die Brian in Berlin passiert ist, ein geschlechtsübergreifendes schlechtes Gewissen überkommen. Was ihm nun zu gute kommt. Mit seiner Hand sucht er Trost unter ihrer Bluse.

Juan steht vor uns, lacht bei diesem Anblick und meint trocken: „Ihr seid doch alle Hippies!", das wäre nun ja wirklich nichts Neues, und dasselbe hätten sie, als er selbst noch jung war, schon einmal bis zum – im wahrsten Sinne des Wortes – Erbrechen durchdiskutiert. Und sie wären zu keinem nennenswerten Ergebnis gekommen. Wir sollten uns besser nicht so reinsteigern! Aber er meint, Brian zu dessen Beruhigung zwei Sachen versichern zu können: Einerseits, dass das alles Deppen wären, die ihm persönlich kommen, und andererseits, dass er, wenn er ein dickes Fell habe, locker nach Marokko gehen könnte: „Mach dir keine Sorgen! Die Jungs da unten kennen sich schon aus!"

Gegen 4 Uhr fällt uns auf, dass wir seit zwei Stunden nichts mehr zu trinken haben und in unseren abgeschnittenen Jeans eigentlich schon zu lange bibbern. Aber auch das macht Andalusien aus: Selbst im Dezember kann man lange draußen sitzen, ohne dabei zu erfrieren. Es ist zwar nicht gerade warm, die zahllosen Parks und Plätze von Cadiz sind aber trotzdem selbst um diese Uhrzeit noch reichlich bevölkert. Brian geht mit den anderen in eine Disco. Ich nach Hause; habe morgen einiges vor!

Das alte Europa
– durch Portugal –

3. Dezember: Cadiz/Sagres. Ich fahre heute zum letzen Mal auf der N 340, dem iberischen Pendant zur *Panamericana.* Über diese Straße bin ich die Ostküste herunter gekommen, und sie soll mich heute aus Spanien heraus über die Grenze nach Portugal führen.

Nun geht es also definitiv in Richtung Norden. Noch einmal überfahre ich dieselbe Autobahnbrücke, noch einmal plagen mich dieselben Gedanken, und noch einmal widerstehe ich den Verlockungen Sevillas. Stattdessen entscheide ich, heute genau so weit zu fahren, wie es mir gerade Spaß macht. Ich passiere den Nationalpark *Choto de Doñana*, der an der Küste einen unbewohnten Streifen von vielleicht 100 Kilometern Breite und 50 Kilometern Tiefe ausmacht und gelange erst in Huelva wieder zurück ans Meer. Wenige Kilometer weiter, und ich bin in Portugal. Eine Zollstation gibt es hier nicht mehr, nur ein unscheinbarer Pfeiler weist auf halber Höhe der Brücke über den *Rio Guadiana* darauf hin, dass man das Land gewechselt hat. So werden Schlagbäume zu Ortsschildern.

Diese Grenze geht noch auf die Ureinwohner des mit den marokkanischen Berbern verwandten Iberer-Stammes zurück. Es ist eine natürliche Grenze, die Landschaft ändert sich von einem Moment auf den nächsten, und schon die ersten Häuser auf der westlichen Seite des Flusses sehen anders, irgendwie älter aus. Die Menschen sind dunkleren Teints, haben härtere Gesichtszüge. Ihre Sprache erinnert allein im Klang an das Arabische.

Ich habe die Costa del Luz also hinter mir gelassen und befinde mich nun an der dicht besiedelten Algarve. Zwischen den Ortschaften gibt es hier wohl kaum einen Kilometer, an dem sich nicht ein neueres Unternehmen, sei es eine Autowerkstatt oder eine Töpferei mit Straßenverkauf, niedergelassen hätte. Das ist der Nachteil an der Algarve: Es ist eindeutig zu eng! Fährt man allerdings von der N 125 ab, in Richtung Strand, eröffnet sich dieser in seiner natürlichen Schönheit unvergleichliche Küstenstreifen. Hohe, tief ins Meer hinaus ragende Felsen werden immer wieder von zahllosen kleinen Stränden unterbrochen. Doch leider reiht sich hier Golfplatz an Country-Club und Luxushotel an Luxusrestaurant. Ich komme durch Faro, Albufeira, Lagos und schließlich bis in die Ortschaft Sagres.

Womit wir geographisch, historisch, philosophisch und zum Zeitpunkt der Überarbeitung dieses Buches selbst wieder politisch (von wegen „altes *Europa*", Mr. Rumsfeld!) bei keinem geringeren Thema angelangt wären, als ...

Das Ende der alten Welt: Welt! – Nach meinem Kenntnisstand haben zumindest Afrikaner, Australier und Amerikaner kein Problem damit, dass sie nicht als die Entdecker, sondern die Entdeckten gelten. Sparen wir also der Einfachheit halber diverse ostasiatische Einzelschicksale aus und nähern uns dem großen Thema aus mediterranem Blickwinkel:

Mindestens 99,9 Prozent der Zeit, seit Menschen bewusst denken können (eine Kommastelle macht in dem Zusammenhang ja gleich ein paar Millionen Jahre aus), war man bestenfalls davon überzeugt, die Erde wäre eine Scheibe und der Himmel ein Zelt mit aufgemalten Sternen. Als man dann anfing, Fragen zu stellen wie: *wer, was oder* – in diesem Zusammenhang vor allem – *wo bin ich*, entwickelte sich die Kartographie, und dabei wurde den Bewohnern der Siedlung Sagres die besondere Ehre zuteil, am westlichsten Punkt der damals denkbaren Welt zu leben.

Weitere große Fragen, wie: *Was kommt hinter dem Horizont? Und warum werden von den Schiffen in der Ferne zuerst die Masten sichtbar?*, wurden schlicht und einfach mit einem Hinweis auf Gottes Allmacht verdrängt. Wer daran nicht glauben wollte – wie wir heute wissen, aus gutem Grund – der bekam heftige Probleme mit der damals noch unfehlbaren katholischen Kirche.

Daran hatte sich auch nichts geändert, als um das Jahr 1000 wilde Nordmänner – allen voran der furchtlose Leif Eriksson – zunächst Grönland und später von dort aus zum ersten Mal Amerika entdeckten. Aus purer Abenteuerlust segelten sie einfach drauf los, hatten nur wenige Stunden Licht am Tag, orientierten sich am Polarstern und wussten am Ende doch nicht, wo sie angekommen waren. Über lange Jahrhunderte scheiterte eine nachhaltige Besiedlung daran, dass sie nicht daran dachten, ihre Frauen mitzunehmen. Oft fanden sie den Rückweg nicht.

1275 kam Marco Polo über die Seidenstraße bis nach China. Sein marokkanisches Äquivalent Ibn Batuta kehrte 1353 nach 26 Jahren zu Fuß in seine Heimatstadt Tanger zurück. Er hatte den Indischen Ozean und halb Asien gesehen.

Das Dogma von der Scheibe, an dessen Ende angekommen, man unvermittelt in die Hölle fällt, weichte also auf. Ganz sicher war man sich zwar immer noch nicht, aber als gegen Ende des 15. Jahrhunderts Handelsinteressen die Wissenschaft so weit getrieben hatten, den Kompass zu erfinden, wagten 500 Jahre nach den Wikingern auch Italiener, Spanier und vor allem Portugiesen eben von dieser Küste den Sprung hinaus aufs weite Meer. Dann ging alles sehr schnell: Obwohl er nachvollziehbar nicht der Erste war, geschweige denn wusste, wo er da landete, heißt es bis heute, Christoph Columbus hätte 1492 Amerika entdeckt. Tatsächlich war er bis zu seinem Tode davon überzeugt, den westlichen Seeweg nach Indien gefunden zu haben und taufte die Eingeborenen folgerichtig Indianer. Keine zehn Jahre später stellte Amerigo Vespucci dieses Missverständnis richtig. 1498 kam Vasco da Gama nach Vorderindien, und 1521 brach Magellan auf, um die Welt in östlicher Richtung zu umsegeln. Er entdeckte noch den Pazifik, taufte die Magellanstraße und wurde kurz darauf auf den Philippinen von Eingeborenen erschlagen. Sein Kommando übernahm Juan Sebastián Elcano. Der kam aus westlicher Richtung zurück nach Portugal und dachte, er brächte große Neuigkeiten mit sich. Die Weltkarte hatte sich in seiner Abwesenheit aber schon weiter zusammengefügt, als er vermutet hatte, und zu allem Überfluss fiel in diese Zeit auch durch Kopernikus die Erkenntnis vom heliozentrischen Weltbild. Nicht mehr die inzwischen kugelrunde Erde, sondern die Sonne war nun der Mittelpunkt des Universums.

Es folgte die große Zeit der Holländer, Franzosen und Engländer: Mit Willem Jansz betrat im Jahre 1606 ein Niederländer australischen Boden. 15 Jahre später verließen bigotte englische Pilgerväter am anderen Ende der Welt die

Mayflower, gründeten New England und später, mit hehren Zielen, einen demokratischen Staat modernen Zuschnitts. Sie gaben sich den verkannten Namen „Amerikaner" und eine Verfassung, in der Thomas Jefferson 1787 eine neue politische Philosophie definierte: „Alle Menschen sind gleich geschaffen und mit unveräußerlichen Rechten wie Leben, Freiheit und Streben nach Glückseligkeit ..."

Erst 1859 begriff Darwin, dass der Mensch vom Affen abstammt. Man tilgte die letzten weißen Flecken auf der Weltkarte und rammte schließlich das *Star Spangled Banner* in den Mond. Seit gut 50 Jahren ist auch Deutschland eine Demokratie, Mitte der Achtziger wurde der wohl letzte unberührte Urwaldstamm mit der Zivilisation konfrontiert – und heute? Heute wissen wir, dass wir nichts wissen, dass alles relativ ist, haben das Internet, scheinbar unendliches Wirtschaftswachstum, Raumschiff Enterprise, kaum noch Öl, dafür Atom und ein eigenes Sonnensystem. Den Gencode haben wir auch schon entschlüsselt, und stehen kurz davor, uns selbst unsterblich zu machen. Nur von einem, wie auch immer gearteten Weltbild – sei es nun zentrisch oder nicht – kann keine Rede mehr sein ...

Egozentrisch, wie ich bin, gefällt mir hier die Ruhe. In Sagres möchte ich für ein paar Tage bleiben. – Von wegen Ruhe: Es ist tot! Mehr Off-Saison als hier und jetzt kann nicht mehr kommen! Aber gerade deswegen hat das Städtchen mit seinen schlechten Straßen zu dieser Jahreszeit einen ganz besonderen Charme. Die Menschen begrüßen mich mit *Feliz Natal* (Frohe Weihnachten), und ich leiste mir den Luxus, insgesamt sicherlich sieben oder acht Unterkünfte zu besichtigen. Alle haben sie mindestens ein großes Schlafzimmer, ein Wohnzimmer, eine geräumige Küche, ein luxuriöses Bad mit Wanne und WC. Zumeist TV, manchmal eine Heizung und oft auch Telefon. Überall finden sich fantastische Ferienwohnungen zu kleinen Preisen; im Sommer sind sie sicher restlos ausgebucht, im Winter ist jede einzelne Appartementanlage aber menschenverlassen.

Die älteren Damen, die sie vermieten, sind allesamt sehr nett. Das einzige, was nervt, sind ihre kläffenden Hunde! Vom Dobermann bis zum Zwergpinscher haben sie an diesem Abend allesamt gebellt, als ob sie mich sofort in Stücke reißen wollten. Je größer die Hunde, desto bedrohlicher ihre Namen, welche die Damen laut schreien, um sie zur Räson zu rufen: „HEKTOR!"

Ich werde jeweils in die überheizten Wohnzimmer gebeten und muss erfahren, dass Portugal gegenwärtig – zu einem Zeitpunkt als diese *Reality-Soap* bei uns schon längst nicht mehr gesendet wird – dem *Big-Brother*-Fieber restlos verfallen ist. Erst beim dritten Mal bringe ich die nötige Willensstärke auf, Kaffee und Kuchen abzulehnen. Diese Dame hat offensichtlich wenig Lust, mir jetzt die Räumlichkeiten zu zeigen. Stattdessen schlägt sie vor, ich könnte mit ihr fernsehen. Das wäre doch sicher nett!

Ich gehe davon aus, dass sie gerade erzählt, welcher junge Mann ihr großer Favorit ist, aber ganz sicher bin ich mir bei dem, was sie da sagt, dann doch nicht. Das Portugiesische hat mit dem Spanischen nämlich entgegen weit verbreiteter Meinung so gut wie gar nichts zu tun, und ich weiß auch nicht so genau, warum ich in der Werbepause plötzlich eine halbfertige Strickjacke trage und sie mit einem Maßband um mich herumschwirrt. Zum Glück sprechen die Portugiesen im Gegensatz zu den Spaniern aber zum Großteil Englisch, so dass es mir nicht notwendig erscheint, für meine wenigen Tage in diesem Land extra die Sprache zu erlernen. Ehrlich gesagt möchte ich es auch gar nicht erst einreißen lassen, meine Abende mit einer resoluten 80-Jährigen beim *Big-Brother*-Schauen abzufeiern. Ohne dass sie ihren Blick vom Bildschirm abgewandt hätte, habe ich es nach der dritten Werbepause und nun doch einem Stück Torte aufgegeben. Ich wünsche ihr noch einen spannenden Abend, sprinte durch die Einfahrt, zwänge mich auf den Beifahrersitz und drücke den tollwütigen Hektor aus der Tür. Das Vieh hat mindestens 80 Kilo!

Schließlich habe ich meine Unterkunft gefunden. Es ist ein Haus in allerbester Lage. Zwei große Schlafzimmer, ein geräumiger Flur, zwei Bäder, eine Küche, eine Terrasse nach vorne auf die menschenverlassene Nebenstraße, ein großer Innenhof mit zwei bissigen Wachhunden und ein Parkplatz direkt vor der Türe. Das alles für 15 Euro die Nacht. Tja, so kann's gehen! – Pfeifend stehe ich in der hübschesten Küche in der ich je gekocht habe und brutzle mir ein großes Steak, nehme danach ein wohltuendes Bad, lese lange, schwelge im Luxus für wenig Geld und schlafe irgendwann auch ein. Leider sind die Nächte jetzt endgültig kalt. Sobald es dunkel wird, brauche ich eine Jacke. Eine Heizung gibt es hier nicht. – Die Waschmaschine läuft.

4. Dezember: Sagres. In diesem hervorragenden Bett schlafe ich wie ein König, und heute kommt mir noch dazu die neuerliche Umstellung auf Greenwich-Zeit zugute. Somit ist es erst 14 Uhr, als ich bestens gelaunt erwache.

In einer Strandbar sitze ich alleine und spiele mit den Katzen. Hier gibt es nicht einmal einen Wirt, mein Frühstück habe ich aus dem Supermarkt geholt. Ich steh' einfach drauf, meine Ruhe zu haben und fühle mich pudelwohl. Lese mein Buch über Burroughs zu Ende, ärgere mich über das teure Internet in der Touristeninformation, freue mich aber umso mehr, dass an diesem Tag doch tatsächlich schon die erste Person mein Reisetagebuch über Marokko zu Ende gelesen hat. Dieses *Feedback* einer guten Freundin, Steffi, rettet mich insofern, als ich zwischenzeitlich der Überzeugung erlegen war, ich hätte bloßen Müll geschrieben. Vor lauter Freude studiere ich am Abend selbst noch einmal meinen eigenen Reisebericht und koche währenddessen leckere Pasta, wie ich sie seit Granada nicht mehr hatte.

Später interessiert mich dann doch das Nachtleben, aber außer *Big Brother* in den Bars ist es so tot, wie es toter nicht sein könnte. In der ersten Kneipe bin ich mit dem Wirt alleine. Wir starren schweigend auf die Großbildleinwand. Aus Deutschland ist man das ja gewohnt, und eine gewisse Distanz ist auch durchaus schätzenswert, wer aber aus Spanien und in diesem Zusammenhang vor allem aus Marokko kommt, dem mutet der Portugiese für diese Breiten schon fast ein bisschen überzogen europäisch an.

In einer zweiten Kneipe sind wir mit dem Wirt zu viert und schauen – *Big Brother*. In der dritten haben sich zum Höhepunkt der Party etwa sieben Leute eingefunden, wir sitzen vor kostenlosen Bieren und schauen eine Wiederholung von – *Big Brother*. Als ich erzähle, dass das Ding bei uns recht schnell niemand mehr sehen wollte, habe ich offensichtlich eine heilige Kuh geschlachtet. Der schwule Wirt dieser Bar konnte mich von nun an nicht mehr leiden und war davon überzeugt, ich hielte mich für etwas Besseres.

Ich habe mir in jeder Kneipe einmal die Mühe gemacht, die Auswahl an Schnapsflaschen zu zählen. Es waren jeweils um die 150 Stück! Jede Bar ist groß. Die Tresen sind edel und lang, die Speisekarten feudal. Es gibt Billardtische, Dart- und Flipperautomaten. Alle verkaufen sie T-Shirts mit dem eigenen Logo und werfen selbst im Winter ihre bunten Neon-Leuchtreklamen an. Im Sommer, das kann ich auf den vielen Fotos an den Wänden sehen, ist hier die sprichwörtliche Hölle los. Momentan ist aber Winter, und außer mir sind gerade noch drei Engländer zu Besuch.

Ganz spät am Abend – eher früh am Morgen – setzen wir uns doch noch in die Schaukelstühle der Veranda, sehen vor Kälte unseren eigenen Atem und starren auf das Meer. Der Mond spiegelt sich darin, und aus den Boxen klingt *California Dreamin'* von den Mamas & Papas.

5. Dezember: Sagres. Ich glaube, dass die Algarve ein sehr guter Platz ist, wenn man lediglich Erholungsurlaub machen möchte. Landschaftlich ist sie der Küste Spaniens weit voraus. Die Strände sind sauberer und das Nachtleben – wenn es denn stattfindet – auf höchstem Niveau. Die Unterkünfte sind so gut, dass sie mit denen derselben Preiskategorie in Spanien gar nicht erst verglichen werden sollten; und insgesamt günstig ist es noch dazu: Den Flug nach Faro gibt es selbst in der Hochsaison *last minute* schon für unter 100 Euro. Das halbe Bier kostet 1,50 Euro, und das hervorragende Essen ist auch nicht teuer. Aber durch Supermarkt und eigene Küche kommt man erst so richtig günstig weg. Ich komme momentan mit 25 Euro am Tag zurecht. Das hat nicht einmal in Marokko gereicht!

Ich fahre durch die Gegend und komme zum etwa sechs Kilometer außerhalb gelegenen Leuchtturm *Cabo de São Vicente*, dessen erster Schein von den ankommenden Schiffen schon aus 100 Kilometern Entfernung gesehen werden kann. Somit bin ich nun wirklich am westlichsten Punkt Kontinentaleuropas angelangt, und bemerkenswerterweise ist das an dieser Stelle auch nachvollziehbar: Aus dem Osten kommend, kann man die allerletzten Meter der iberischen Halbinsel westwärts gehen, steht nun am Rande einer Klippe und sieht zum ersten Mal in dieser Richtung nichts als Sonne, Himmel und Meer. Nun steht es gerade Alleinreisenden frei, einen solchen Moment als bedeutend zu erkennen, für einige Sekunden innezuhalten und die reichlich vorhandene Zeit zum Beispiel damit totzuschlagen, altes Schulwissen zu reaktivieren: Wenn ich also eine mehr oder weniger beliebige Größe nehme, etwa davon ausgehe, dass ich von hier oben knappe 15 Kilometer weit sehen kann, bevor die Erdkugel nach unten driftet, dann würden da drüben zirka 450 Horizonte weiter Maryland oder Virginia auftauchen. Tatsächlich kann man die Entfernung des jeweiligen persönlichen Horizonts mit einer mathematischen Formel auf den Zentimeter genau berechnen. In Wahrheit hat das auch gar nichts mit den unterschiedlichen Sehstärken der Menschen zu tun, sondern mit der Höhe der Augen über dem Meeresspiegel. Dass „ein Horizont" als Maßstab aber trotzdem völlig ungeeignet ist, mag vielleicht auch daran liegen, dass jedes Individuum seine Weite für sich selbst bestimmen kann und muss.

Will man sich nicht länger mit solch hochtrabendem Geschwätz beschäftigen, möchte man zur Abwechslung eine Aussicht auf etwas anderes als nacktes Meer haben und auch nicht zurück gehen, dann muss man sich an dieser Stelle unseres Kontinents zwangsläufig vollkommen neu ausrichten. Ich weiß nicht, ob das nachvollziehbar ist, aber als ich mich im nächsten Moment unbewusst um 90 Grad nach Norden drehe, bedeutet das einen keineswegs nur sprichwörtlichen neuen Horizont. An keinem anderen Ort ist mir das in dieser Form begegnet. Der Horizont, an dem man sich zwangsläufig orientiert, um weiter vorwärts zu kommen, liegt plötzlich in einer anderen Himmelsrichtung. Das ist etwas vollkommen anderes! Es fühlt sich an wie bergauf. Merkwürdig; was es nicht alles gibt!

Von diesem Felsen geht es bis zu 60 Meter senkrecht in die Tiefe, und ich könnte schwören, dass mich der Wind einmal bedrohlich angehoben hat. Das Meer ist tiefblau, das Wasser so klar und sauber, dass vier Angler, die hier ihre Ruten ausgeworfen haben, riesigen Fischen dabei zusehen können, wie sie sich den Ködern in immer enger werdenden Kreisen nähern. Plötzlich höre ich einen Schrei! Die drei anderen eilen dem Erfolgreichen zur Hilfe, und schon einen Augenblick später stemme auch ich mich, nach nachdrücklichen Aufforderungen, gegen eine vier Meter lange Angel, die sich um 180 Grad nach unten biegt. Fühlt sich das geil an! Wir können das Vieh noch lange nicht sehen, dürften es inzwischen aber schon zehn Meter an der Felswand hochgezogen haben, hängen zirka 50 Zentimeter vor dem Abgrund, und ich möchte jetzt wirklich nicht derjenige sein, der die Angel als erster loslässt! Nach drei Minuten lassen seine Kräfte nach, die Schläge werden schwächer. Einer der Angler rennt davon, fährt seinen Pickup-Truck rückwärts heran und verknüpft die Schnur geschickt mit der Spule seines Autos. Eben in dem Moment, als er deren Motor anwirft und uns ein Zeichen gibt, wir sollen loslassen, reißt die

Perlonschnur. Wir hören ein lautes Platschen aus der Tiefe und freudig stürzt sich der Fisch, der beinahe zum Dosenfisch geworden wäre, zurück ins Meer. Auf der Ladefläche des Pickup liegen meterlange tote Exemplare. Die Angler sagen, der, den wir gerade dran hatten, war mit Sicherheit noch größer!

Ich steige wieder ins Auto und fahre ins 30 Kilometer entfernte Lagos. Irgendwie erinnern mich die Städte der Algarve zu sehr an Jesolo, aber immerhin gibt es hier erschwingliches Internet. Zu Hause fragt man sich, ob ich Weihnachten zurück sein werde. Das musste kommen! – *„Don't stop me now! I'm having such a good time ..."* – Lieber würde ich mich nicht festnageln lassen, mindestens 3000 Kilometer Landstraße liegen vor mir, und wer weiß denn schon, was auf meinem weiteren Weg noch so passiert? Aber ich denke mal: ja! Hier ist kaum noch etwas los, den Norden habe ich inzwischen gefunden, und wenn ich mich ein bisschen ranhalte und die Straßenverhältnisse mitspielen, dann dürfte das klappen.

Zurück im Appartement gibt es noch einmal Nudeln, und um 19.45 Uhr finde ich mich wie verabredet zum Fußball-Schauen vor der Großbildleinwand des benachbarten Dromedar-Pubs ein. Manchester schlägt Boavista Porto mit 3:0, die fußballverrückten Portugiesen sind sauer, mit einem Kommentar zur Unbesiegbarkeit des FC Bayern München vergraule ich den nächsten Wirt und gehe auch schon wieder nach Hause, um die in den letzten drei Tagen doch beträchtliche entstandene Unordnung wegzuräumen. – Abspülen? Ich musste das erst wieder lernen.

Morgen geht es weiter: Lissabon steht auf meinem Plan, und dieses Mal möchte ich mich vom Stadtverkehr nicht schrecken lassen. Irgendwie habe ich meinen Andorra-Schock noch immer nicht verdaut. Wegen dem Auto ist mir am 11. September schon Barcelona durch die Lappen gegangen, und im Falle Sevillas war es sicherlich auch mit ausschlaggebend. Aber diesmal nicht; Lissabon reizt mich zu sehr!

6. Dezember: Sagres/Lissabon. Nach fünf Stunden auf den schlechtesten und gefährlichsten Landstraßen, die ich je befahren habe, komme ich hinter *Grândola* endlich auf die leidlich befestigte E 01. Ich umfahre den Nationalpark *Estuário do Sado* und muss schließlich auf die sechsspurige, mängelfreie, aber teure A 6 in Richtung Westen. Schon für die ersten 15 Kilometer lasse ich acht Euro, und keine 20 Kilometer weiter verlangen die staatlichen Raubritter noch einmal dasselbe. Als ich aber langsam begreife, dass die nun folgende Autobahnbrücke *Ponte Vasco da Gama* über den sagenhaften *Rio Tejo* sich schon vom Sightseeing-Aspekt her rechnet, verpufft mein Ärger und wandelt sich in Erstaunen:

Ich hatte keine Ahnung, dass mich hier eine bis zu hundert Meter hohe, zweimal vierspurige, 17 Kilometer lange und von nur 192 Stahlseilen getragene Brücke erwartet. Aber selbst wenn ich mich besser vorbereitet und im

Vorfeld etwas darüber gelesen hätte, wäre mir doch nicht klar gewesen, was das bedeutet.

Es ist neblig, zunächst sehe ich kein Wasser, nur Beton. Gelegentlich rauschen martialische Brückenpfeiler – bombastische Architektur – an mir vorbei. Ein gespenstisches Meer aus Nichts. Nach einigen Minuten denke ich mir noch: *So breit kann doch kein Fluss sein!* – Kein Ende in Sicht, bis sich der Nebel schlagartig lichtet und den Blick auf die 1,8-Millionen-Metropole Lissabon freigibt. Man meint, diese Brücke endet überhaupt nicht mehr. Was für ein Bauwerk! In einer Weltrekordzeit von zweieinhalb Jahren zwischen 1996 und 1998 über das Wasser gespannt.

Auf der anderen Seite des *Tejo*, der an dieser Stelle wohl eher eine Meerenge ist, beginnt der typische Verkehrstumult eines solchen Ballungszentrums. Dabei kommt mir aber zugute, dass es sich bei der *Ponte Vasco da Gama* um ein Exponat der Weltausstellung von 1998 handelt, das mich wider Erwarten vollkommen unproblematisch und direkt in das futuristische Expo-Gelände *Parque de Nações* führt. Nur die Parkplätze dort sind unerschwinglich! So fahre ich eine gute Stunde durchs östliche Lissabon, gerate nun doch in die Rushhour eines undurchschaubaren Verkehrssystems, habe keinen Stadtplan bei mir, auch keinen Beifahrer, der ihn lesen könnte und stehe einmal mehr kurz vor einer Nervenkrise. Ich brauche dringend eine Pause und biege deshalb aus einem dreispurigen Kreisverkehr in die erste kleine Gasse hinter einer Werbetafel. Im nächsten Augenblick geht es steilst bergab, ich reiße das Lenkrad um eine scharfe Rechtskurve und glaube für einen Moment die Bodenhaftung verloren zu haben, in ein schwarzes Loch gefallen zu sein ...

An dieser Stelle könnte nun ein Horror-Roman à la Stephen King beginnen. Über den Eintritt in ein Paralleluniversum oder eine geheime Stadt innerhalb der Stadt. Halten wir uns aber lieber an den Regisseur Guy Ritchie. Einigen Cineasten wird der Titel seines jedenfalls empfehlenswerten Filmes ein Begriff sein: *Snatch.* –

Schweine und Diamanten: Inzwischen ist es dunkel geworden. Zu meiner Linken, drei Meter höher gelegen, eine stark befahrene Straße. Die Scheinwerfer der Autos brechen sich an den Leitplanken und verwandeln die Nebelbänke für Bruchteile von Sekunden immer wieder in ein dunkles Weiß. Gespenstisch!

Als sich meine Pupillen an die neuen Lichtverhältnisse gewöhnt haben, frage ich mich, ob es nicht vernünftiger wäre, schleunigst von hier zu verschwinden. Es liegt ein Abenteuer mit unsicherem Ausgang in der Luft, und ich bin körperlich eigentlich schon lange jenseits des Limits. Aber was erwartet mich da oben denn schon? Eigentlich möchte ich nie wieder dorthin zurück, und hier unten – keine zehn Meter Luftlinie von dem ganzen Chaos entfernt – geht mir zumindest niemand auf den Geist! Andererseits weiß ich nicht, ob ich meinen Augen noch trauen kann.

Sei's drum! Ich setze den Wagen langsam in Gang und taste mich mit fünf Kilometern pro Stunde durch den Nebel. Offensichtlich befinde ich mich auf einer aufgegebenen, schnurgeraden und unbeleuchteten ehemaligen Stadtautobahn. – Kein Mensch! Kein Auto! – *Habe ich hier den größten freien Parkplatz der Welt entdeckt? Wo ist der Haken?*

Vermutlich bin ich ins Erdgeschoss des Niemandslandes eines Autobahnkreuzes geraten, aber die Straße führt immer weiter weg vom Ausgangspunkt. Nach fünf Minuten fahre ich an einer verlassenen Raffinerie vorbei, sehe nun kein Licht mehr außer meinem eigenen und muss wegen einer streunenden Bulldogge halten. Sie sitzt in der Mitte der Straße, verrichtet in aller Ruhe ihr Geschäft, und als sie nach einiger Zeit damit fertig ist, trottet sie freundlicherweise auch wieder aus dem Weg. Ich fahre weiter. – *Eine riesige leere Straße mitten in der Großstadt. Eigentlich kann es so etwas gar nicht geben! Eine Landebahn wird es hoffentlich nicht sein!?*

Verdammte Donquichotterie; nur eines steht fest: Ich bin unfähig umzukehren und muss herausfinden, wo diese Straße hinführt! Auf einem weiteren Kilometer passiert nichts, als sich dann aber endlich etwas tut, harte Technobeats lauter werden, meine ich zunächst, dass die Jugend von Lissabon hier eine *Underground-Party* feiert. Ist das cool, denke ich mir, da bin ich doch am Start! Als der vage Lichtschein aber immer näher kommt, stellt sich das reger werdende Treiben als etwas Unschönes heraus. Zugegeben, ich hatte keine Gelegenheit, die allgemeine Stimmung näher zu erkunden, hierbei handelt es sich aber offensichtlich um eine wenig freundlich gesinnte und ziemlich große Zigeunerkolonie. Ich fahre an Männern vorbei, die aussehen wie Brad Pitt oder Benicio del Torro, grimmig dreinschauen und ihre Hände über Tonnenfeuer halten. Eine grell geschminkte Frau mit einer kaum vernarbten Schnittwunde quer über das Gesicht, erhebt sich von der Treppe ihres heruntergekommenen Wohnwagens und bewegt sich auf mein Auto zu.

Plötzlich steht einer auf der Straße, der unter seinem Hut eher aussieht wie Charles Bronson. Fast hätte ich ihn übersehen! Er gibt den anderen ein Zeichen, worauf die Musik abgestellt wird, und ich warte nur noch darauf, dass er eine Mundharmonika aus der Innentasche seines Mantels zieht, und anfängt, das *Lied vom Tod* für mich zu spielen. Stattdessen hält er einen Arm vor die Augen, um sich gegen mein Fernlicht zu schützen, begutachtet verwundert das Nummernschild und fängt unvermittelt an, hysterisch zu schreien! – Zentralverriegelung. Rückwärtsgang. Durchdrehende Reifen. Zur Seite springende Leute. Vollgas. Ein Dreher durchs Kiesbett, und nichts wie weg!

This novel ist based on a true story. Vor allem ist diese Geschichte aber exemplarisch für unabsehbare Gefahren, die einem unterwegs aus heiterem Himmel begegnen können. In diesem Sinne lasse ich den *Fiction*-Schreiber in mir nun endgültig von der Leine und spinne die Geschichte schlagwortartig für den Fall weiter, dass sie mich dazu gebracht hätten, mein Auto zu verlassen:

Herzliche Begrüßung eines nuschelnden Zigeuners. Kostenlose Drinks. Gute Musik. Beste Laune. Wein, Weib und Gesang. Poker. Ein letzter Bluff. Blackout. – Schnitt: Der nächste Morgen. Ich bin alleine, die Zigeuner sind weiter gezogen. Kopfschmerzen. Geld weg. Auto weg. Notebook weg. Dieses Buch ist verloren. Auf dem Fußmarsch zurück in Richtung des Autobahnkreuzes bessert sich bei Sonnenschein so langsam meine Laune. Ich erinnere mich an die Bulldogge von gestern Abend, sehe einen großen Haufen Hundescheiße, erkenne darin einen 84-karätigen Diamanten, und kaufe mir davon eine Insel im Südpazifik ...

Bemüht euch erst gar nicht! Wer den Film nicht gesehen hat, kann mein Drehbuch für den zweiten Teil von *Snatch: Schweine und Diamanten* nicht verstehen. Und keine Sorge, ich bin cool. Wer einen Monat auf den Straßen Marokkos unterwegs war, den schockt so eine Geschichte, was immer auch dran sein mag, nicht wirklich. In Wahrheit habe ich mich kaum erschreckt, um aber nicht noch tiefer in die offensichtlich existierende Gegenwelt von Lissabon zu geraten, fahre ich schleunigst zurück und erklimme im dritten Anlauf auch schon die Steilwand in jenen Kreisverkehr, wo dieses surreale Erlebnis seinen Anfang nahm.

Weil mir nichts Besseres einfällt, folge ich den Wegweisern zurück zum *Parque de Nações*. Dort angekommen, scheint immer noch keine Lösung für mein Parkplatzproblem in Sicht, und schließlich fahre ich – eher um eine kleine Pause einzulegen – auf einen Schrottplatz, der direkt neben dem futuristisch beleuchteten Expo-U-Bahnhof einen merkwürdigen Kontrast abgibt. Ich vertrete mir die Beine und komme dabei mit dem Inhaber beziehungsweise seinen Dobermännern ins Gespräch. Er trägt seinen Schnauzer wie Charly Chaplin und scheint ein Faible für Deutsche zu haben. Hemmungs- und hoffnungslos wie ich bin, weiß ich das für mich auszunutzen und darf meinen Benz nun so lange hier stehen lassen, wie ich es möchte. Nur spätestens Ende des Jahres müsse ich ihn abholen, weil dann genau an dieser Stelle ein Hochhaus aus dem Boden gestampft werden soll und er an diesem Tag gedenke, nach Argentinien auszuwandern.

Ich lasse also das meiste Zeug im Auto und starte mit der U-Bahn leichtbepackt, aber vollkommen übermüdet in Lissabons Innenstadt. Im alten Viertel *Baixa*, das gleichzeitig das Zentrum um den Hauptplatz *Barrio* darstellt, schwant mir von Anfang an Böses. Wie um diese Uhrzeit wohl in den meisten Großstädten der Welt, ist auch hier eine Vielzahl von zu spät angekommenen Travellern auf der sprichwörtlichen *Reise nach Jerusalem*. Alle Unterkünfte scheinen komplett belegt zu sein. Man läuft von Pension zu Pension und bleibt dabei nicht alleine. Eigentlich müsste es einen Kampf um die letzten noch zu findenden freien Betten geben, aber auch in solchen Situationen, wenn für die Nacht um Null Grad vorausgesagt sind, hält der unausgesprochene Ehrencodex der Reisenden. Man vergleicht seine Reiseführer, tauscht Adressen und begibt sich teilweise gemeinsam auf die Suche.

Zu fünft betreten wir die Rezeption eines Budget-Hotels. Eben ist ein Doppelzimmer frei geworden! Ein französisches Pärchen war eigentlich schon dabei, es zu buchen, nun sind aber wir dazu gekommen, haben allesamt anstrengende Anreisen hinter uns und hätten eigentlich auch ein dringendes Bedürfnis nach einem Dach über dem Kopf. Es wird diskutiert und schließlich fair abgewogen, wer ein warmes Bett am nötigsten hat. Ich persönlich sehe mich zwar auch in der engeren Auswahl – aber egal – an diesem Abend war das ganz eindeutig ein krankes Mädchen aus Kolumbien. Jungs kommen damit für die andere Betthälfte ja gar nicht mehr in Betracht, und so zieht eine Polin das große Los.

Unsere Gruppe wird größer und wieder kleiner, in jeder Lobby schließen sich neue Leute mit ihren Rucksäcken an, andere begeben sich lieber alleine weiter auf die Suche. Die Chancen werden weniger, Hoffnungen schwinden, und als unsere wandelnde Krisensitzung zu neunt beim Abendessen im McDonalds angelangt ist, gilt es andere Übernachtungsmöglichkeiten zu erkunden. So ende ich heute Abend auf einer Holzbank der weihnachtlich geschmückten Bahnhofshalle zwischen den Pennern. Das hatte mir mein Bruder schon vor langer Zeit vorausgesagt! ☺

Aber eigentlich stört mich das nicht sehr. Es ist leidlich warm, und mit ausreichend positivem Denken im Gepäck kann man sich das Ganze auch zu einem schönen, im Vergleich zum Hotelzimmer jedenfalls geselligeren Abend hindrehen. Zu dumm nur, dass mein Schlafsack im Auto liegt! Stattdessen habe ich sinnigerweise die Notebook-Tasche bei mir, auf die ich ständig ein Auge haben muss und die nicht einmal als Kopfkissen taugt. So schlafe ich nicht wirklich, sondern bringe die Nacht in einer Gruppe um einen spanischen Flamenco-Gitarristen rum.

7. Dezember: Lissabon. Heute sieht es nicht unbedingt besser aus. Gestern hieß es zumindest, es würde kaum etwas frei werden, aber als ich mir gegen 10 Uhr einen Spaß daraus mache, in einem echten Hotel nach den Preisen zu fragen, stellt sich das Duas Nações als ein wahrer Volltreffer heraus. Es sieht aus wie ein Hotel, riecht wie eines und fühlt sich auch so an! Lift, 24-Stunden-Rezeption, Fernsehraum, Internetanbindung auf dem Zimmer, Frühstück inklusive, und so weiter. 20 Euro samt Heizung! Ja, auch hier kann ich es aushalten und wiederum nur sagen: Die portugiesischen Unterkünfte sind – wenn man denn eine findet – Weltklasse!

Mehr als drei Stunden Schlaf gönne ich mir aber nicht, denn für heute Nachmittag ist natürlich Sightseeing angesagt. Mit zwei Dosenbier, der Fotokamera und einem guten Buch in der Tasche begebe ich mich auf weitere Erkundungstour. Zunächst durchstreife ich mein Viertel *Baixa* mit seinen großartigen Plätzen, Torbögen, Denkmälern und Geschäften. Wie fast ganz Lissabon wurde auch *Baixa* durch das große Erdbeben im Jahre 1755 vollkommen zerstört, von einem einzigen Architekten neu geplant und schließlich wieder aufgebaut. Dementsprechend homogen und schön sieht es auch aus. Die sechs breiten Straßen verlaufen schnurgerade in Richtung Hafen und waren ursprünglich jeweils für eine der wichtigen Zünfte vorgesehen.

Meine nächste Station ist das hügelige Viertel *Alfama*. So ähnlich stelle ich mir San Fransisco vor; auch dort sollen die Straßen sinusförmig auf und ab verlaufen, und die alten Trambahnen tun ihr Übriges, um dieses Bild zu vervollständigen. Über zahllose Treppen und enge Gassen kämpfe ich mich auf das Dach Lissabons. Dort steht, 80 Meter höher als die restliche Stadt, die einzige ursprüngliche Sehenswürdigkeit, die das Erdbeben unbeschadet überstanden hat: Das *Castello de São Jorge* wurde schon im fünften Jahrhundert von den Goten erbaut und ist somit das mit Abstand Älteste, was ich auf meiner Reise an Sehenswürdigkeit zu Gesicht bekommen habe. Wie die Alhambra in Granada, ist auch diese Burg in derart gutem Zustand, dass man als Tourist keinerlei Berührungsängste haben muss. Die herrlichen Parkanlagen resultieren aus einer Erweiterungsaktion der Mauren im neunten Jahrhundert, und die dort installierte Vogelwelt ist einzigartig.

Auf meiner ersten Runde durch die Burg sehe ich ein nettes Mädchen, wie es auf einer Mauer sitzt und die Aussicht auf den *Tejo* genießt. Als ich 45 Minuten später meine Besichtigung abgeschlossen habe, sitzt sie immer noch in derselben Haltung dort, wo es einen halben Schritt nach vorne 40 Meter in die Tiefe geht. Gute Nerven hat sie jedenfalls, die Kleine, und ich denke mir, das muss ein schöner Platz sein, um in der Sonne gemeinsam ein Bierchen zu zischen. So kommen wir schnell ins Gespräch: Sie heißt Paula und kommt aus La Coruña in Galicien, dem Nordwesten Spaniens. Ich frage, ob sich diese Ecke denn für mich rentieren würde, und um mich interessanter zu machen, erzähle ich von einem nie gefassten Plan, alle Küsten der iberischen Halbinsel abzufahren. Wie ich mich da aber so reden höre, bringt mich das auf den Geschmack. Hübsche Mädchen scheint es dort zu geben, und sie erzählt, Galicien wäre ein absolutes Muss! Es sähe so ähnlich aus wie Irland und sei anerkannt der landschaftlich anspruchsvollste Streifen Spaniens. Tatsächlich wird es mir dann vermutlich aber doch lieber sein, durch das Landesinnere nach Hause zu fahren, und davon abgesehen, könnte ich mir den Umweg von sicherlich 1000 Kilometern weder zeitlich noch finanziell leisten. Es gelingt mir, einen eitlen Pfau, der uns ursprünglich von der Mauer stoßen wollte, davon zu überzeugen, ein Rad für uns zu schlagen. *Obrigado!* (Herzlichen Dank)

Paula wartet auf ihre Freunde, und wenn man vom Teufel spricht: Pepito hat uns bereits fotografiert, ich werde auch Christina vorgestellt, und gemeinsam laufen wir noch einmal durch die Burg. Dann geht es mit Paulas Lada in das dritte wichtige Viertel von Lissabon, das *Barrio Alto,* wo sich P pito beim Anblick eines äußerst *stylischen* Frisiersalons dazu entschließt, seinen Vollbart abrasieren zu lassen. Da ich schon seit längerem dasselbe Problem mit mir herumtrage, folge ich, letztlich auf Drängen der Mädchen, seinem guten Beispiel und liefere mich diesmal einem Punker ans Messer. Mit Gesichtern so glatt wie Babypopos und kaum geschnitten, verabreden wir uns für 0.30 Uhr zu weiterer Fiesta.

Welch ein Luxus, das Hotel klingelt mich per Telefon wach, und zum vereinbarten Zeitpunkt finde auch ich mich im langsam hochkochenden Nachtleben Lissabons ein. Mit *Mojito* und *Merengue* starten wir durch, und wechseln nach 3 Uhr ins Hafenviertel, wo es eine super Disco geben soll. Nun stehen wir vor diesem Club, und der Türsteher würde die Mädels umsonst reinlassen, aber bei Pepito und mir scheitert es schon an der Kleidung, und wenn überhaupt, dann kämen wir nicht unter 30 Euro pro Person an ihm vorbei! Nun ist es so, dass jede Art von autoritärem Gehabe bei mir schon immer eine allergische Reaktion hervorgerufen hat, und gerade mit Türstehern lege ich mich besonders gerne an: So erkläre ich ihm – ganz langsam und zum Mitschreiben – dass löchrige Jeans momentan vollkommen im Trend sind, und als dieses Argument nicht so recht fruchten möchte und mein neuer Freund sich auch nicht davon überzeugen lässt, dass Lackschuhe, wie zum Beispiel er sie trägt, hoffnungslos unhip sind, lasse ich es mir nicht nehmen, noch tiefer in die altbewährte Trickkiste zu greifen: aber selbst meine Drohung, ich wäre ein weltbekannter Discjockey, würde normalerweise nicht damit prahlen, hätte es nun aber satt und würde *nie wieder* in diesem Club auflegen, wenn er uns nicht sofort umsonst reinließe, greift diesmal nicht! Das kann aber nur daran liegen, dass sich die anderen vor Lachen biegen und ich meiner Rede somit nicht den notwendigen Nachdruck verleihen kann: „Ich klag' mich rein!"

Wir haben großen Spaß, und schlussendlich versteht selbst der Zwei-Meter-Mann unseren Witz und lässt uns doch noch durch. – Und die spanischen Mädels: die können tanzen! Nur meine Kiste swingt nicht so, wie sie swingen müsste: „Hey, ich bin Deutscher!" – Paula und Christina ist das egal! Wenn Spanierinnen erst einmal warm gelaufen sind, dann machen sie keine Gefangenen.

Letztlich sind wir pleite, die Mädels haben auch schon lange keinen geschnorrten Drink mehr abgeliefert, und selbst Nino, der Türsteher, fühlt sich nun irgendwie missbraucht und weigert sich, weitere Getränkebons herauszugeben. Also verlassen wir die Disco, setzen uns schweren Herzens auf eine Bank, und da meine neuen Freunde ja eigentlich schon längst wieder auf ihrem Rückweg nach La Coruña sein sollten, heißt es sich zu verabschieden. Scheiden tut weh! – *Have a nice life!*

Im Morgengrauen bitte ich an der Rezeption meines Hotels darum, mich um 11 Uhr zu wecken, da ich vorhabe, die Stadt zu verlassen ...

8. Dezember: Lissabon. Das konnte natürlich nicht klappen. Stattdessen lege ich den Hörer neben das Telefon, verjage die Putzfrau, schlafe bis 13 Uhr, gehe nur ein bisschen spazieren, finde keine Weihnachtsgeschenke und verbringe den restlichen Tag an meinem Reisetagebuch. Seit heute Abend ist alles sauber nach Etappen untergliedert, für die einzelnen Kapitel habe ich mir Arbeitstitel ausgedacht, ein Inhaltsverzeichnis geschrieben, Fotos eingearbeitet, und vieles mehr wird folgen. Es sieht gut aus, ich bin stolz darauf, und wunder, wunder: wenn ich mich nicht täusche, dann ist es inzwischen ein richtiges Buch! – Aber nur, wenn ich mich nicht täusche. Jetzt werde ich mich erst mal darum kümmern, diesen Teil zu verschicken und morgen ...

Jedenfalls geht es weiter Richtung Norden. Schätzungsweise 2700 Kilometer liegen vor mir; was eine ganze Ecke ist!

Astronauten, Basken, kalte Winde

– *Salamanca, Baskenland, Bordeaux* –

Es wird immer kälter. Der Rückweg als Zustand und vor allem der Winter tragen nicht gerade zu allerbester Laune bei. Per E-Mail bin ich vielmehr schon wieder am Werk und leiste Vorarbeiten für den Alltagsstress. Mehr und mehr wird mir klar: diese Reise geht zu Ende. Was folgen soll, ist nur noch Heimweg ...

9. Dezember: Lissabon/Salamanca. Mein Auto steht noch auf dem Schrottplatz, und so lautet mein Plan für diesen sonnigen, aber doch schon kühlen Tag, so weit in Richtung Heimat vorzudringen, wie nur möglich. Doch kaum hinter Lissabon beginnt der Horror aufs Neue:

Wieder einmal gestaltet sich eine Fahrt durch Portugal als mittlere Katastrophe. Die Portugiesen fahren noch schlechter Auto, als ihre Straßen beschaffen sind! Ein Schlagloch folgt dem nächsten, was das Ganze aber erst so richtig gefährlich macht, das sind die vielen Langsam-Fahrer. *Low-Riding* schön und recht, hier und heute bekommt das Wort Sonntagsfahrer jedenfalls noch einmal eine vollkommen neue Dimension. Elektro-Autos (so etwas hat es bei uns vor fünfzehn Jahren auch noch gegeben) in denen alte Menschen mit Hüten sitzen und laut Volksmusik hören, zuckeln seelenruhig mit 40 Stundenkilometern in der Fahrbahnmitte vor sich hin. Dahinter ein einziges Konzert aus allem, was an Hupen zur Verfügung steht, 50 und immer mehr Autos, jeder einzelne Fahrer dem Nervenzusammenbruch nahe! Wenn man sich endlich entschließen sollte, auf der kurvenreichen Straße zu einem kühnen Überholvorgang anzusetzen, dann kann es einem auch gut passieren, dass gerade in dem Moment ein BMW mit 190 Sachen an der ganzen Schlange unter lautstarken Protesten des Gegenverkehrs vorbeirauscht, als ob das Leben ein Computerspiel wäre. Das Gefährlichste auf der Straße sind extrem hohe Tempo-Unterschiede.

Es dauert geschlagene fünf Stunden, bis ich nach 250 Kilometern mein erstes Etappenziel des heutigen Tages erreicht habe: Combria. Wegen des so entstandenen Zeitdrucks, kann ich es mir nicht einmal leisten, die altklassische Stadt entsprechend zu würdigen und finde im Stau des Berufsverkehrs schließlich nur unter Schwierigkeiten die laut Karte „große Landstraße" in Richtung der spanischen Grenze. Nun fahre ich auf der besten Straße weit und breit, und die ist wirklich unter aller Sau! Ein verrosteter Wegweiser gibt an, dass es 151 Kilometer bis zur Grenze sind. Das geht ja gerade noch, denke ich mir. Als ich aber nach zehn Kilometern und zehn riskanten Überholmanövern schon wieder hinter einem ausrangierten sowjetischen LKW klebe, wird mir so langsam klar, was ich mir da vorgenommen habe. Nach nun bald siebenstündiger Fahrt, muss ich meine letzten Konzentrationsreserven mobilisieren, um mich in der stockdunklen Nacht der gebirgigen *Sierra da Estrela* mit Verkehr, Schlaglöchern, Gefälle und scharfen Kurven zu messen. Ich fahre bewusst vorsichtig, denn wenn hier etwas passiert, dann bin ich geliefert! Notrufsäulen gibt es nicht, auf ein Handy verzichte ich nach wie vor, keine Tankstelle weit und breit, und die spärliche Landbevölkerung im portugiesischen Hochland, würde vermutlich kein einziges Wort meines Sprachschatzes verstehen. Die Äste knorriger Eichen hängen so tief, dass man fast schon davon ausgeht, sie würden einem früher oder später die Windschutzscheibe einschlagen. Einmal hat ein Erdrutsch einen Teil der Straße weggerissen, ein andermal kann ich einem zerfetzten LKW-Reifen im letzten Moment auf die – gottlob! – leere Gegenfahrbahn ausweichen. Es ist kaum zu glauben, was auf dieser Straße alles rumliegt: Ein Einkaufswagen und ganze Autowracks! Alle paar Kilometer sind zumeist schwarz gekleidete Leute auf dem Fahrrad oder zu Fuß unterwegs, und wenn es irgendwo im Wilden Westen Europas noch Wegelagerer gibt, dann mit Sicherheit in der *Sierra da Estrela*.

Mein Tipp: Wenn ihr irgendwo in Portugal eine Autobahn finden solltet, dann ist das Geld gut investiert. Zu eurer eigenen Sicherheit, und das Land hat es offensichtlich dringend nötig! Einerseits, um die Euro-Spar-Norm zu erfüllen, und andererseits, um davon bombastische Brücken zu bauen. Was mische gerade ich mich in portugiesische Innenpolitik ein?! Folgender maroder Vergleich sei mir also verziehen, aber ich muss noch einmal die realistische Computer-Simulation *Sim City* aufgreifen: Dort lernt man zum Beispiel, dass, wenn man als Staat anfängt, seine Straßen verwahrlosen zu lassen, dies zumeist der Anfang vom Ende ist.

Nun ja, im Endeffekt fahre ich ohne größere Zwischenfälle kurz nach 21 Uhr über die Grenze nach Spanien und verlasse Portugal mit dem Gefühl, dass es dieses Land in Zukunft schwer haben wird, europäischen Standards zu genügen. Ein Wegweiser gibt Auskunft, dass es bis nach Salamanca noch 200 Kilometer sind, und ich zweifle schon an meinen Kräften, als sich vor mir der zweispurige, wenig befahrene, über 200 Kilometer schnurgerade und kostenlose Highway durch Leon und Kastilien auftut. Welch ein Kontrast: Das ist zweifelsohne die perfekteste Straße, über die ich je gefahren bin! Um mich wach zu halten, höre ich möglichst harte und laute Musik, die zu diesem Ritt auf dem fliegenden Teppich wie die Faust aufs Auge passt. – Steppenwolf: *Magic Carpet Ride.*

Die Portugiesen hatten für ihren verwässerten Sprit deutsche Preise verlangt, aber zurück in Spanien kann ich meine teure Rosinante endlich wieder für nur 70 Cent pro Liter mit gutem spanischen Euro-Super-95 füttern. Gerade erreiche ich noch die erste Tankstelle hinter der Grenze, und in dem Moment, als ich das Auto verlasse, wird mir klar, was für einen großen Fehler ich gerade im Begriff bin zu begehen. Null Grad oder weniger! Scheiße, da ist er also, der Winter! Winter, ich komme dir entgegen! So weit im Süden hätte ich dich allerdings noch nicht erwartet.

Dankenswerterweise nimmt mir ein halberfrorener Tankwart den Einfüllstutzen aus der Hand, und so kann ich diese Zeit nutzen, in eine immer noch viel zu kalte Jeans zu wechseln. Die Zeit der kurzen Hosen ist ab nun für lange Monate vorbei. Es wird kalt …

Salamanca ist nach Granada und Marrakesch die dritte Stadt meiner Reise, die mich schon alleine des Klanges ihres Namens wegen magisch anzogen hat, und auch Salamanca hat sich diese Vorschusslorbeeren redlich verdient. – So begebe ich mich ins Nachtleben, schlendere von Bar zu Bar, und bleibe irgendwann in einem wunderbar hergerichteten Irish Pub hängen, dessen Besitzer ein altes Dubliner Theater originalgetreu nachstellt hat. In diesem anregenden Ambiente lese ich endlich Rosendorfers *Briefe in die Chinesische Vergangenheit* zu Ende, und hier meine Rezension:

Da das Buch etwas gemächlich beginnt, habe ich es immer wieder weggelegt, und ich muss gestehen, hätte ich in den letzten Monaten mehr Auswahl gehabt, ich hätte es wohl nie bis zur letzten Seite geschafft. Zunächst scheint es sich in Richtung eines typischen Münchner Schwankes zu entwickeln. Je länger der chinesische Mandarin „Kao-tai" aus dem zehnten Jahrhundert, der durch eine Zeitreise versehentlich ins München um 1980 gelangt, sich aber mit den Sitten und Gebräuchen der „Großnasen" beschäftigt, desto mehr Tiefgang bekommt diese Lektüre. Für mich ist das Buch nicht in erster Linie komisch, wie es der Klappentext vermuten lässt, sondern vor allem systemkritisch. Zum Reinlesen empfiehlt sich besonders der vorletzte Brief, welcher auch für sich allein ein Meisterwerk darstellt.

10. Dezember: Salamanca. Mein Zimmer in einer privaten Studentenpension hat kein Fenster, ist klein aber zur Abwechslung mal wieder so richtig günstig. Ich wohne quasi *in* der altehrwürdigen Universität.

La Universidad de Salamanca: Sie wurde 1218 als eines der „vier führenden Lichter der Welt" neben den Universitäten von Bologna, Paris und Oxford etabliert. Ich kann mich daran erinnern, am Strand von Tarifa im *Spiegel* gelesen zu haben, dass die Legende besagt, der Teufel höchstpersönlich würde hier in den Kellergewölben eine eigene Bibliothek unterhalten, die Originalniederschriften von Teilen der Bibel und Zeitzeugenberichte über Jesus von Nazareth in ihrem Fundus haben soll. Ob das so stimmen kann, sei dahingestellt, jedenfalls gehen die Studenten auf ihrem Weg in die Hörsäle heutzutage an einer zehn Meter langen und drei Meter hohen Panzerglaswand vorbei, die mich an das Verlies von Hannibal Lecter in *Das Schweigen der Lämmer* erinnert. Dahinter befindet sich eine antike Bibliothek mit 160.000 Bänden, und einer Broschüre kann ich entnehmen, der Vatikan klage seit Jahrhunderten auf kirchenrechtlicher Ebene die Herausgabe einiger wichtiger Schriftstücke ein. Worum es sich dabei genau handeln soll, bleibt allerdings im Dunkeln; nur *Spiegel*-Leser wissen scheinbar mehr ... ☺

Weltoffenheit und Toleranz wurden in Salamanca schon immer besonders gepflegt. Hier erörterten Studenten das kopernikanische Weltbild, als ihre Kommilitonen an anderen Lehrstätten für solche Gedanken noch vor der Inquisition als Ketzer endeten. An dieser Uni wurde Bildungsgeschichte geschrieben wie an kaum einer zweiten, und viel scheint sich seit der Zeit, als Christoph Columbus hier seine Thesen verbreitete, nicht verändert zu haben. Jeder Stein, jede Säule hat seine eigene Geschichte, und an einer steht seit Jahrhunderten der mit unabwaschbarem Stierblut geschriebene Satz: „*A Salamanca putas que ha venido San Lucas*", was frei übersetzt so viel heißt wie: Zu Semesterbeginn, am Tag des heiligen Lukas, kehren mit den Studenten auch die Prostituierten aus den Semesterferien zurück.

Die Tatsache, dass diese Gebäude in manchen Räumen einfach nicht beheizbar sind, lässt erst so richtig das Gefühl einer geheimnisvollen mittelalterlichen Universität aufkommen. Allein zehntausend ausländische Sprachstudenten werden noch immer in den selben Räumen wie damals unterrichtet, und die Namen der Hörsäle erinnern an einige der größten toten Helden in der Geschichte freien Denkens: So fällt es auch nicht schwer, sich den Wintertag um 1580 vor Augen zu rufen, an dem Fray Luis de Leon diesen heute nach ihm benannten und damals restlos überfüllten Saal betrat, in dem ich jetzt stehe. Fünf Jahre zuvor war er für die Inhalte seiner Lehre von der heiligen Inquisition in Dunkelhaft gesetzt worden, und an jenem Tag, endlich wieder in Freiheit und schwer gezeichnet, kam er also herein und betrat die Dozentenkanzel. Er blickte in die vor Spannung schweigende Studentenschaft, begann mit den klassischen Worten „Wie wir gestern sagten ...", und löste damit einen Tumult aus.

Hugo Grotius begründete unter anderem in diesen Gemäuern das moderne Völkerrecht, und wenn man bedenkt, dass hier noch vor 75 Jahren Professoren wegen freier Rede schwer bestraft wurden, dann möchte man nicht daran glauben, dass heutzutage schon jedes dunkle Kapitel in der Geschichte der akademischen Freiheit ein für alle Mal zu Ende geschrieben ist. 1936 wurde der berühmte Rektor Miguel de Unamuno bis zu seinem Tode unter Hausarrest gestellt, weil er dem faschistischen Ruf „Nieder mit der Intelligenz" auf seine Art begegnete und den Satz „Es gibt Zeiten, da heißt Schweigen: Lügen" als weitere Marschroute der Universität im Kampf gegen die Politik General Francos prägte.

Heute schleppen Studenten in Anoraks und mit dampfendem Atem ihre Bücher durch die Gänge. Dieses Gebäude ist riesig, wunderschön und uralt.

Salamancas Altstadt wird vom so genannten Plateresk-Stil beherrscht, der sich durch eine Vielzahl unterschiedlichster in die Gemäuer eingearbeiteter Figuren auszeichnet. So stehe ich vor der dafür besonders bekannten Fassade der Universität und halte ein Informationsblatt in der Hand, das mich auffordert, die feinen bildhauerischen Elemente genauer unter die Lupe nehmen. Mit einiger Mühe bekomme ich Einzelheiten zu Gesicht, bei deren Anblick man nur schmunzeln kann: In sexueller Erregung umschlungene Körper mit Engelsflügeln auf dem Rücken und gehörnte Könige, die Päpsten zum verwechseln ähnlich sehen, tummeln sich unter allerlei Ungeziefer und Trunkenbolden. Scheinbar ganz bewusst wurde damals kein denkbares Fettnäpfchen gegenüber der Kirche ausgelassen. Ein munteres, teilweise selbst in der heutigen Zeit noch provokantes Treiben.

Ich gehe weiter, komme an der mächtigen romanischen Kathedrale von 1140 vorbei und stehe schließlich vor der von 1513 bis 1733 erbauten gotischen „Neuen Kathedrale". Hier ist es schwerer, einzelne wichtige Figuren herauszufinden. Den fetten Frosch, der auf einem Totenkopf sitzen und bei dessen Anblick man angeblich ewiges Beziehungsglück erfahren soll, kann ich zum Beispiel nicht erkennen. Vielleicht habe ich auch nicht lange genug danach gesucht, der absolute Höhepunkt bleibt mir aber nicht verschlossen: Im linken unteren Drittel der Fassade findet sich ein Astronaut. Es besteht keinerlei Verwechslungsgefahr! Hierbei handelt es sich zweifelsfrei um einen versteinerten Raumfahrer, der mit Moonboots, Sauerstoffhelm und Astronautenanzug scheinbar schwerelos im Weltraum driftet.

Von Faszination überwältigt und überzeugt von den hellseherischen Fähigkeiten etwa eines Nostradamus, der auch und vor allem hier verkehrte, gehe ich also auf direktem Weg in den nächsten Laden und kaufe einige Postkarten mit diesem Motiv. Ich beschreibe sie mit dem Vermerk, die Arbeit stamme aus dem 18. Jahrhundert, verlasse das Postgebäude, setze mich auf die Treppe davor und lese weiter in meiner Broschüre über die Altstadt Salamancas: Im nächsten Absatz steht, dass es sich hierbei um den heimlichen Scherz eines Restaurators von 1975 handelt. – Schön blöd! Ich kaufe also noch einen Schwung Postkarten und stelle die Sache richtig: Nach der Enthüllung der restaurierten Fassade muss es unter den Gelehrten zu einigem Aufruhr um die Entfremdung dieses klassischen Kunstwerks gekommen sein, inzwischen ist *Astronauta de Salamanca* aber eine beliebte Touristenattraktion, und eine der schönsten Studentenkneipen hat sich nach ihm benannt.

Dort, auf der beeindruckenden Plaza Mayor im Herzen der Altstadt, verbringe ich den Nachmittag. Als die Sonne aber hinter den Arkaden verschwindet, wird es schlagartig kalt. Der Platz leert sich, auch ich bezahle meinen Cappuccino und wechsle in die warme öffentliche Universitätsbibliothek, um herauszufinden, was die internationalen Reiseführer über Deutschland schreiben. Ungefähr so sehen uns Amerikaner, Japaner oder Australier:

„Ein Land mit nassen, kurzen Sommern und kalten, langen Wintern. Aber trotz dessen und trotz der Tatsache, dass es für Budget-Reisende kaum erschwinglich ist, wegen seiner Landschaft und Kulturgüter ein absolutes Muss! Und, es ist wahr: Die auf Hitler zurückgehenden deutschen Autobahnen sind kostenlos und haben kein Tempolimit."

11. Dezember: Salamanca/San Sebastian. Die Art und Weise, wie es mich an diesem Tag nach San Sebastian verschlägt, ist typisch für meine Art zu reisen: Gestern Abend hatte ich mir überlegt, was meine nächste Station sein könnte, und dabei stellte sich Burgos schon deshalb als eine logische Variante heraus, weil es in zirka 400 Kilometern Entfernung auf dem direkten Weg nach Hause liegt. Ich hatte mich also gegen Madrid entschieden, und somit war auch ein schönes Bild ausgeträumt, das vorgesehen hätte, mich nun, gegen Ende meiner abenteuerlichen Reise auf den Spuren des *Don Quichotte* in die Heimatstadt der schönen Dulzinea nach Troboso zu begeben. Traurig, auch dort hätte ich eine spannende Zeit gehabt und mit etwas Geduld sicherlich ein passendes Mädchen gefunden, um die ich eine kleine Story hätte spinnen können. Aber nun, da ich mich weiter in Richtung Norden orientiere, steht fest: Ich werde die *Mancha* zumindest auf dieser Reise nicht mehr zu Gesicht bekommen.

Die Sonne scheint, das Bluesmobil fährt immer noch, ich kann sogar das Schiebedach öffnen, und die Straße ist hervorragend. So bin ich schon nach einer Stunde in Valladolid, einer ehemaligen Hauptstadt Spaniens, die besonders durch zwei Begebenheiten berühmt geworden ist, welche leider schon so lange zurück liegen, dass sich kaum noch jemand an die Berühmtheit dieser Stadt erinnern kann: Erstens ist Christoph Columbus hier gestorben, und zweitens wurde in einem dieser Häuser ab 1603 der größte Teil des in diesem

Buch vermutlich schon zu oft zitierten spanischen Nationalepos geschrieben. Aber selbst auf meiner dritten Runde kann ich die *Casa Cervantes* nicht finden und lege somit dieses Thema samt dem nur halbfertig gelesenen *Don Quichotte*, der mich seit Granada meine letzten Nerven gekostet hat, für den weiteren Verlauf dieser Reise *ad acta*. Es gilt, sich wieder vorsichtig an die Realität heranzutasten, und unser Ritter von der traurigen Gestalt sollte jedem abenteuerlustigen Reisenden ein mahnendes Beispiel dafür sein, was passiert, wenn man dies verweigert.

Gegen 16 Uhr bin ich in Burgos. Hier steht die größte Kathedrale Spaniens und langsam kommen mir die Kirchen wirklich hoch! Ich schwöre, dass es die letzte sein wird, die ich auf meinem Weg besichtige und komme zu der Einsicht, dass mir diese Stadt nicht gut genug gefällt, als dass ich hier wirklich übernachten sollte. Also ändere ich meinen Plan und entscheide, nach eingehendem Studium der Landkarte, heute Nacht in Pamplona Station zu machen. *Pamplona!* – Vielleicht gibt's sogar eine *Corrida!* Und war da nicht etwas mit einem Fest, bei dem Menschen vor Stieren weglaufen und dabei teilweise getötet werden? Bei meinem Glück findet dieses Rennen gerade morgen statt. Also: auf nach Pamplona!

Tatsächlich komme ich in dem Autobahntrubel um Vitoria-Gasteiz nicht zurecht und wähne mich schon auf dem Weg nach Bilbao. Nachdem ich wegen Benzinmangels aber noch einmal von der Autobahn abfahren muss, nehme ich scheinbar die falsche Auffahrt und so endet dieser Tag schließlich in San Sebastian. Als ich heute Mittag losgefahren war, hatte ich diese Stadt nicht einmal angedacht, aber so läuft das eben *on the road ...*

San Sebastian liegt im äußersten Norden Spaniens am atlantischen Golf von Biskaya, und genauso wie im gesamten Baskenland ist der Verkehr gerade hier besonders chaotisch. Erst nach drei oder vier Stadtumrundungen wird mir klar, dass die äußersten Straßen, welche laut meinem Reiseführer die günstigsten Pensionen beherbergen, mit dem Auto überhaupt nicht zu befahren, sondern pure Fußgängerzonen sind. Auch Parkplätze scheint es hier nicht zu geben, und die Tiefgaragen nehmen 20 Euro für den Tag, was ich für unverhältnismäßig halte.

Ich fange aber auch gar nicht damit an, mich darüber aufzuregen, denn meine Erfahrung besagt, dass sich in Spanien niemand darum kümmert, wo ich mein Auto abstelle. So stand ich etwa in Cadiz ganze sechs Tage im absoluten Parkverbot, ohne dass ich einen Strafzettel dafür bekommen hätte, und sollte ich wider Erwarten wegen Falschparkens doch etwas berappen müssen, wäre das bedeutungslos, da der Aufwand, Strafzettel bis nach Deutschland nachzuvollziehen, nicht betrieben wird. Also ist dieses Thema für mich vollkommen abgehakt, und nachdem ich hier, die Basken nennen es *Donostia*, nach einer halben Stunde noch immer keinen offensichtlich regulären Parkplatz gefunden habe, gebe ich es auf.

Mein Problem ist das merkwürdige *Euskara*. Es ist die älteste erhaltene Sprache des Kontinents, die einzige Westeuropas, die nicht indogermanischen Ursprungs ist, und es ist schon bemerkenswert, wie wenig Wert die 200.000 Basken darauf zu legen scheinen, dass Durchreisende das verstehen, was sie mitzuteilen haben. Hier kommt kein Verkehrsschild auf Spanisch oder sonst verständlich rüber. Folgend ein willkürlich gewählter Auszug aus einer Broschüre in baskischer Schrift-Sprache, um zu verdeutlichen, wie abgefahren das *Euskara* wirklich ist: *„Paris loratzen ari zen hiriburu artistioka zen eta eragin-eremua hiri hau izanik, XIX. mendearen bukaerako abangoardia iraultzaile hohen sorrerak XX. mendeko aurrerapen gehienak bultzatu zituen, esate baterako Guggenheim Bildumaren fonfoetan nabarmentzen den pintura abstraktua edo ez objektiboa."* – Somit weiß ich, wo sich die Wurzeln der späteren Klingonen finden werden. *Hiriburu!* Ein schönes Wort!

Ich gebe es also auf, stelle mein Auto dort ab, wo am selben Pfosten gleichzeitig ein Parkplatz- und ein Parkverbotsschild befestigt sind und meine, obwohl ich die jeweiligen Schriftzeichen darauf nicht entziffern kann, hiermit noch am Besten zu parken; lasse mich doch nicht verrückt machen ...

Meine neue Unterkunft ist eine Wucht! Hier gibt es für regulär 10 Euro einen echten Schreibtisch, einen Balkon, ein Doppelbett, täglich frische Blumen, und gerade wird sogar noch eine Gemeinschaftsküche eingebaut. Die junge Eigentümerin, Victoria, ist auf Rucksackreisende spezialisiert und hat wegen der Umbauarbeiten eigentlich gar nicht geöffnet. Sie schickt mich aber trotzdem nicht weg, und bietet mir stattdessen das Zimmer für die Hälfte an.

Da Victoria selbst auf diesem Stockwerk wohnt, und da sie noch nicht ausgehen kann, weil sie einer Gruppe Chilenen heute Nachmittag am Telefon versprochen hat, sie würde auf sie warten, schlagen wir ihre Zeit gemeinsam tot. Erst zockt sie mich gnadenlos am Kicker ab und dann, zu allem Überfluss, auch noch im Schach! Wir lassen eine Pizza kommen, setzen uns in die Schaukelstühle ihrer Leseecke, und sie erzählt von ihren Sorgen: Sie könne nicht mehr länger hier warten, und müsse endlich in die Kneipe, weil ihr Freund krankhaft eifersüchtig wäre. – *Aua!* – Aber sie gedenke sowieso bald mit ihm Schluss zu machen, und viel wichtiger wäre, dass die Küche endlich fertig wird, weil nun die Traveller-Saison noch einmal richtig los geht! In ganz Südamerika hätten die großen Ferien begonnen, und die Argentinier, Brasilianer, Peruaner und so weiter, kämen hordenweise, um das winterliche Europa zu erkunden. Das wäre ein großes Geschäft, aber mit lärmenden Bauarbeitern ginge da natürlich nichts! – Es klingelt. Sie läuft freudig zur Tür, aber anstatt der Chilenen stehen dort zwei Briten mit dem *Lonely Planet* in der Hand und bitten um Einlass. Natürlich dürfen auch sie herein, und letztlich vertraut Victoria mir die Schlüsselgewalt an, da sie endlich zur Fiesta möchte. Also darf ich nicht einschlafen, und halte mich mit Kaffee und Webdesign so lange wach, bis tief in der Nacht tatsächlich die drei Indios hier aufkreuzen.

Eine halbe Stunde später kracht es auf dem Gang. Victoria ist „leicht angeheitert" nach Hause gekommen und über eine Blumenvase gestolpert.

12. Dezember: San Sebastian. Heute Nacht habe ich den Durchbruch zu meiner neuen Webseite geschafft. Das Layout zur Webdesign-Plattform webworker.net steht, wartet nur noch darauf, mit Inhalten gefüllt zu werden und soll nach meiner Rückkehr in kürzest möglicher Zeit denkbar potente Kundschaft anziehen! ☺ – Dementsprechend spät komme ich auch aus den Federn und muss nun dringend einige Dinge im Webcafé erledigen. Auf dem Weg dorthin möchte ich ein paar Klamotten aus dem Auto holen und muss mich jetzt wohl damit abfinden, dass es verschwunden ist. Weg!

Also begebe ich mich auf die Suche, und schließlich erklärt mir ein Polizist den Weg zur öffentlichen Tiefgarage, in der alle abtransportierten Wagen abgestellt werden. Ich bitte ihn, mir zu erklären, warum es denn ein einfacher Strafzettel nicht getan hätte, aber er meint, mit so etwas würden sie hier im Baskenland gar nicht erst anfangen, da die in Spanien sowieso keiner bezahlt. Auf meine Frage, wie teuer das denn nun wäre, meint er: „Teuer!" – Mann, das passt mir jetzt so gar nicht in meinen Masterplan.

Ich komme zu der Tiefgarage, reihe mich in eine Schlange von fünf weiteren abgeschleppten Autobesitzern ein, schiebe unspektakulär meinen Führerschein und eine Kreditkarte über den Tresen, erhalte eine saftige Rechnung und letztlich auch mein Auto zurück. Eine Sache von drei Minuten.

13. Dezember: San Sebastian/Bilbao. Auf der ganzen Reise war ich noch in keinem einzigen Museum. Um diesem vermeintlichen Versäumnis abzuhelfen, bietet sich für heute Nachmittag ein Ausflug ins 120 Kilometer entfernte Bilbao an.

Das beeindruckendste am Guggenheim-Museum ist das 100-Millionen-US-Dollar-Gebäude an sich. Es nimmt eine Autobahnbrücke in seine abstrakte Architektur auf, ist 53 Meter hoch, aber derart genial im Tal des *Rio Bilbao* gelegen, dass es nicht über die umstehenden Bauwerke hinausragt. Laut Fachleuten ist es „das letzte große Museum des 20. Jahrhunderts". Mich persönlich hat es aber nicht so begeistert. Vermutlich bin ich ein Banause, und das Beste war noch die offensichtlich berühmte Tannhauser-Sammlung: Picassos, Gaugins, Van Goghs, Monets ...

Das war's dann nach drei Stunden auch schon mit Bilbao, und als ich am Stadion von *Atletico* vorbei fahre, ist mir schon längst bewusst, dass ich mir diesen teuren Ausflug auch hätte sparen können. Ich bin schlecht drauf; irgendwie nerven mich diese Basken mit ihren gleichnamigen Mützen und überdimensionalen Schnauzern!

Am Abend unterhalte ich mich mit einem der Briten. Er kommt aus Manchester, und als ich der Einfachheit halber behaupte, ich käme aus München, wischen wir unsere Hände an den Hosen ab und reichen sie uns voller Respekt vor der jeweils gegnerischen Fußballmannschaft. Wir einigen uns darauf, dass es gegenwärtig wieder einmal unentschieden zwischen uns steht, die Geschichte dieser beiden Teams aber noch lange nicht zu Ende geschrieben ist.

14. und 15. Dezember: San Sebastian/Bordeaux. An der Grenze zwischen Spanien und Frankreich steht nicht einmal mehr ein Schild. Das einzig Auffällige ist, dass von einem Kilometer auf den anderen der Sprit um 30 Cent teurer wird. Also decke ich mich einen Kilometer vor der Grenze noch einmal reichlich ein, und da ich dort den ersten Eiszapfen in der Sonne schmelzen sehe, bekommt mein Auto auch noch eine Portion Kühlflüssigkeit ab. Das mit den Sommerreifen ist noch kein Problem. Mal sehen, was kommt.

Für Bordeaux ist lediglich im Plan, weiter an der Website zu arbeiten, und vor allem den Reisebericht auf den neuesten Stand zu bringen. Ich befürchte nämlich, dass ich, zurück in Deutschland, unfähig sein werde, dieses Buch zu vollenden. Darum muss es einfach unterwegs fertig gemacht werden. Koste es, was es wolle! Oft denke ich mit äußerst gemischten Gefühlen über meine Heimkehr nach. Es ist bitter kalt, und wenn ich dieses Reisetagebuch etwa in den Granada-Tagen überfliege, dann werde ich schon wehmütig. Kälte ist einfach ein Minus an Lebensqualität, und an der Südküste, von der ich gerade komme, ist es den Winter über gute 15 Grad wärmer, während schon hier in Bordeaux jeder um diese Jahreszeit auf irgendeine Art krank ist. Auch ich habe leichtes Fieber, gehe nun mit Handschuhen, Schal und Mütze spazieren, und wenn ich erst einmal zu Hause bin, dann stehe ich zwar mit viel Arbeit, aber ohne eine eigene Wohnung da, in der ich die Ruhe finden könnte, sie zu tun.

Tja, das ist der Preis für eine solche Reise! Aber andererseits freue ich mich von Tag zu Tag immer mehr darauf, meine Leute wiederzusehen. Irgendwie werde ich es schon auf die Reihe bekommen. *Irgendwie und sowieso.*

An diesem Abend schlendere ich durch das weihnachtlich geschmückte Bordeaux. Mir wird bewusst, dass der Vorteil einer solchen Rundreise auf dem Landweg auch der ist, dass man sich zunächst langsam von zu Hause entfernt und dann auch wieder gemächlich annähert. So ist jeder Übergang immer fließend und großartige Klima- oder Kulturschocks bleiben aus. Allgemein bleibt zu sagen, dass meine Aufnahme- und Wiedergabefähigkeit nachlässt. Ich bin sicher nicht zu lange, aber in den letztem Tagen einfach zu schnell unterwegs. Es bleibt keine Zeit mehr, um die Eindrücke zu verarbeiten, und wenn ich versuche, mich locker zu machen und weiträumig umzusehen, dann stelle ich fest, dass die Scheuklappen unbemerkt zurück gekommen sind. Was zweifelsohne an einem konkreten Ziel liegt, das ich nun in schnellstmöglicher Zeit erreichen möchte. Dieses Ziel ist von nun an nicht mehr der bloße Weg, sondern die schnellstmögliche Rückkehr in die Normalität.

Eigentlich wollte ich mich noch mit Leila aus Marrakesch hier treffen. Sie ist inzwischen aus Marokko ausgewiesen worden und nach Bordeaux zurückgekehrt. Ihren E-Mails kann ich entnehmen, dass sie fürchterlich schlechter Laune ist, und nichts mehr auf die Reihe bekommt. Sie hat keine eigene Wohnung, Schulden, kaum Chancen ihren Studienplatz zu halten, und schreibt, sie möchte schnellstmöglich wieder fort. Ich schwanke, würde sie schon gerne wiedersehen, traue mir dabei aber selbst nicht ganz, denn wenn ich von ihren Plänen höre, dann könnte das in mir den einen oder anderen schlafenden Hund aufwecken. Und darauf habe ich keine Lust. Ich habe meine persönlichen schlafenden Hunde irgendwo zwischen Marrakesch und Salamanca – vermutlich auf der Autobahnbrücke über Sevilla – getötet und kann mich im Sinne positiven Denkens inzwischen ganz gut mit dem Gedanken anfreunden, bald wieder zu Hause zu sein.

Mein Gott, hätte ich sie gerne wieder gesehen, aber ich habe so etwas Ähnliches wie Angst vor diesem Treffen, sie vermutlich genauso, und deshalb werde ich mich nicht bei ihr melden. Schwach!

So gesehen wüsste ich auch nicht, was mich noch einen weiteren Tag hier halten sollte. Das Leben ist viel zu teuer! Wenn man von so einer Reise nach Frankreich zurück kommt, standesgemäß bis zum letzten Cent gelebt hat, dann schwimmen einem die finanziellen Felle davon. Für mich ergibt es keinen Sinn, auch nur einen Tag länger als nötig unterwegs zu sein. Irgendwie ist hier für mich schon längst wieder Deutschland mit allen Vor- und Nachteilen. Die Nachteile überwiegen aber zumindest in dieser Jahreszeit sehr deutlich. So dumm sich das anhört: Die Kälte hat mir meinen letzten Schneid geraubt, ich friere seit Tagen, weil die Heizungen der Hotels so weit im Süden nicht für solche Temperaturen ausgelegt sind, und kämpfe zunehmend mit der Entfernung. An diesem Abend möchte ich einfach nur noch nach Hause! Für einen Traveller ist das ein Armutszeugnis vor sich selbst.

Vermutlich mache ich mich also schon morgen wieder vom Acker und weiter geht es über Orléans zur letzten Station dieser Reise und Hauptstadt Europas: Paris. – *Père-Lachaise* im Winter, vielleicht sogar bei Schnee. Diesem Gedanken kann ich zumindest irgendetwas Positives abgewinnen.

Rock is dead

– über Paris zurück nach Hause –

16. Dezember: Bordeaux/Paris. Es geht von Stadt zu Stadt in angenehmen 120-Kilometer-Abständen. Die Nationalstraßen in Frankreich sind genial, und ich frage mich, warum in diesem Land überhaupt jemand Autobahngebühren bezahlt.

Angoulême, weiter durch Poitiers, und kurz dahinter weist ein Schild den Weg nach Futuroscope. Das erscheint mir von der Tour de France bekannt, also fahre ich ab, um herauszufinden, was sich hinter diesem Namen verbirgt: In erster Linie handelt es sich hierbei um einen Medienpark mit den modernsten Kinos der Welt. Viel spannender finde ich aber die Gebäude an sich. Einmalige, noch nie da gewesene Architektur: Stahl, Acryl, Glas, Kugeln, Säulen, Spiegel, Gitter. Verrückteste Formen! Weiträumig und übersichtlich gestaltet. Ein Hauch von Zeitreise: Es sieht aus, wie eine Siedlung aus dem 22. Jahrhundert. Schaut es euch an, wenn ihr in die Ecke kommt; ich denke, es ist einen Abstecher wert!

Schon rauschen Tours und eine auf den ersten Blick besonders schöne Stadt, Blois, an mir vorbei. Ich halte aber nicht an, denn meine nächste Pause habe ich für Orléans im Plan. Doch ich hätte es besser wissen müssen: Es hat sich noch nie wirklich bewährt, auf die Schnelle von der Autobahn abzufahren, um nur *ein wenig* von einer größeren Stadt zu sehen. Irgendwie kann das nicht klappen, und die Frage nach dem Warum ist nicht besonders spannend. Es geht darum, dass man sich in fremden Städten naturgemäß nicht auskennt, dass man mit dem Auto allerhöchstens auf den Hauptverkehrsstraßen navigieren kann, und letztlich bleibt immer derselbe Eindruck: Stau, Stau, in diesem Fall eine gute Stunde stehender Verkehr! Doch stehender Verkehr ist eigentlich gar kein Verkehr, und wenn man direkt neben einer Dönerbude mit Außenheizung zum Halten kommt, dann sollte man sich nicht beklagen. Ich sitze auf der warmen Motorhaube, beiße in ein gut gefülltes Fladenbrot und blättere im Reiseführer. Irgendwo hinter dieser Häuserfront müsste die Straße verlaufen, welche vor vielen hundert Jahren Jeanne d'Arc für ihren Triumphzug nutzte.

Nicht einmal ein Webcafé ist an diesem Sonntag in Orléans auszumachen, und so starte ich in einer Tankstelle, schon etwa 100 Kilometer vor Paris, den von Anfang an aussichtslosen Versuch, per Telefon die Antwort auf eine weitere der großen Fragen unserer Zeit zu finden: *Wo soll ich heute Nacht nur schlafen?* – Ich habe zwar eine Handy-Nummer, kann Janko aber nicht erreichen, und wie es nicht anders zu erwarten war, sind auch die wenigen günstigen Pensionen schon seit Wochen alle ausgebucht. Niemals würde ich mehr als 30 Euro bezahlen, das wäre die absolute Schmerzgrenze, aber andererseits verleugnet man bei einer Stadt wie Paris mit einer solchen Einstellung die Realität. Trotzdem: es bleibt dabei, nie im Leben würde ich für eine kurze Nacht ohne weiteren Luxus mehr als 40 Euro hinblättern, und somit wird es heute wohl oder übel auf das Auto rauslaufen. Ganz schön kalt dafür!

Eigentlich habe ich gar keinen Bock auf Paris. Kein Schlafplatz, Stadtverkehr, scheißteuer, denke ich mir, und nach allem, was ich darüber weiß, viel zu nobel für meinen momentanen Style! Ich überlege schon, ob ich nicht einfach die 800 Kilometer weiter bis nach Augsburg fahren sollte. Dort hätte es wenigstens eine Dusche, aber das kann ich dann doch nicht bringen, denn schließlich geht es hier für mich darum, einen toten Helden zu begraben.

Tote Helden!? – Irgendwann in meiner Studienzeit ist einigen Kommilitonen aufgefallen, dass die Poster an den Wänden meines WG-Zimmers allesamt die Köpfe ausschließlich verstorbener Persönlichkeiten zeigen: Gandhi, Marley, den Ché, John Lennon, Kurt Cobain hing erst dort, als er das Zeitliche gesegnet hatte, und von Anfang an war da Jim Morrison. Man warf mir vor, das wäre krank, aber ich wusste mich mit einem Zitat des schon lange verstorbenen Jack Kerouac zu rechtfertigen: „Wer ist nun verrückt? Ich oder die Welt?! Und ich tippte auf die Welt, und natürlich hatte ich recht!" – Ein bisschen Wahrheit war allerdings dabei, denn heißt es nicht: *Kill your Idol!* In meinem Fall gibt's da nicht viel zu killen, und man sollte daran arbeiten, bis heute habe ich aber einfach keinen schöneren Wandschmuck gefunden.

Trotzdem: Der große Philosoph John Wayne sagt „*A man's gotta do, what a man's gotta do*", und hier in Paris werde ich endlich etwas erledigen, was ich schon seit langem machen wollte: Ich werde das Grab Jim Morrisons besuchen, und dann, in einem ersten vorsichtigen Schritt, zumindest dieses hässliche Poster, an dem ich mich schon längst sattgesehen habe, nie mehr aufhängen. Vielleicht.

Als ich schließlich eher zufällig und viel früher als erwartet am hellbeleuchteten und schon von weitem sichtbaren Eiffelturm vorbei fahre, bin ich also in Paris. Nun hat es fast zehn Stunden gedauert, die Stadt der Liebe zu erreichen, ich bin etwas entnervt, und denke schon über so komische Dinge wie auf einem Augsburger Dachboden verstaubende Poster nach. Somit wird es für mich höchste Zeit, einen nach Möglichkeit kostenlosen Park- und Schlafplatz zu finden. Letztlich schlage ich mein Lager ganz am Stadtrand im 14. Arrondissement auf und baue den Benz auf Liegewiese um.

17. Dezember: Paris.

„When I woke up this morning, I got myself a beer,
The future is uncertain, and the end is always near."
- *Jim Morrison (Roadhouse Blues)*

Es dürfte heute Nacht um die acht Grad unter Null gehabt haben, der Benz lässt sich zwar gut beheizen, aber bei diesen Temperaturen sollte man es tunlichst vermeiden, die Batterie über die ganze Nacht zu beanspruchen. So wache ich alle zwei Stunden vor Kälte auf, muss den Motor für zehn Minuten laufen lassen, und als ich gegen 2 Uhr nicht mehr schlafen kann, möchte ich herausfinden, wie sich Paris anfühlt.

Das einzige, was in diesem Viertel geöffnet hat, sind zwei Bordelle und eine 24-Stunden-Videothek. Um mich aufzuwärmen, trete ich ein (in die

Videothek!), werde von der abgrundtief hässlichen und hoffnungslos kurzsichtigen Nachtschicht aber sofort wieder hinausgeworfen. Ich habe keinen Clubausweis, spreche ihre Sprache nicht, sie als Französin natürlich auch kein Englisch, und scheinbar hält sie mich für einen *Clochard.* Dieses Wort wiederholt sie zumindest ständig.

Also stehe ich wieder auf der Straße und schlendere weiter durch diesen eigentlich nichtssagenden Außenbezirk. In einer Winternacht kann das 14. Arrondissement aber auch beunruhigend sein. Hier treiben sich ausgeflippte Typen rum! Ein Grauhaariger, offensichtlich der einzige, der hier Englisch spricht, besteht darauf, mir ein Stückchen Schokolade zu Weihnachten zu schenken. – Was für ein Freak! Aber das ist nichts Besonderes. In Berlin gibt es ebenso viele Verrückte, und in Winternächten scheint ihre Anzahl manchmal überhand zu nehmen. Stopp, einen Unterschied gibt es dann doch: In Berlin brennen keine Tonnenfeuer, aber diese Pariser Nacht mag etwas Spezielles sein, denn für gewöhnlich ist es hier nicht derart kalt. Die Leute da drüben in einem Park kämpfen wohl ums Überleben, und es könnte ratsam sein, ihnen dabei nicht allzu nahe zu kommen.

Erst als ich doch noch meinen Schlafsack finde – er lag während der gesamten Reise unbenutzt ganz unten im Kofferraum – wird es mir so warm, dass ich das ständige Nachheizen vergessen kann. Ich versinke in einer Traumwelt, und letztlich schlafe ich in dieser, bei Tageslicht betrachtet, doch sehr zentralen und eigentlich ganz netten Lage bis 9 Uhr.

Wenn man möchte, kann man an allem etwas Positives finden, selbst an einer eiskalten Nacht im Auto, und was habe ich doch für ein Glück: ich bin der einzige auf diesem Parkplatz, dessen Scheiben nicht gefroren sind! Das Erste, was ich sehe, ist ein Mann mit einem Zylinder auf dem Kopf, vermutlich ein Drehorgelspieler auf dem Weg zur Arbeit, der kurz stehen bleiben muss, weil er keinen Hund, sondern ein Äffchen an der Leine hat, das sein rechtes Hinterbeinchen hebt, um gegen einen Baum zu pinkeln. Ich reibe mir die Augen: Wir sind in Paris, hier interessiert es keinen, was der andere macht, und jemand, der mitten in der Stadt in seinem Auto schläft, ist offensichtlich nicht einmal einen Blick wert.

Ich werde also langsam wach, ziehe mir alles an, was ich an warmen Klamotten dabei habe, und da heute der letzte komplette Tag dieser langen Reise sein wird und es ein kalter Tag sein wird, entscheide ich in der erstbesten Bäckerei, diesen unter das Zeichen Jim Morrisons zu stellen. Jim Morrison, der legendäre Frontmann und Sänger von *The Doors,* der in dieser Stadt gestorben und begraben ist. Alkohol vor 18 Uhr will natürlich gut überlegt sein, und man sollte grundsätzlich mindestens zwei Gründe dafür haben, sich früh am morgen ein Pils zu kaufen. Wie zum Beispiel jene, dass die Zukunft – dem einleitenden Zitat entsprechend – unsicher und das Ende immer nahe ist. Das sollte für heute allerdings reichen ...

Will man Paris erkunden, so muss man das unter Zuhilfenahme der sagenumwobenen Metro tun. Irgendjemand soll einmal gesagt haben, die Metro von Paris wäre das bedeutendste und größte jemals von Menschenhand geschaffene Bauwerk überhaupt. Sollte das noch niemand gesagt haben, so sei dies hiermit geschehen! – Nun ja, es ist ziemlich anstrengend, ein Ticket zu bekommen, ich hätte meine Kräfte so früh am Morgen lieber aufgespart und wäre schon sehr gerne schwarz gefahren, aber jeder Versuch der Beförderungserschleichung ist hier sinnlos. Ohne eine Fahrkarte kommt man erst gar nicht durch die vollautomatischen Schwingtüren in den Untergrund, und was man über die Metro jedenfalls wissen sollte: wenn man dieses Ticket verliert, wird man auch nicht mehr so ohne weiteres herausgelassen. Entweder muss man sich dasselbe Ticket dann noch einmal kaufen oder man muss schnell sein. Technische Perfektion in Reinkultur; ziemlich aufregend!

Die Einwohnerzahl der Stadt kann man kaum bestimmen, da es verschiedenste Meinungen darüber gibt, wo ihre Grenzen genau verlaufen. Würde man aber das komplette Ballungsgebiet der *Île de France* unter Paris verstehen, so käme man auf die sagenhafte Zahl von zehn Millionen Einwohnern. Alle durch ein einziges U-Bahn-Netz so miteinander verbunden, dass sie innerhalb einer Stunde jeden gewünschten Ort erreichen können. Jeder fünfte Franzose behauptet heute von sich, in der Hauptstadt zu leben. Man zieht hier nicht hin, man steigt auf: „*on monte à Paris*".

Den Walkman über den Ohren und einen Schal hoch ins Gesicht gezogen, ist mein erstes Ziel die *Île de la Cité*. Auf dieser kleinen Insel in der *Seine*, zuerst um 250 vor Christus vom keltischen Stamm der Parisii besiedelt, stehen der Justizpalast und vor allem die wichtigste Kathedrale der Stadt: Nôtre-Dame. Obwohl ich mir in Burgos, vor einigen Tagen noch mitten in Spanien, geschworen hatte, auf dieser Reise keine einzige Kirche mehr zu besichtigen, muss ich in diesem Fall wohl eine Ausnahme machen: Eine schöne Kirche ist das! Sie wurde von 1163 bis 1340 erbaut und bietet an hohen Festtagen bis zu 9000 Menschen Platz.

Ich gehe weiter, komme eher zufällig an der *Sorbonne* vorbei und wundere mich über die mir für eine Uni etwas übertrieben erscheinenden Sicherheitsmaßnahmen. Aber nicht nur ich komme dort nicht rein, auch Studenten und laut gestikulierenden Professoren wird von den in Frankreich obligatorisch mit Maschinengewehren bewaffneten Polizisten der Eintritt verweigert: „Une alarme du bombe!" schreit einer begeistert. Die Studenten haben ihre helle Freude daran und debattieren in den schönen Straßencafés rund um die Universität.

Irgendwie noch immer in der Hoffnung, auf dieser Reise eine weltbewegende Persönlichkeit kennen zu lernen, setzte ich mich dazu, und so kann ich ein Gespräch zweier arabischer Gaststudenten belauschen: Sie sind der Meinung, es wäre schon richtig, die Sicherheitsstandards hier so hoch wie nur möglich anzusetzen, denn, so raunt der eine dem anderen zu, was das World Trade Center für New York, könnte die *Sorbonne* für Paris bedeuten. Gerade möchte ich mich einmischen und sagen, dass ja wohl der Eiffelturm das größte Wahrzeichen der Stadt und somit am meisten gefährdet wäre, da liefert einer der beiden auch schon das Gegenargument: Im Eiffelturm wohnen keine Menschen, ein solcher Terrorakt würde nicht dem Konzept arabischer Selbstmordattentäter entsprechen.

Die letzen Worte „arabic suicide bombers" hat er wohl zu laut oder in eine kurze Stille hinein gesagt. Die Männer an den benachbarten Tischen drehen sich um, auch ich bin mir bei diesen Worten für den Bruchteil eines Augenblicks einer konkreten Bedrohung bewusst, und die Maschinengewehre tun ihren Teil dazu. Über die dicht aneinander gestellten Tische entwickelt sich nun ein spannendes Gespräch, bei dem wildfremde Menschen debattieren und sich gegenseitig Filterzigaretten schenken. Auf Nachfrage stellt sich heraus, dass die beiden Algerier aufrichtig besorgt sind; vor allem um ihre eigene Sicherheit, die hier nach einem Terrorakt gegenüber der Bevölkerung und dem Staat nicht mehr gewährleistet wäre. Sie studieren die alten französischen Philosophen, benutzen neue Worte wie *Islamophobie* oder *Propagandaresistenz.*

Als sich herumgesprochen hat, dass die Absperrung aufgehoben wird, müssen alle schnell weg in ihre Kurse, und ich wechsle auf die andere Seite der Seine. Die Innenstadt ist an jeder Ecke auf allerhöchstem Niveau, es ist sehr sauber und nobel, und ich habe es selbst gesehen: Paris ist die unumstrittene Hauptstadt Europas. Wenn hier nicht alles so teuer wäre, dann wäre es perfekt. Wo sollte man leben wollen, wenn nicht hier? Zumindest im Sommer!

Den Louvre sehe ich nur von außen, und alles, was darüber erzählt wird, ist richtig: Vielleicht das schönste Gebäude der Welt. Wie überhaupt Paris einfach nur wunderbar sein kann. Vergleichbar ist es in der Architektur wohl noch mit Dresden, aber alles ist mindestens zehnmal größer. Einfach mächtig, beeindruckend und ehrfurchteinflößend! Groß, größer am größten! – Endlich erreiche ich Janko am Handy, und er sagt mir zu, dass ich heute Nacht bei ihm schlafen kann. Sehr gut! Das war wichtig!

Durch den großen Park des Louvre kommt man recht schnell auf den Place de la Concorde. Von hier aus geht es über die Champs Elysées etwa drei Kilometer gerade aus in Richtung Arc de Triomphe. Wie die Tour-de-France-Fahrer befinde auch ich mich nun auf der Zielgeraden einer großen Rundfahrt. Auf etwa halber Höhe ist es aber schon recht spät am Nachmittag, und so mache ich mich auf meinen Weg ins 20. und letzte Arrondissement im äußersten Osten der Stadt. Denn ein wenig möchte ich vor meinem Erfrierungstod dann doch noch sehen. Womit wir wieder beim Thema wären ...

Apropos Tod: Schon so mancher Traveller soll seine Tage in Paris ausschließlich damit zugebracht haben, sehenswerte Gräber abzuklappern. Davon gibt es hier wahrlich genug. Möchte man aber wirklich verstehen, was Paris neben der Stadt der Liebe für mich zu einer Stadt der Toten – zu einer wahren Nekropolis – macht, sollte man sich vorab einige historische Begebenheiten vor Augen halten:

Gegen Ende des 18. Jahrhunderts mussten die zirka 200 innerstädtischen Friedhöfe neuen wertvollen Bauplätzen weichen. Die Gebeine wurden ausgehoben und in die alten Katakomben aus der Römerzeit geworfen. Gruselig, denn das bedeutet, dass in diesen angeblich reichlich von *Clochards* bevölkerten Gängen, wenige Meter unter den Straßen von Paris, noch immer mehrere Millionen Skelette liegen.

Damals wurden neue, gänzlich moderne Friedhöfe an den Stadträndern geschaffen, auf denen inzwischen so viele verstorbene Berühmtheiten liegen, dass man Paris wohl getrost als die Welthauptstadt der verstorbenen Stars bezeichnen kann. Hier dürfte sich für jeden etwas finden: In Montmartre, auf dem Nordfriedhof, liegen zum Beispiel Heinrich Heine, Alexandre Dumas, Émile Zola und Jacques Offenbach. In Montparnasse, dem Südfriedhof, nicht weniger illustre Namen: Jean Paul Sartre, Charles Baudelaire, Eugène Ionesco und Simone de Beauvoir, um nur einige zu nennen.

Père-Lachaise, der Ostfriedhof, wurde 1804 als letzter der großen Friedhöfe eröffnet, lag lange brach und wurde von den Einheimischen zunächst mehr als ein bloßer Park verstanden. Dann war es Napoleon, der auf eine seiner wohl besten Ideen kam: Unser Friedhof soll attraktiver werden, und deshalb mussten tote Helden her. Seine Wahl fiel auf den Schriftsteller Jean-Baptiste Molière, und um dieses auf den ersten Blick nur wenig sympathische Vorhaben zu kaschieren, verkaufte man den makaberen Werbefeldzug damit, dem allseits bekannten letzten Willen des Nationalhelden und somit auch dem Volkeswillen *post mortem* nachzukommen. So wurden seine sterblichen Überreste in einer großartigen Zeremonie umgesiedelt, und er bekam im neuen Père-Lachaise, über 140 Jahre nach seinem Tod, nun doch noch das erwünschte Gemeinschaftsgrab mit seinem Freund Jean de La Fontaine. Am Rande sei bemerkt, dass die ganze Geschichte von hinten bis vorne erlogen war, und dass sich die Gelehrten heute weitestgehend darüber einig sind, dass weder Molière noch La Fontaine in diesem Grab beerdigt wurden. Man nahm einfach die erstbesten Knochen aus den Katakomben.

Trotzdem, die Taktik ging langfristig auf, und heute sind die Lizenzen zur ewigen Ruhe auf Père-Lachaise ganz hoch im Kurs! Bis hier allerdings wirklich ewige Ruhe einkehren konnte, musste noch so einiges passieren: Eine dramatische Episode handelt vom Aufstand der Pariser Commune von 1871. Der Friedhof war für eine „blutige Woche" zum Schlachtfeld geworden. Zwischen den Gräbern fanden erbitterte Kämpfe zwischen Kommunisten und Versailler Truppen statt. Die Aufständischen unterlagen, und die 147 Überlebenden wurden an der Friedhofsmauer *Mur des Fédérés* zunächst erschossen und dann an selber Stelle mit allen anderen Opfern dieser Schlacht, insgesamt 1018 Gefallenen, begraben. Heute ist die *Mur des Fédérés* Wallfahrtsort der Linksparteien Frankreichs.

Ich bin inzwischen am anderen Ende der Stadt angekommen und habe mich zu einigen jungen Menschen aus der ganzen Welt gesellt. Wir stehen vor einer großen Tafel hinter dem Haupteingang und versuchen, uns einen ersten Überblick zu verschaffen. Was aber gar nicht leicht, eher unmöglich ist, denn das Gelände umfasst 45 Hektar, zählt über eine Million Leichen und 20.000 Bäume, ist nicht nur ein einfacher Friedhof, sondern gleichzeitig Freilichtmuseum und größter Park der Stadt. Ein vollständiger Rundgang würde einen Fußmarsch von 15 Kilometern bedeuten. Hier liegen sie, die Giganten!

Alle wichtigen Gräber zu besuchen ist aber undenkbar. So ist der Friedhof zur besseren Orientierung zwar in 97 „Divisionen" untergliedert, doch meiner Meinung nach sollte man sich damit nicht aufhalten. Anhand dieser Tafeln findet man sich nicht zurecht! Man muss sich eben auf das Notwendigste beschränken, und selbst an diesem hässlichen Tag ist ein verschreckter Hühnerhaufen von Travellern und mehr Travellerinnen ausschließlich auf der Suche nach Jim Morrisons letzter Ruhestädte, dessen melancholische Poesie schon den halben Tag in meinen Ohren säuselt: – *„People are strange / When you're a stranger / Faces look ugly / When you're alone"* (Leute sind fremd, bist du ein Fremder. Gesichter sind hässlich, bist du allein). – Wie bestellt beginnt es nun zu schneien, manchmal kreuzen sich die Wege der Fans und jeder hat eine andere Meinung, wo das Grab zu finden sei.

Père-Lachaise ist die Kultstädte des Pathos: Gewundene Alleen führen vorbei an größtenteils vergessenen, aber nicht minder beeindruckenden Obelisken, Medusen, bombastischen Mausoleen, ägyptischen Pyramiden. Im Laufe der letzten beiden Jahrhunderte wurden die Gräber mehr und mehr der Natur überantwortet, die interessante Farben mischt. – Was ist das nur für eine zartgrüne Schicht, die auf Steinen wächst? Sind es Moose? Manche sind grün, manche leuchtend gelb. Unter dem Eis eines kleinen Weihers schimmern erstarrte Goldfische, der Wind treibt Blätter spiralförmig in die Höhe. Der Schneefall wird stärker. Pathos – wann und wo, wenn nicht hier! Mich begeistert dieses Ambiente. Ich behaupte, noch nie ein so harmonisches, von vielen tausend Menschenhänden in Zusammenarbeit mit der Natur geschaffenes, Ganzes gesehen zu haben.

Diese Vorliebe der alten Franzosen, diese Extravaganz, bis in den Tod hinein ihre Gräber mit melancholisch dreinblickenden und im Idealfall nackten Schönheiten aus Stein zu verzieren, ist jedenfalls bedenkenswert. Offensichtlich handelt es sich hierbei um eine ganz besondere Ausprägung modernen Totenkults: Das Grab als unbedingtes Statussymbol! Für mich war der Hedonismus zeitlebens ein abstrakter Begriff der Kulturgeschichte, aber hier, im

Herzen Europas, findet sich der greifbare Beweis, dass er tatsächlich einmal gelebt wurde, eventuell bis heute gelebt oder zumindest noch gestorben wird: Lust, sinnliche und gerade geistige Triebbefriedigung als der einzige denkbare Grund des Handelns.

Nach einer gewissen Zeit sehe ich eine kleine Menge und denke mir, das muss jetzt ein Prominenter sein! Eine trauernde Schöne kauert auf dem Grab des Komponisten Frédéric Chopin. Bei Victor Hugo lese ich, dass er wenige Jahre vor seiner eigenen Beerdigung den Sarg von Honoré de Balzac hierher getragen hat, der ganz in seiner Nähe liegt. Besondere Beachtung verdient das Grab des französischen Volkshelden und begnadeten Chansoniers Yves Montand, der 1991 starb und die ganze *Grand Nation* in Staatstrauer stürzte. Bei seiner Beerdigung mussten über 50.000 Menschen vor den Toren bleiben.

Neben der monumentalen Sphinx auf dem Grab von Oscar Wilde, die seine unglücklichen Gesichtszüge trägt, stehen zwei dänische Hippie-Mädchen und tuscheln über mich. Ich werde rot, denke mir, was haben sie bloß, stimmt etwas nicht an mir, da kommt eine der beiden auch schon auf mich zu: Sie strahlt mich an, ich hebe einen Ohrhörer, und sie fragt mit großen Augen, ob in meinem Walkman wohl die Doors laufen? Ich sage: „Klar! Was denkst du denn!?" und reiche ihr zum Beweis die Kopfhörer grinsend herüber. Sie holt ihre schüchterne Freundin dazu und jetzt stecken sie doch tatsächlich gemeinsam darunter und summen mit. Welch eine Situation: Wir kommen uns bedenklich nahe, denn das Kabel ist wirklich extrem kurz, und unter vier bis sechs Schichten meiner Oberbekleidung verlegt. Da heißt es tief durchatmen, und es ist eher einer dieser Momente, in denen man einfach irgendetwas tun muss, um nicht verrückt zu werden! Also versuche ich mich an einer Konversation, aber die beiden halten immer nur ihre Finger vor die Lippen und deuten damit an, dass ich gefälligst leise sein soll, da sie der Musik lauschen wollen. Nach zwei Minuten *Love Street* fragen sie, ob ich denn – bitte, bitte – auch noch *Touch Me* ganz kurz anspielen könnte. Ich bin nahe daran durchzudrehen, aber nach weiteren zwei Minuten sind sie endlich zufrieden und ganz selig! Sie strahlen und führen mich zu einer versteckten Kapelle, um mir dort, quasi als Gegenleistung, eine Geschichte zu erzählen:

Es ist eine wahre Geschichte, sie spielt im 12. Jahrhundert und handelt von dem großen Liebespaar Heloïse und Abelard. Abelard hatte Heloïse auf Wunsch ihres Vaters Nachhilfeunterricht gegeben. Dabei verliebten sie sich ineinander, was ihrem Vater gar nicht recht war und worauf er Abelard eigenhändig entmannte. Abelard ging konsequenterweise in ein Kloster, Heloïse folgte ihm unter Protest in ein anderes Kloster, sie schickten sich Briefe (die Rousseau Jahrhunderte später zum Gegenstand der Weltliteratur machte) und starben. 1817 kam man ihrem letzten Willen nach und legte die beiden in diesem noch heute reichlich mit frischen Blumen geschmückten Mausoleum zusammen. Bis weit in das 20. Jahrhundert war die romantische Grabstätte von Heloïse und Abelard das beliebteste Ausflugsziel der Liebespaare. Aber heute trifft man sich bei Jim.

Und so langsam muss ich ihm recht nahe gekommen sein, denn das mit Blumen überhäufte schlichte Grab der Madame Lamboukas, besser bekannt unter dem Namen Edith Piaf, soll sich ganz in seiner Nähe befinden. – *„No, je ne regrette rien!"*

Jetzt ist es fast schon dunkel, und die Däninnen haben sich zu meinem Leidwesen in einen reichlich ausgeflippten Argentinier namens Marco verwandelt, der alle fünf Minuten eine neue Dosis aus meinem Walkman einfordert. Die Zeit wird knapp, wir sind inzwischen schon dreimal im Kreis gelaufen, ich blättere ratlos in meinem Reiseführer und lese die Namen weiterer illustrer Persönlichkeiten, die hier begraben liegen: Schriftsteller wie Marcel Proust, Schriftstellerinnen wie Gertrude Stein, Komponisten wie Rossini und Bizet, Film-Regisseur Max Ophüls, Ballettdiva Isadora Duncan ... Plötzlich stößt Marco einen Freudenschrei aus. Er steht vor einem Grabstein, in den eine eindeutige Botschaft geritzt ist: „Jim –>"

Hurra! Die Hinweise häufen sich, auf dem nächsten Stein steht: „Only the sky is as big as Jim! –>", auf einem anderen: „<– Morrison Hotel –>". Die Pfeile führen tiefer in den Gräberwald, die Leute werden mehr, fast ist es schon ein Trail. Immer weiter weg vom Weg, zwischen den Steinen an einer ganz normalen trauernden Familie vorbei, die sich wohl über nichts mehr wundert, über einen Hügel. Wir sind da!

Vor uns befindet sich das unauffällige Grab des vielleicht letzten klassischen Musikers. Nach einem unglücklichen Leben, das er ohne Rücksicht auf Verluste allein der Kreativität verschrieben hatte, starb Jim Morrison im Alter von 27 Jahren in einer Pariser Badewanne an einer Überdosis.

Rock is dead: Viele behaupten, es wäre Selbstmord gewesen, doch letztlich lässt es sich mit Sicherheit auf das Teufelszeug Heroin reduzieren, mit dem der Rock seine größten Helden im Alter von 27 Jahren zu opfern pflegt. Eine Droge, die schon nach der ersten Einnahme restlos süchtig macht und in den nahezu sicheren Tod führt: 1969 Brian Jones, 1970 Janis Joplin und Jimmy Hendrix, alle starben sie mit 27. Kurz nach seinem 27. Geburtstag sagte Morrison in einer Bar: „Du trinkst mit dem nächsten."

Das war 1971. Auf diesen Schock verfiel der Rock ins Koma, ging mit dem Heroin-Tod des 27-jährigen Kurt Cobain im Jahre 1994 endgültig unter, kam als Neo-Rock zurück und wartet nun auf das natürliche Ableben seiner letzten inzwischen weitestgehend drogenfreien Ikonen. Heute sind die meisten wieder da: Die Stones ganz groß im Geschäft, Iron Maiden, Kiss, Deep Purple, Emerson Lake & Palmer, Pink Floyd, Genesis, Jethro Tull, Santana, Uriah Heep, Black Sabbath, Manfred Mann. Bob Dylan befindet sich seit 1988 auf seiner *Never ending Tour,* Ozzy Osborne hat eine eigene Show auf *MTV,*

Amon Düül tourt durch Asien und selbst die Überreste von Led Zeppelin füllen wieder die Stadien. Sie spielen größtenteils ihre alten Lieder, wissen zwar noch wie es geht, AC/DC ist ein Vorzeigebeispiel, sind aber schlichtweg alte Männer und haben nicht mehr die kreative Power. Auf die Rückkehr des alten Rock wird man vergeblich warten. *Rock is dead!* – Es lebe der Rock: Rage und Korn heißen die Vertreter der neuen Generation. Wie damals Ten Years After komponiert Metallica klassische Musik, die das ausschließlich aus Celli bestehende Streichquartett Apocalyptica so umsetzt, dass man sich zwangsläufig vorstellen muss, derselbe Sound wäre schon zu Mozarts Zeiten möglich gewesen. Es gibt sie noch, die großen Festivals vor 100.00 Zuschauern und mehr, aber das ist heute alles etwas ganz anderes!

Die Songs der Doors sind mit das Spannendste, was dieses Jahrhundert an Musikgeschichte zu bieten hat, nur Morrison selbst war noch mehr: Er war Rockidol, Egomane und Exhibitionist. Schamane, spiritueller Abenteurer, in erster Linie aber Poet. Seine Band, The Doors, wurde aus einem einzigen Grund ins Leben gerufen: Ihre Aufgabe war, psychedelische Musik auf höchstem Niveau zu spielen, um so zwischen dem Innenleben des Poeten und der Welt außerhalb Türen zu öffnen. Das waren die Doors, so erklärt sich ihr Name!

Morrison experimentierte mit dem Unterbewussten. Auf der Bühne hatte er blindes Vertrauen darin, dass sein Unterbewusstsein Großes produzieren würde. Anders funktionierte er nicht. Nie vorher und nie nachher bündelte jemand solche Fähigkeiten für die Außenwelt verständlich in einem populären Medium. Deswegen sind die Leute hier an diesem Grab. In griechischen Lettern steht unter seinem Namen: „Dem Dämon selbst".

Jede spirituelle Erfahrung bleibt aus. Es ist nichts weiter als ein Sightseeing-Objekt, bestenfalls ein Wallfahrtsort! Natürlich empfindet hier niemand echte Trauer, und ein lässiges Völkchen hat sich nur deswegen eingefunden, um von sich behaupten zu können, einmal da gewesen zu sein.

Im Laufe der Zeit kommen hier immer wieder alle Nationalitäten der Welt vorbei, und obwohl dieser Tod nun schon über 30 Jahre der Vergangenheit angehört, hat sich das Durchschnittsalter der Besucher nie verändert. Hier steht ein gut gekleideter 50-Jähriger, der so ähnlich aussieht wie der Doors-Gitarrist Robby Krieger, und ich frage mich, ob die alten Bandmitglieder es manchmal wagen hier vorbeizukommen. Ein etwa 35-jähriges, eng aneinander geschmiegtes Pärchen hat seine kleine Tochter dabei. Sie knien gemeinsam nieder und legen ein Gedicht zu den anderen Zetteln. Ein unverbesserlicher spanischer Guitarrero hat sich auf das benachbarte Grabmal braver Bürgersleute gesetzt und möchte dem guten alten Jim vorsingen, wie weit er seine Verse bereits verinnerlicht hat. Seine Version von *Riders on the Storm* – mehr schlecht als recht – begeistert zumindest seine fotografierende Freundin.

Noch vor zehn Jahren war der Gedenkstein mit einer Büste bestückt, und die umstehenden Grabsteine waren noch mehr als heute in allen Sprachen der Welt über und über beschmiert. Bis 1991 hatten Souvenirjäger Morrisons Grab aber nach und nach abgetragen, heute ist es ein massiver Granitblock, und ein freundlicher Friedhofs-Wächter, der eine ganz eigene Berühmtheit darstellt, weist Umstehende darauf hin, dass diverse Sachen untersagt sind. Manchen Leuten scheint es gar nicht bewusst zu sein, dass sie sich hier auf einem Friedhof befinden. Sie lachen und unterhalten sich in einer durchaus unangenehmen Lautstärke. – Servus, Big Jim ...

Zurück an der Metro verabschiede ich mich auch von meinem argentinischen Freund, der mir mit einem Satz im Gedächtnis geblieben ist: Ich antworte auf die Frage, wie alt ich denn wäre, wahrheitsgemäß mit „27", worauf er grinst: „Hey, like Jim!"

Und noch einmal geht es mit der Metro hinaus ins 16. Arrondissement zu Jankos Wohnung. Wir diskutieren bei einigen Bieren bis 1.30 Uhr über Weltpolitik, das Besondere am französischen Nationalbewusstsein, das *savoir-vivre* (die Kunst zu leben), und das *savoir-faire* (die Gewandtheit, das Taktgefühl). Dann kann ich mich endlich auf seiner Couch breit machen. 20 Sekunden später bin ich eingeschlafen.

18. Dezember: Paris/Augsburg. Es wird Zeit, ein Ende zu finden. Mit dieser Reise genauso wie mit diesem Buch: Als Janko das Haus verlässt, drehe ich mich unter meiner Decke noch einmal um, was eine hervorragende Entscheidung war, denn unausgeschlafen hätte ich es wohl gar nicht geschafft. So mache ich mich aber blendend aufgelegt und nun voller Vorfreude um 14.30 Uhr aus der Stadt. Über Nancy nach Straßburg, dort mit dem treuen Benz durch die Waschanlage, um zu Hause einen guten Eindruck zu erwecken, weiter über Karlsruhe, Stuttgart und Ulm. Augsburg!

Genau um Mitternacht erreiche ich meine Studentenstadt und werde auf der B 17 zum ersten Mal mit Glatteis konfrontiert. Es hätte gut gepasst nach zehntausend Kilometern hier in die Leitplanke zu rutschen, ich kann es verhindern, fahre durch die Innenstadt, durch den altbekannten Kreisverkehr, in den selben Parkplatz, von dem aus ich gestartet bin, denke mir, man sollte eine Reise immer dort beenden, wo man sie begonnen hat, sonst kommt man nie nach Hause, trete durch die Tür derselben Wohnung, die ich damals, am 30. August, verlassen habe ...

Epilog

Es gibt Leute, die fahren nach Marrakesch und zurück bequem in zwei Wochen, und die Thematik von *Fiesta, Ramadan und tote Helden* war mit Sicherheit nicht das Besondere an dieser Route. Vielmehr ging es um das „Unterwegssein" an sich. Ausschließlich in einem solchen Zustand der Bewegung konnte dieses Buch entsehen, was nur ein Beispiel für all das Positive ist, das einem unvermittelt widerfahren kann, wenn man sich einfach auf den Weg begibt.

Heutzutage gibt es immer mehr Leute, die meine Erfahrungen teilen: Ein *Open End* wäre der Idealfall, aber mindestens zwei Monate sollte man haben, möchte man offene Fragen mitsamt ihren Antworten finden, von denen man vorher gar nicht wusste, dass man fähig war, sie zu stellen. Zu Hause hat man sich schön eingerichtet und weiß das auch zu schätzen. Unterwegs hingegen ist man ständig gefordert, findet ganz automatisch Lösungen, wird stolz ob der eigenen Leistungen und dabei vor allem selbstbewusst. Es gibt nichts Motivierenderes, als zu erfahren, dass man mit seinem ureigenen Willen in der Lage ist, immer neuen Schwierigkeiten zu begegnen. Echte Probleme und solche, die andere gerne hätten! Letztere wirft man einfach über Bord. In diesen Momenten hält man inne und realisiert die eigene Existenz. Fühlt, wie pur das Leben sein kann. Freiheit! – Nicht, dass dies ein Dauerzustand werden sollte. Es macht derart süchtig, dass man am Ende einer solchen Reise wahre Entzugserscheinungen mit nach Hause bringt, aber es ist verdammt beruhigend zu wissen, dass es sie wirklich gibt, diese *Unerträgliche Leichtigkeit des Seins.*

Damals bin ich mit dem Vorsatz losgefahren, Spanien kennen zu lernen. Dort habe ich insgesamt 66 mal übernachtet, an meinem ersten Tag vom Einsturz des World-Trade-Center erfahren, den Musiker Manu Chao live erlebt, einen wunderbaren Monat in Granada verbracht und den größten Teil dieses Buches geschrieben. Was das gute Leben dort unten ausmacht, sind ein herrliches Klima und vor allem die beiden Tageszeiten: Siesta und La Fiesta. Einer der wichtigsten Eindrücke, der mir von Spanien geblieben ist, sind proppenvolle Bars und Bodegas, in denen schöne und humorvolle Menschen von drei bis 93 Jahren zur Schau stellen, wie viel Spaß das Leben machen kann. Besonders lachen musste ich über einige Werbetafeln: „Denken Sie an ihre Gesundheit! Halten Sie die Siesta ein!" – Diesem Volk gehen seine und auch meine grundnatürlichen Bedürfnisse und vor allem der Rhythmus (bei dem ich immer mit muss) über alles andere. Dort unten herrscht ein Hauch von *In-Shaa-Allah!* Europa zeigt sich hier von seiner besten Seite.

Dann hat es sich ergeben, den Kontinent zu wechseln und im äußersten Norden Afrikas eine vollkommen andere Welt vorzufinden. Die Marokkaner sind nette und höfliche Menschen. Sie waren aufrichtig herzlich, hocherfreut über meine Anwesenheit und haben mir eine wirklich gute Zeit bereitet. Dieses ganze Hustlerproblem ist nur ein Problem der Armut, und überhaupt habe ich gelernt, dass es nicht die Religion ist, die alles so schwierig macht, sondern in erster Linie die Unterschiede beim Geld.

Was mir von Marokko geblieben ist, nennt sich pure Begeisterung für ein Land, so interessant wie kein zweites, das ich jemals gesehen habe, und gerade in diesen Tagen möchte ich meinen, dass das Reizvollste und vielleicht auch der Hauptgrund, warum man es bereisen sollte, die Möglichkeit ist, auf relativ sichere Art und Weise eine Welt aus Tausendundeiner Nacht zu bestaunen. Es gibt dort unten so viele wertvolle Sachen, die man bei uns niemals zu Gesicht bekommen würde. Eine sensationelle Facette dieser Menschen ist, dass sie mit einem reden, dass sie wissen, wie fremd das alles ist, und dass sie, wenn man nur freundlich mit ihnen umgeht, sich gerne die Zeit nehmen, jedes noch so kleine Detail zu erklären. Mein Aufenthalt in Marokko war kurz, aber die intensivste Zeit meines bisherigen Lebens, und danach fühlte ich mich besser informiert denn je.

Die Augen der Männer in den Cafés richten sich auf zwei TV-Geräte, schweifen mit kritischem Blick von *al-Jazira* zu *CNN* und finden die Wahrheit letztlich in der Mitte. Und sie lieben Hollywood! Sie wissen mehr über unsere Gesellschaftsform als wir über die ihre, was im Februar 2003, als dieses Buch zu Ende geschrieben wird, zu einem unausweichlichen Politikum führt:

Während der Entstehung von *Fiesta, Ramadan und tote Helden* haben sich Teile seiner Thematik verselbständigt und mehrmals von alleine überholt. – *„Kein großes Ding. Andere Sachen sind wichtiger. Nur für mich, damit ich nichts vergesse."* – Am Abend des 4. September 2001, als ich damit begann, etwas zu schreiben, von dem ich noch lange nicht wusste, dass es die ersten Zeilen dieses Buch waren, war die Welt noch eine andere; irgendwie unschuldiger. Und ich habe es mir auch nicht ausgesucht, ein solches Land der arabischen Welt direkt nach dem 11. September in einem hochpolitisierten Zustand zu besuchen. Doch es hat mich fasziniert, und ich bin zu der tiefen Überzeugung gelangt, dass es falsch ist, den Islam in direktem Zusammenhang mit Angst, Krieg und *Clash of Civilisations* zu sehen. Vielmehr sollte man das gegenwärtig gesteigerte Interesse als einmalige Chance zum Dialog verstehen, denn hierbei handelt es sich in jeder Hinsicht um das Thema der Zukunft. Die Zukunft, von der Milan Kundera sagt, sie wäre entweder neu oder nicht, entweder sauber oder schändlich.

Doch nun steht schon wieder ein Krieg vor der Tür. Ich hätte ein dringendes Bedürfnis darüber einige Seiten zu schreiben, aber letztlich muss ich mich damit abfinden, dass dies bedeuten würde, die mit diesem Buch hoffentlich erzeugten *good vibrations* ganz am Ende zu zerstören. Die Kriegstreiber haben schon zuviel kaputt gemacht, und es kann nicht die Aufgabe dieses Buches sein, Unbehagen zu erzeugen. Das sollen andere tun, und sie tun es ständig. – Nur soviel: Es ginge um Völkerrecht, die Geschichte und Zukunft der Vereinten Nationen, Kollateralschäden am *Dow Jones* und schmerzhafte Tode unter der Zivilbevölkerung. Um Pazifismus und in Arabien chancenlosen Imperialismus. Um Demokratie, die nicht vom Volke, sondern von Regierungen eines anderen, verhassten Wertesystems ausgeht und eine absehbare Ausweitung des Israel-Problems weit über die Region hinaus. Um einen mörderischen Diktator und den Unterschied zwischen gerechter Strafe und straffreiem Exil. Und natürlich ginge es um Öl. – Aber ich habe es satt! „Präventivkrieg ist wie Selbstmord aus Angst vor dem Tod" (Bismarck). – *Peace!*

Themenwechsel: Mir sind auf dieser Reise mehrmals – eigentlich ständig – Menschen aller Nationen begegnet, die davon sprachen, dass sie ihre Hoffnungen in Europa setzen. Es ist einfach nur bemerkenswert, welch gutes Image diese Marke heute hat. Unter allen Europäern, die ich unterwegs kennen gelernt habe, gab es keinen, der bei diesem Thema nicht über eine blumige Zukunft ins Schwärmen gekommen wäre. Von den Reisenden anderer Kontinente hört man nichts als lobende Worte, und sie gingen zu meiner absoluten Verblüffung sogar noch weiter: Da war der ständige und irgendwie auch nervende Vergleich, die Deutschen wären innerhalb Europas immer noch vertrauenserweckender als die Engländer oder Franzosen. Es liegt mir fern, deswegen so etwas wie Nationalstolz zu empfinden, ich nehme es aber zur Kenntnis und teile es mit, als wichtige Information für die weitere Entwicklung unseres Landes.

Die *Grand Nation*, wenn ich das schon höre und dann noch an *Great Britain* denke, dann wird mir auch erst klar, wie schmerzlich für den Deutschen der unwiederbringliche Verlust seines *Groß* vor dem Ländernamen ist. Aber eben dies lässt uns in den Augen der restlichen Welt heute irgendwie menschlicher erscheinen, was eine gewaltige Chance bedeutet: Vor zehn Jahren waren wir vor allem in den eigenen Schulen, aber auch im Ausland noch ständig mit der Frage der vererbten Schuld konfrontiert, und nun – viel schneller als erwartet und vollkommen unvermittelt – dies! Ich persönlich war zu Beginn meiner Reise nicht darauf vorbereitet, als Deutscher mit Sympathievorteilen ausgestattet zu sein.

Die politische Einheit Europas wird kommen. Um die Dimensionen zu verdeutlichen: Nach der Osterweiterung verfügt dieses „Land" über 450 Millionen Einwohner, ein höheres Bruttoinlandsprodukt und mehr Soldaten als die USA. Es wird Schmerzen bereiten, und am Exempel der Türkei wird man schon bald in die Verlegenheit geraten, grundlegendes über das zukünftige Mit- oder Gegeneinander verschiedener Kulturen zu entscheiden. Der *Point of no Return* zum vereinigten Europa ist meiner Meinung nach jedenfalls überschritten. So oder so; und wie man diesem Buch unschwer entnehmen konnte, bin ich zu einem großen Freund dieses Gedankens geworden.

Das wurde durch die unterwegs gewonnenen Eindrücke noch einmal zusätzlich verstärkt, denn so manche kulturelle Leistung Spaniens, Portugals oder Frankreichs hat mich mächtig beeindruckt. Das letzte Beispiel hierfür war mein Besuch auf dem Friedhof Père-Lachaise in Paris. Beim Anblick dieser Ästhetik, die schlichtweg meinem Geschmack entspricht, kam ich auf verwegene Gedanken: Kann ich mir als Bürger des zunehmend vereinigten Europas, das, was mir dort so gut gefallen hat, heute schon zu eigen machen?! Europa könnte *ein* Kulturraum werden, und wäre das nicht noch viel bedeutender als die Voraussetzung hierzu, die politische Einheit? Oder ganz anders: War es, etwa im Verhältnis zur arabischen Welt, nicht schon immer *ein* Kulturraum und muss nur noch endlich als ein solcher angenommen werden? – Spannend! In einer Zeit, da junge Leute um jedes Argument kämpfen, dass es noch Sinn macht, Kinder in die Welt zu setzen, eventuell ein wichtiger Aspekt.

Also noch einmal: Darf ich mir ungestraft die besten Rosinen für mich selbst herauspicken und stolz angesichts großer Errungenschaften anderer europäischer Nationen empfinden? Je nach *Gusto:* Den *Don Quichotte, La Fiesta* und schön klingende Worte wie *Ezperanza* von den Spaniern? Eines Tages David Bowie und die Beatles von den Briten? Wir selbst bringen unsere großen Dichter und Denker und die neue deutschsprachige Musik mit ein. Die Entdecker von den Portugiesen? Dazu eine Prise *savoir-faire* und *savoir-vivre.* Das alles in einen Topf, eine Generation lang umrühren und sehen was passiert ...

Ich persönlich bin nach dieser Reise nicht mehr weit davon entfernt, mich in aller Konsequenz als Europäer zu bezeichnen. – Ich denke, das ist mein Ergebnis!

110 Tage und Nächte. Auf Landstraßen und mit einigen Umwegen etwa 10.000 Kilometer. Nach Marrakesch und zurück. Wenn man von Deutschland aus in Richtung Süden fährt, dann ist Marrakesch genau der Punkt, an dem es in dieser Himmelsrichtung nicht mehr so einfach weitergeht. Die Sahara ist die wahre Hürde, und wenn man dort hinein geschweige denn hindurch möchte, ist es mit etwas Abenteurergeist und Donquichotterie noch lange nicht getan. An dieser Stelle muss man sich entscheiden. In jeder Hinsicht! – Ich war soweit zufrieden, bin umgekehrt und nach Hause gefahren. Aber ich werde wieder auf die Straße gehen, weil ich nun weiß, dass eine solche Reise für mich persönlich die sicherste Methode ist, Kraft zu tanken, um immer weiter zu machen. Und was ich auch weiß, ist, dass sich da draußen, auf den Straßen der ganzen Welt und gerade in dieser Zeit besonders in Europa, abertausende Gleichgesinnte finden. An jedem Ort, zu jeder Zeit, wie eine eigene freie Gesellschaft.

Zum Beispiel Nora: Sie wurde Anfang 2002 aus Marokko ausgewiesen und vollendete im Sommer an der Uni von Sevilla ihr Diplom in Arabisch. Als sie im Oktober, ganz legal und mit einer Aufenthaltsgenehmigung ausgestattet, zurück nach Marrakesch gehen konnte, war sie sehr glücklich. Sie wollte sich an der Universität der Stadt ihrer Träume für Islamkunde und Philosophie einschreiben, wohnte auf dem Dach des Hôtel Essaouira und arbeitete zeitweilig an einem Orangensaft-Stand auf dem *Djema'a al Fna*. Seit Februar 2003 lebt sie nun in Italien. Wo, wie lange, warum, und was sie dort zu tun gedenkt, steht in den Sternen.

Auch von Mitja habe ich gehört, dass er schon wieder unterwegs ist. Er soll damals auf seinem Weg nach Zentralafrika in Mali umgekehrt sein und wartete in Mauretanien wohl mehrere Wochen auf ein neues Visum für Marokko. Um Nora wiederzusehen, ging er zurück nach Marrakesch, durchquerte noch einmal die Westsahara, und ich möchte mir den Moment vorstellen, an dem er zu ihrer großen Überraschung auf die Dachterrasse kam. Heute sind die beiden leider nicht mehr zusammen. Nora war zwischenzeitlich der Überzeugung erlegen, Mitja wäre verrückt. – Er ging zurück nach Slowenien, kam dort mit seinen Leuten wohl nicht mehr zurecht, zog wieder los, und wo genau er heute ist, weiß niemand von der alten „La Famille". Jedenfalls in Afrika. Irgendwo zwischen Burkina Faso und Kamerun.

Leila nennt sich inzwischen wieder Emilie. Für mich bleibt sie aber Leila. Wir stehen in regem Mail-Kontakt und haben uns fest vorgenommen, uns eines Tages noch einmal zu treffen. Das dürfte in ihrem Fall aber nicht ganz einfach werden, denn dieses Mädchen ist selten mobil: Auch sie wurde im Dezember 2002 aus Marokko ausgewiesen, kehrte zurück nach Bordeaux, lebte den letzten Winter über in Paris, versuchte es auf ein Neues in Marrakesch und musste doch wieder gehen. Bei ihrem letzten Aufenthalt war sie 120 Kilometer durch die mauretanische Wüste gelaufen und hatte dabei einen Franzosen kennen gelernt, mit dem sie in Marseille eine gemeinsame Wohnung bezog. Sie schreibt, Marseille wäre ein bisschen wie Marrakesch, viel Licht, nette Leute, eben mediterran, im Winter mild und spannend genug, um sie bei ihrer Arbeit zu inspirieren. Sie hätte Auftragsarbeiten in Malerei und Fotografie, und sogar mit Schreiben angefangen. Ihr Freund ist ihr zwischenzeitlich wieder abhanden gekommen, aber sie wäre glücklich, denn in drei Wochen ginge es wieder los: Tunesien und Algerien; wegen der Teppiche und um noch weiter, 500 oder 600 Kilometer, durch die Wüste zu laufen. – Ich zitiere: *„To make a carpet or to walk in the desert, is like the same. It's a question of time between you, your body and the world around."* – Frei übersetzt: „Einen Teppich zu knüpfen, oder in der Wüste zu wandern ist fast dasselbe. Es ist eine Frage der Zeit zwischen dir, deinem Körper und der Außenwelt." – Ich versteh' das nicht. Aber es ist schön!

Hubertus habe ich im letzten Sommer beim Joggen im Volkspark Friedrichshain getroffen. Er stand da, jonglierte mit seinen Bällen, ich klopfte ihm auf die Schulter, und wir konnten es kaum fassen. Leider haben wir uns danach wieder aus den Augen verloren. Aber eines Tages werden wir uns schon wiedersehen; sei es in Bangkok oder in Berlin. – *In Shaa-Allah*.

Miwa kann inzwischen etwas Englisch. Sie scheint tatsächlich ein hoffnungsloser *Gipsy* zu sein, denn inzwischen ist sie über Holland und Malaysia in Neuseeland gelandet. Dort lebt sie seit einigen Monaten in einer Gastfamilie in Auckland. Ich glaube, sie gehört auch dort nicht richtig hin. Irgendwie scheint sie momentan schlecht drauf zu sein. Genaueres war aus ihren glühenden E-Mails bisher nicht herauszulesen.

Anna-Maria ist auf ihrem Weg durch Afrika immerhin bis Gambia gekommen. Dort traf sie, nach eigenen Angaben, auf den Mann ihres Lebens, kehrte zurück nach Rotterdam und lebt zur Zeit wieder in Gambia. Auf dem Foto, das sie mir von sich und ihrem pechschwarzen Lover geschickt hat, sieht sie sehr gesund und glücklich aus, und sie schreibt, sie sähe nicht nur so aus, es ginge ihr einfach nur hervorragend!

Nur einer von „La Famille" befindet sich noch immer auf dem Dach: Brahim, der Maler. Wenn ihr ihn seht, fragt ihn, ob er sich an mich erinnern kann.

Wir schreiben den 28. Februar 2003. Den Herbst und fast den ganzen Winter habe ich damit zugebracht, dieses Buch ein zweites Mal zu schreiben. Das hat doppelt so lange gedauert, wie die eigentliche Reise, die ich in den letzten Monaten noch einmal intensiv durchlebt habe. Während ich bei den ursprünglichen E-Mails auf die Beschreibung so mancher Details verzichtet habe (man möchte sich ja nicht vor dem Ende des Spiels in die Karten schauen lassen), glaube ich nun, dass der Text, wie er jetzt in seiner Endfassung vorliegt, sich durch die Überarbeitung schon ein klein wenig in Richtung Roman bewegt hat. So habe ich sprachlich ausgeschmückt, was immer ein fiktives Element bedeutet. Andererseits befindet sich dieses Buch aber auch viel zu nahe an der Realität, als dass ich ihm mit dem klassischen letzten Satz: *Diese Geschichte basiert auf einer wahren Begebenheit* gerecht werden könnte. Es ist weder, wie zwischenzeitlich einmal angedacht, ein Sachbuch geworden, noch ist es Fiktion. Vielmehr irgendetwas dazwischen. Eine Mischung aus Reisebericht und Reiseroman. Also Freestyle, und damit kann ich gut leben!

Es war eine umfassende und wunderbare Reise. Eine „runde Sache" könnte man sagen. *Wenn ihr mich fragt, wo's am schönsten war ...* dann sage ich Essaouira; dicht gefolgt von Cadiz, Granada, Marrakesch und Ronda in alphabetischer Reihenfolge. Für mich selbst habe ich gelernt, dass man nie etwas beginnen sollte, von dem man weiß, dass es einen unglücklich macht. Es kann nichts Dümmeres geben! Und letztlich bleibt ein altbekannter Satz aus der buddhistischen Lehre: „Der Weg ist das Ziel" – im Falle dieser Reise stand das außer Frage.

Erste Fassung: Dießen am Ammersee, den 21. Dezember 2001
Zweite Fassung: Berlin, den 28. Februar 2003

ANHANG I – Verzeichnis der Unterkünfte:

Als kleine Hilfestellung für Leute, die ebenfalls in den beschriebenen Regionen unterwegs sind, hier eine Auflistung meiner Unterkünfte, soweit die Adressen noch vorhanden sind. Die Bewertung erfolgt nach Schulnoten. Vorzureservieren kann allgemein nur ratsam sein. Die Telefonnummern sind regelmäßig inklusive nationaler Vorwahl. Die angeführten Preise sind in Euro umgerechnet, stammen aus 2001 und verstehen sich für Einzelzimmer, teilweise in der Off-Season.

Wer länger unterwegs ist, der wird nicht umhin kommen, in Unterkünften dieser Preiskategorie zu wohnen. Meine Erfahrung lehrt aber auch, dass die Qualität der Unterkunft sehr viel mit der Qualität des Aufenthaltes an dem jeweiligen Ort zu tun hat. An diesem Ende sollte man also nur sparen, wenn es nicht anders geht. Gerade eine zentrale Lage ist zumeist von elementarer Bedeutung. Die im Folgenden aufgelisteten Unterkünfte liegen gut bis sehr gut, soweit nicht anders beschrieben.

Besancon: Hôtel Levant / Note 2 / 9 rue de Boucheries / 22 Euro / T: 0381810788 – Zu empfehlen. Zimmer teilweise mit eigenem Bad.

Lyon: Résidence Benjamin Delessert / Note 4 / 145 av. Jean Jaures, 7ème (außerhalb) / 15 Euro / T: 0478614141 – Unpersönlich aber günstig. Eigenes Bad.

Grenoble: Hôtel de la Poste / Note 2 / 25 rue de la poste / 17 Euro / T: 0476466725 – Günstig, romantisch verwinkelt, in der Fußgängerzone gut angebunden.

Nizza: Petit Trianon / Note 1,5 / 11 rue de Paradies / 25 Euro / T: 0493857551 – Beste Lage in der Fußgängerzone, günstiger geht es nur in den weit draußen gelegenen Jugendherbergen. Gemeinschaftsbad. Internationales Flair!

Carcassonne: Hôtel Astoria / Note 2 / 18 rue Tourtel (relativ zentral) / 25 Euro / T: 0468253138 / hotel-astoria@wanadoo.fr – schöne Zimmer, eigenes Bad.

Andorra: Fonda La Pena / Note 3 / C. Cinegio, 3 / 12 Euro / Keine Reservierungen möglich. – Nette Besitzer, Gemeinschaftsbad.

Alicante: Habitaciones Mexico / Note 3 / C. General Primo de Rivera, 10 (zentral, aber recht weit vom Strand) / 12 Euro / T: 965209307 / mexrooms@ctv.es – Gute Kontakte zu anderen Hotels. Recht familiär, Gemeinschaftsbad.

Malaga: Hotel Cordoba / Note 3 / C. Bolsa, 11 / 15 Euro / T: 952214469 – Zimmer mit antiker Möblierung, Gemeinschaftsbad.

Maro: keine Daten mehr vorhanden. – Nehmt nicht das Hotel direkt am Meer mit eigener Kneipe; besser die Pension 50 Meter weiter oben über dem Supermarkt.

Ronda: Hostal Ronda Sol / Note 2,5 / C. Almendra, 11 / 10 Euro / T: 952874497 – Nette, kleine Zimmer, zu gutem Preis.

Tarifa: Hostal Facundo I / Note 3 / Batalla del Salado, 47 (Strandnähe) / 15 Euro / T: 956684298 / Mail: h.facundo@terra.es – Keine sonderlich schönen Zimmer, aber mit eigenem Bad. Das richtige für Surfer.

Algeciras: Hostal Residencia Versailles / Note 2 / C. Moutero Rios, 12 (am Hafen) / 12 Euro / T: 956654211 – Laut, kleine Zimmer, aber nett. Eigenes Bad, Telefon.

Chefchaouen: keine Daten mehr vorhanden. – Das Hôtel Ibn Batuta ist nicht zu empfehlen; das Hôtel Yasmina ist sehr zu empfehlen.

Fès: Hôtel Renaissance / Note 2,5 / 29 rue Abd al-Krim al Khattabi (weit zur Medina) / 5 Euro / T: 622193 – Große, alt-klassische, helle Räume, warme Dusche im sehr schwachen Gemeinschaftsbad: 50 Cent extra.

Marrakesch:
1) Hôtel Essaouira / Note 1 / 3, Derb Sidi Bouloukate (2 Minuten zur Djema'a al-Fna) / 7,5 Euro (zahlt nicht mehr!) / T&F: 044443805 – Der Klassiker! Treffpunkt für Rucksackreisende aus der ganzen Welt, Gemeinschaftstoiletten. Eine Liege auf der Dachterrasse kostet 2,5 Euro (empfehlenswert).
2) Hôtel de France / Note 1,5 / 197, Riad Zitoun El Kedim, (2 Minuten zur Djema'a al-Fna) / 4 Euro / T: 044443067 – Günstiger und etwas höherer Komfort, als im Essaouira. Die Dachterrasse und die Rucksackreisenden sollten aber im Zweifelsfall den Ausschlag für das Essaouira geben.

Imlil: Hôtel El'Aine / Note 3 / keine Adresse, kein Telefon / 10 Euro – Auch dieses Hotel im Hohen Atlas hat keine Heizung, von November bis Februar schläft man hier bei Minusgraden, Wolldecken kosten extra. Schlafsack! Hier unter den Bergmenschen läuft alles etwas anders. Einziges Haus am Platz mit warmer Dusche (am Abend zuvor anmelden!). Bibliothek mit französischsprachiger Bergsteiger-Literatur. Im Winter nur etwas für Berg-Freaks. Im Sommer soll es dort sehr nett sein.

Essaouira: Hôtel Beau Rivage / Note 1 / Place Moulay Hassan / 6 Euro / T&F: 472925 – Schönes, großes, altes Hotel am besten Platz der Stadt, Geheimtipp, sauberes externes Bad. Schreibt etwas ins Gästebuch und grüßt Yussuff von mir!

Rabat: France Hôtel / Note 2,5 / 46, rue Sout Sewara / 4 Euro / T: 723457 – Für den Preis annehmbar. Traveller. Große Räume, schmutzige Bäder.

Tanger: Hôtel El Muniria (Tanger Inn) / Note 4 / rue Magellan / 13 Euro / T: 935337 – Kult-Hotel für Anhänger der Beat-Poeten. In Zimmer 9 hat Burroughs „Naked Lunch" geschrieben. Ginsberg und Kerouac wohnten in Zimmer 4, große Zimmer, möbliert, eigenes Bad mit kaltem Wasser, trotzdem zu teuer für den Service.

Cadiz: Camas Cuatro Naciones / Note 2 / c/. Plocia, 3 / 13 Euro / T: 956255539 – Günstigste Traveller-Absteige in Cadiz; dafür aber sehr gepflegt. Die Señora ist im großen und ganzen friedlich. Die Zimmer zur Straße haben Nachmittagssonne und Blick auf den Hauptplatz.

Lissabon: Residencial Duas Naçónes / Note 2 / 41, rua augusta e rua de vitória / 20 Euro / T: 213460710; F: 213470206 – Ziemlich schicker Spot, fast ein richtiges Hotel. Sein Geld auf alle Fälle wert, teilweise Gemeinschaftsbäder.

Salamanca: Pensión Barez (Señor Corneo) / Note 1,5 / Meléndez, 19 / 10 Euro / T: 923217495 - Kleine Zimmer, saubere Gemeinschaftstoiletten, familiäres Ambiente, spitzen Lage fast schon in der Uni, super Preis. Keine Mängel.

San Sebastian: Pensión Amaiur / Note 1 / c/. de Agosto, 44 / 13 Euro / T: 943429654 – Konkurrenzlos, anerkannt eine der zehn besten Traveller-Unterkünfte Spaniens. Die Betreiberin ist sensationell freundlich. Ich hatte hier frische Blumen, einen kleinen Balkon und einen Schreibtisch! Reservieren!

Bordeaux: Hôtel Boulan / Note 2 / 22 rue Boulan (beim Museum der Schönen Künste) / 18 Euro / T: 0556522362 – Für französische Verhältnisse sehr günstig. Altes, verwinkeltes Haus, im Winter mit Heizung.

ANHANG II – Ausgewählte Sehenswürdigkeiten:

Anbei noch eine Liste der Sehenswürdigkeiten, die mich besonders beeindruckt haben. Ihr solltet sie besuchen, wenn ihr in der Nähe seid. Nähere Ausführungen findet ihr an den jeweiligen Stellen im Buch.

Avignon: Papst-Palast (Palais du Papes) - Seinerzeit das größte Haus der Welt.
Carcassonne: Château Comtal - Mächtige und gut erhaltene Ritterburg.
Granada: Alhambra - Alte Kalifen-Burg aus der Zeit maurischer Belagerung.
Ronda: Puente Nuevo - Die Brücke und das Felsmassiv; vor allem von unten.
Fès: Medina - Größte Medina der Welt. Aber Vorsicht: 9000 verwinkelten Gassen!
Marrakesch: Djema'a al-Fna - Der sagenhafte Hauptplatz am Rand der Medina.
Essaouira: Jimmy Hendrix' House - Hier wohnte Hendrix unter 15.000 Hippies.
Sagres: Cabo de São Vicente - Leuchtturm, der das Ende der alten Welt markiert.
Lissabon: Castelo des São Jorge - Gut erhaltene Festung aus dem 5. Jahrhundert.
Salamanca: La Universidad - Sucht nach dem Astronauten über dem Portal!
Paris: Père-Lachaise - Bekanntester Friedhof der Welt. Dort liegt nicht nur Jim Morrison. Davon abgesehen ist ganz Paris natürlich eine einzige Sehenswürdigkeit. Nehmt euch mindestens drei Tage allein für das Sightseeing.

ANHANG III – Empfohlene bzw. angesprochene Begleitliteratur/Quellen:

Auf dem Jakobsweg - Paulo Coelho, 1986
Bericht aus dem Bunker - Victor Bockris und William Burroughs, 1996
Briefe in die Chinesische Vergangenheit - Herbert Rosendorfer, 1983
Das Leben ist anderswo - Milan Kundera, 1973
Der Islam als Alternative - Murad Hofmann, 1992
Der Richter und sein Henker - Friedrich Dürrenmatt, 1955
Die Beat Generation - Steven Watson, 1995
Die Kinder von Torremolinos (The Drifters) - J. A. Michener, 1971
Die Stimmen von Marrakesch - Elias Canetti, 1967
Die unerträgliche Leichtigkeit des Seins - Milan Kundera, 1984
Die Zeitmaschine - H.G. Wells, 1895
Don Quichotte - Miguel de Cervantes Saavedra, 1605
Erzählungen von der Alhambra - Washington Irving, 1832
Let's Go (Spain & Portugal, including Morocco) - Reiseführer, 2001
Lonely Planet (Africa) - Reiseführer, 2001
Tour des Lebens - Lance Armstrong, 2000
Umweg nach Marrakesch - Willi Schnitzler, 2001
Unter den Zitronenbäumen (Driving over Lemmons) - Chris Stewart, 1999
Unterwegs (On the Road) - Jack Kerouac, 1957

ANHANG IV – Weiterführende Links:

Ferienwohnungen und Andalusien-Almanach: www.al-andaluz-reisen.com
Offizielle Website von Manu Chao: www.manuchao.net
Der Koran im Internet: www.orst.edu/groups/msa/quran/index_g.html
Großes Portal zur Beat-Generation: www.mardou.de
Die Welt bei Nacht: www.satgeo.de/satgeo/methoden/anwendungen/S125e.htm

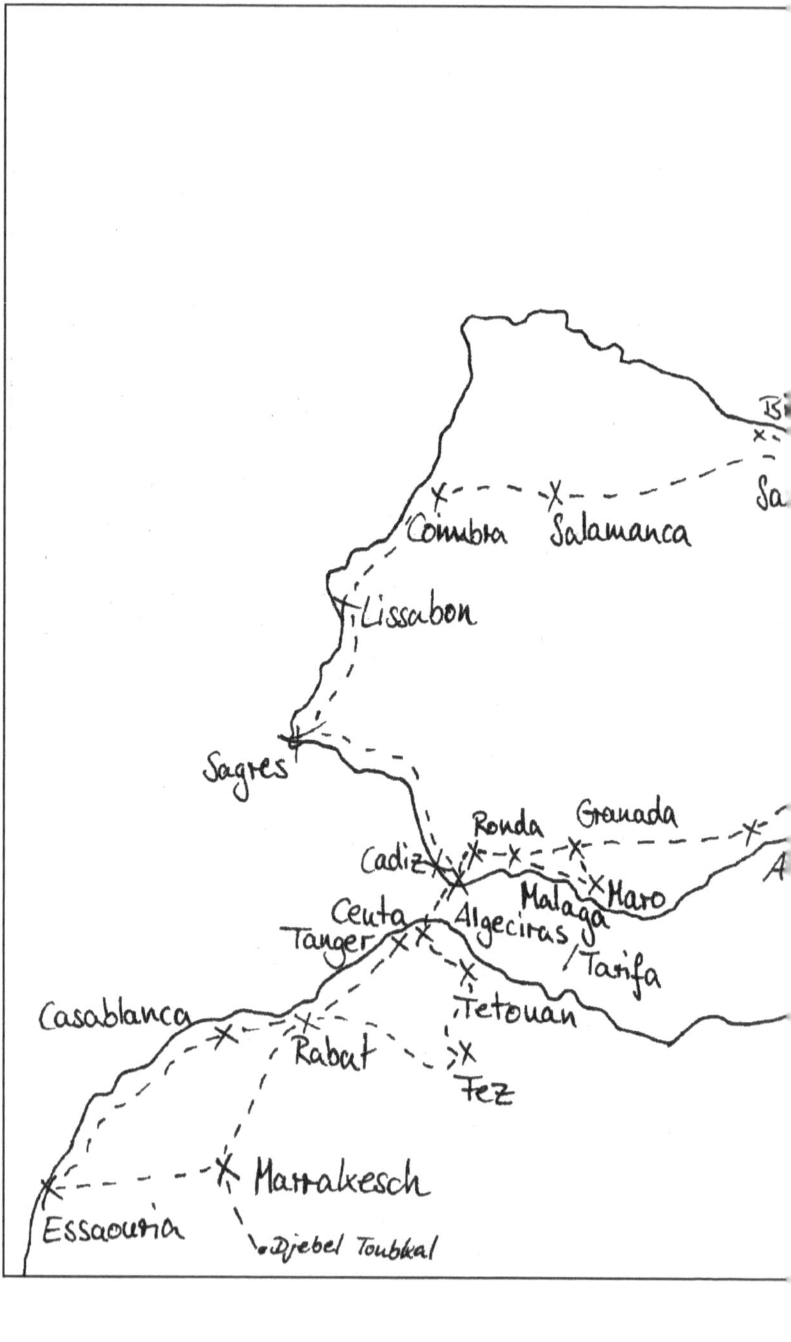

Coimbra
Salamanca
Lissabon
Sagres
Ronda
Granada
Cadiz
Malaga
Maro
Ceuta
Algeciras
Tanger
Tarifa
Tetouan
Casablanca
Rabat
Fez
Marrakesch
Essaouria
Djebel Toubkal

Paris   Augsburg

Bordeaux   Besançon

Lyon   Grenoble   Monaco

Avignon   Nizza

Sète
Carcassonne

ami Platja

ALGERIEN

www.ingramcontent.com/pod-product-compliance
Lightning Source LLC
Chambersburg PA
CBHW031643170426
43195CB00035B/440